ENCUENTROS 1

EDICIÓN 3000
Lehrerfassung

MÉTODO DE ESPAÑOL

Dieses Buch gibt es auch auf
www.scook.de

Es kann dort nach Bestätigung der allgemeinen Geschäftsbedingungen genutzt werden.

Buchcode: m6ah5-n2kcg

Encuentros 1 Edición 3000 Lehrerfassung
Lehrwerk für Spanisch als dritte Fremdsprache

Im Auftrag des Verlages erarbeitet von:
Sara Marín Amann, Jochen Schleyer, Araceli Vicente Álvarez
und Dr. Christine Wlasak-Feik

und der Redaktion Fremdsprachen in der Schule:
Martha Grizel Delgado Rodríguez, Kathrin Rathsam und
Marit Reifenstein

Projektleitung: Heike Malinowski
Bildredaktion: Nadja Hantschel
Redaktionelle Assistenz: Sabine Arnold und Yvonne Miller

Lehrerfassung erarbeitet von: Claudia Kolitzus

Beratende Mitwirkung:
Heide Biermann, Elke Hildenbrand, Doris Jakob-Fuchshuber,
Dr. Ute von Kahlden, Bernhard Preker, Kathrin Sommerfeldt,
Wolfgang Steveker, Ursula Vences, Christina Weber-Bleyle,
Petra Wirtz-Kaltenberg

Layoutkonzept: werkstatt für gebrauchsgrafik, Berlin
Layout: Regelindis Westphal Grafik-Design / Rotraud Biem, Berlin
Illustration: Laurent Lalo
Karten: Dr. Volkhard Binder
Technische Umsetzung LF: Ellen Nonnenmacher

Umschlagfoto: © mauritius images / Pixtal

Begleitmaterialien zu **Encuentros 1 Edición 3000**:
ISBN 978-3-06-520366-1   Vokabeltaschenbuch
ISBN 978-3-06-520348-7   Audio-CD
ISBN 978-3-06-520363-0   DVD
ISBN 978-3-06-520339-5   Cuaderno de ejercicios Lehrerfassung
ISBN 978-3-06-520342-5   Handreichungen für den Unterricht
ISBN 978-3-06-023316-8   Whiteboard

Die zum Lernmittel gehörige CD und DVD enthalten ausschließlich optionale Unterrichtsmaterialien; sie unterliegen nicht dem staatlichen Zulassungsverfahren.

www.cornelsen.de

Die Mediencodes enthalten ausschließlich optionale Unterrichtsmaterialien; sie unterliegen nicht dem staatlichen Zulassungsverfahren.

1. Auflage, 3. Druck 2016

Alle Drucke dieser Auflage sind inhaltlich unverändert
und können nebeneinander verwendet werden.

© 2011 Cornelsen Verlag, Berlin
© 2013 Cornelsen Schulverlage GmbH, Berlin
© 2016 Cornelsen Verlag GmbH, Berlin

Das Werk und seine Teile sind urheberrechtlich geschützt.
Jede Nutzung in anderen als den gesetzlich zugelassenen Fällen bedarf
der vorherigen schriftlichen Einwilligung des Verlages.
Hinweis zu den §§ 46, 52a UrhG: Weder das Werk noch seine Teile dürfen
ohne eine solche Einwilligung eingescannt und in ein Netzwerk eingestellt
oder sonst öffentlich zugänglich gemacht werden.
Dies gilt auch für Intranets von Schulen und sonstigen Bildungseinrichtungen.

Druck: AZ Druck und Datentechnik GmbH, Kempten

ISBN 978-3-06-520370-8

PEFC zertifiziert
Dieses Produkt stammt aus nachhaltig bewirtschafteten Wäldern und kontrollierten Quellen.
www.pefc.de

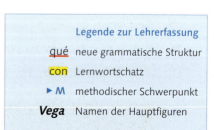

INHALTSVERZEICHNIS

Die folgenden aufgelisteten Angebote sind nicht obligatorisch abzuarbeiten. Die Auswahl der Übungen und Übungsteile richtet sich nach den Schwerpunkten des schulinternen Curriculums.

kommunikative Kompetenzen	sprachliche Mittel	Methoden / Interkulturelles Lernen / Landeskunde

¡HOLA!

8 sich begrüßen
sagen, wie man heißt und welche Sprachen man spricht

Aussprache + Besonderheiten der spanischen Orthographie

1 BIENVENIDO A SALAMANCA

Lernaufgabe (Punto final): einen Dialog vorspielen: der erste Schultag
Methodischer Schwerpunkt: dialogisches Sprechen

10 ¡ACÉRCATE!
eine Stadt vorstellen

der bestimmte Artikel
Singular und Plural des Substantivs
Aussprache: c

Aprender mejor Wörter mithilfe anderer Sprachen erschließen

13 A EL CHICO DE COLOMBIA
jemanden vorstellen
fragen und sagen, wie es jdm geht

das Verb *ser*
die Subjektpronomen
¿quién?
Aussprache: *b* und *v*

16 B EN EL INSTITUTO
die Bedeutung von Wörtern erfragen
buchstabieren

¿quiénes?
Verben auf *-ar*
die Verneinung mit *no*
Wortfeld Schule

Anrede in Spanien (Duzen)
España en directo *El instituto Lucía de Medrano*

19 C EN INTERNET
etwas über sich erzählen
sich verabschieden

Verben auf *-er* und *-ir*
¿dónde?
Wortfeld Computer

22 RESUMEN Redemittel + Grammatik (Übersicht und Test)

24 REPASO vertiefende und wiederholende Übungen

26 ¡ANÍMATE! *Bogotá para mí es … / Mi barrio*

Geschäfte in Spanien

2 MI MUNDO

Lernaufgabe (Punto final): eine Umfrage durchführen (Familie/Freunde/Zimmer)
Methodischer Schwerpunkt: dialogisches Sprechen

28 ¡ACÉRCATE!
Alter, Adresse und Telefonnummer angeben

Zahlen bis 20

España en directo spanische Nachnamen und Adressen

tres **3**

	kommunikative Kompetenzen	sprachliche Mittel	Methoden / Interkulturelles Lernen / Landeskunde
30	**A EN EL PISO DE ROBERTO** über deine Familie sprechen die Lage von Dingen angeben	die Possessivbegleiter die Verben *tener, estar* Aussprache (Satzmelodie) Wortfeld Familie, Wohnung	**Aprender mejor** ein zweisprachiges Wörterbuch benutzen
34	**B Y TÚ, ¿TIENES TU ESPACIO?** ein Zimmer beschreiben	Präpositionen des Ortes *del / de la* Adjektive (Formen/Gebrauch) der unbestimmte Artikel *hay – estar* Aussprache (Betonung) Wortfeld Zimmer	
38	**C ¿AMIGO DE TUS AMIGOS?** über Freunde sprechen	Verben mit Stammwechsel *e → ie* das Verb *hacer* *conmigo, contigo* das direkte Objekt (Personen) mit *a* Aussprache *(encadenamiento)*	
41	**RESUMEN** Redemittel + Grammatik (Übersicht und Test)		
43	**REPASO** vertiefende und wiederholende Übungen		
45	**¡ANÍMATE!** *Música de España y América Latina*		Musikstile und Rhythmen

3 ¿QUÉ HORA ES?

Lernaufgabe (Punto final): einen Comic entwerfen: gemeinsam ein Geschenk aussuchen
Methodischer Schwerpunkt: selektives Hören, dialogisches Sprechen

46	**¡ACÉRCATE!** die Uhrzeit erfragen und angeben	Zahlen bis 100	Öffnungszeiten in Spanien
48	**A ¿QUÉ HACEMOS?** Vorschläge machen und darauf reagieren sagen, wohin man geht den Grund für etwas erfragen und angeben	die Verben *ir* und *venir* *al / a la* *¿adónde?* *¿por qué?* und *porque*	
51	**B UN REGALO PARA SANDRA** sich verabreden jdn beschreiben (Charakter) sagen, wann jemand Geburtstag hat eine Vermutung anstellen	Verben mit Stammwechsel *o → ue* Modalverben *¿cuándo?* *creo que …*	Verabredungen (Pünktlichkeit)
55	**C ¡HOY ES MI CUMPLE!** Tagesablauf beschreiben jemandem zum Geburtstag gratulieren	reflexive Verben das Datum angeben	**Aprender mejor** selektives Hörverstehen **España en directo** SMS-Sprache

4 cuatro

| kommunikative Kompetenzen | sprachliche Mittel | Methoden / Interkulturelles Lernen / Landeskunde |

59 **RESUMEN** Redemittel + Grammatik (Übersicht und Test)
61 **REPASO** vertiefende und wiederholende Übungen
63 **¡ANÍMATE!** *¡Feliz cumpleaños!*   Geburtstag in Spanien und Lateinamerika

BALANCE 1

64 kompetenzorientierte Überprüfung des Lernstands

4 MI VIDA DE CADA DÍA

Lernaufgabe (Punto final): die Schule/Klasse in einem Blog vorstellen
Methodischer Schwerpunkt: selektives Lesen, Schreiben

66 **¡ACÉRCATE!**
über Stundenplan und   Wochentage
Schulfächer sprechen   *desde … hasta …*

69 **A ¿QUÉ TAL EN EL INSTITUTO?**
über den Schulalltag und   die indirekten Objektpronomen   **Aprender mejor** Textsorten erkennen
Noten sprechen   das Verb *dar*
sagen, wie man gelaunt ist   *estar* + Adjektiv   Schulnoten in Spanien / Zeugnis
                               buen, mal
                               mucho/-a, poco/-a

73 **B ¿QUÉ TE GUSTA HACER?**
über Hobbys sprechen   das Verb *gustar*   **España en directo** Freizeitaktivitäten von
sagen, was einem (nicht)   *también – tampoco*   Jugendlichen in Spanien
gefällt   Personalpronomen mit
                               Präpositionen *(a mí …)*
                               das Verb *jugar*

77 **C SEMANA BLANCA**
jemanden zu etwas auf-   der bejahte Imperativ   **España en directo** *Semana blanca*
fordern   das Verb *saber*
sagen, was dir weh tut

81 **RESUMEN** Redemittel + Grammatik (Übersicht und Test)
83 **REPASO** vertiefende und wiederholende Übungen
85 **¡ANÍMATE!** Lied: *Bailar (Jarabe de Palo)*

5 PADRES E HIJOS

Lernaufgabe (Punto final): eine Seite für eine Jugendzeitschrift gestalten
Methodischer Schwerpunkt: detailliertes Hören, Schreiben

86 **¡ACÉRCATE!**
jdn beschreiben (Aussehen)   Relativsatz mit *que*
                               ¿qué? und *¿cuál/es?*
                               Wortfeld Kleidung
                               Farbadjektive

cinco **5**

	kommunikative Kompetenzen	sprachliche Mittel	Methoden / Interkulturelles Lernen / Landeskunde
88	**A VAQUEROS NUEVOS** einkaufen, nach dem Preis fragen über Kleidung sprechen	Demonstrativbegleiter und -pronomen *(este/ese)*	lateinamerikanisches Spanisch
92	**B ESTOY HABLANDO POR TELÉFONO** telefonieren sagen, was jemand gerade macht	*acabar de* + Infinitiv *estar* + *gerundio* das Verb *decir*	Essenszeiten in Spanien
96	**C ¡YA SOY MAYOR!** einen Rat geben die Aussage von jemandem wiedergeben	Verben mit Stammwechsel e → i (*pedir*) das Verb *conocer* die indirekte Rede und Frage (Präsens) die direkten Objektpronomen	**Aprender mejor** detailgenaues Hörverstehen
100	**RESUMEN** Redemittel + Grammatik (Übersicht und Test)		
102	**REPASO** vertiefende und wiederholende Übungen		

6 COLOMBIA

Lernaufgabe (Punto final): ein Erinnerungsalbum entwerfen
Methodischer Schwerpunkt: monologisches Sprechen, selektives Lesen

104	**¡ACÉRCATE!** ein Land vorstellen Himmelsrichtungen angeben	Zahlen ab 100	Kolumbianisches Spanisch **Aprender mejor** monologisches Sprechen
107	**A AYER EN BOGOTÁ** erzählen, was man erlebt hat auf einen Gesprächsbeitrag reagieren	*pretérito indefinido* (regelmäßige Verben) *hace …* *cuando* (Temporalsatz)	Kolumbianisches Spanisch
111	**B EL GOLOMBIAO** über ein Projekt berichten etwas bewerten	*pretérito indefinido* (einige unregelmäßige Verben) *antes / después de* + Infinitiv	ein Fußballprojekt in Kolumbien **España en directo** *Ciclovía*
115	**RESUMEN** Redemittel + Grammatik (Übersicht und Test)		
117	**REPASO** vertiefende und wiederholende Übungen		
119	**¡ANÍMATE!** Plakat (*Rock al parque*)		

7 DE VIAJE POR ESPAÑA

Lernaufgabe (Punto final): eine spanische Region vorstellen
Methodischer Schwerpunkt: globales Lesen, Schreiben

120	**¡ACÉRCATE!** nach dem Weg fragen, einen Weg beschreiben Rückfragen	Ordinalzahlen bis 10	**Aprender mejor** etwas umschreiben

6 seis

kommunikative Kompetenzen	sprachliche Mittel	Methoden / Interkulturelles Lernen / Landeskunde

123 A ¡POR FIN VACACIONES!
über Pläne und Vorhaben sprechen
Futur (*ir a* + Infinitiv)
der Begleiter *todo/-a*
Feste in Spanien
España en directo *SalamancaCard*

126 B BESOS Y RECUERDOS A TODOS
Postkarte/Brief schreiben
no … nunca/nada/nadie
angehängte Pronomen (*dime, dale …*)
Jahreszeiten und Wetter
spanische Regionen

130 RESUMEN Redemittel + Grammatik (Übersicht und Test)

132 REPASO vertiefende und wiederholende Übungen

134 ¡ANÍMATE! Kalender (*Fiestas y tradiciones*)

BALANCE 2

136 kompetenzorientierte Überprüfung des Lernstands

SUPLEMENTO CATALUÑA

Lernaufgabe (Punto final): eine Collage mit Lieblingsorten erstellen
Methodischer Schwerpunkt: Sprachmittlung

138 A BARCELONA
etwas zum Essen und Trinken bestellen
erzählen, was man heute gemacht hat
etwas vergleichen
das *pretérito perfecto*
der Komparativ
poner fondo
Katalanisch

142 B MI LUGAR FAVORITO
Lieblingsplätze beschreiben
der Superlativ
Pretérito perfecto / pretérito indefinido (Kontrast)
Katalanisch

145 RESUMEN Redemittel + Grammatik (Übersicht und Test)

147 REPASO vertiefende und wiederholende Übungen

ANEXO

148

148	DIFFERENZIERUNGSAUFGABEN	177	BETONUNG, ZEICHEN, ZAHLEN
153	PARTNERAUFGABEN	179	EL ESPAÑOL EN CLASE
157	LÖSUNGEN	180	INDICACIONES PARA LOS EJERCICIOS
159	METHODEN	181	LOS VERBOS
172	PEQUEÑO DICCIONARIO DE CULTURA Y CIVILIZACIÓN	185	LISTA CRONOLÓGICA
		226	LISTA ALFABÉTICA
		232	DEUTSCH-SPANISCHES WÖRTERBUCH
		240	PLANO DE SALAMANCA

siete **7**

¡HOLA!

HIER LERNST DU:
- jemanden zu begrüßen.
- zu sagen, wie du heißt, woher du kommst und welche Sprache(n) du sprichst.

▶ KV 1

¡Hola! Me llamo Vega. Soy de Salamanca. Hablo español y un poco de inglés.

Hola, ¿qué tal? Yo soy Idoya. Soy de San Sebastián. Hablo vasco y español. Bueno, y un poco de inglés también.

¡Hola! Soy Nuria. Soy de Barcelona. Hablo catalán y español.

1 a Stelle dich als eine/n der fünf Jugendlichen vor, ohne den Namen zu sagen. Deine Mitschüler/innen erraten, wer du bist.

Soy de ___. Hablo ___.   Te llamas ___.

b Stelle dich vor. Sage, wie du heißt, woher du kommst und welche Sprachen du sprichst.

alemán   francés   turco   ruso   polaco   italiano
portugués   danés   chino   checo   holandés   ___

WB 2 a Woher kommen Idoya, Vega, Nuria, Sergio und Ricardo? Suche die Länder und die Städte auf den Karten. ▶ Umschlagseiten

▶ KV 2

8 ocho

 b Höre zu: Woher kommen Susana, Enrique, Angélica und Javi?

▶ Folie 1, 2

METHODEN ▶ S. 163

Konzentriere dich beim Zuhören nur auf die Informationen, die du für die Antwort brauchst.

3 a Welche Buchstaben und Satzzeichen gibt es im Deutschen nicht? Finde Beispiele auf dieser Seite.

b Escucha y repite. | Höre dir die Wörter an und sprich sie nach.

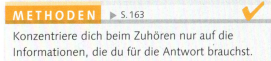

[ʎ]	[ɲ]	[tʃ]
me llamo	español	quechua
Sevilla	mañana	chino

nueve **9**

1 BIENVENIDO A SALAMANCA

¡ACÉRCATE!

Salamanca es la Plaza Mayor, el centro de la ciudad.

Es el Río Tormes y el Puente Romano.

... y la Universidad.

Los monumentos también son Salamanca: las dos catedrales.

Y, claro, ¡las fiestas son Salamanca!

Salamanca: ciudad de encuentros

1

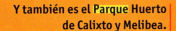

HIER LERNST DU:
▶ deine Stadt vorzustellen.

Y también es el Parque Huerto de Calixto y Melibea. ❸

Es el estadio de fútbol El Helmántico … ❹

¡Gol!

Salamanca es la gente: los salmantinos, los estudiantes, los profesores y también los turistas. ❽

Para mí, ¡los amigos son Salamanca! ❾

APRENDER MEJOR

▶ 4|3 **1** Die Bedeutung spanischer Wörter mit Hilfe anderer Sprachen erschließen

a Welche Wörter auf diesen beiden Seiten verstehst du?

METHODEN ▶ S. 159
Einige unbekannte Wörter kannst du verstehen, wenn du andere Sprachen zu Hilfe nimmst.

once **11**

1

b Was bedeuten diese Wörter? Überlege, ob du ein ähnliches Wort in einer anderen Sprache kennst.

> las vacaciones   el equipo de fútbol   el cine   la cafetería   el animal   la clase   la biblioteca
> la historia   el teatro   la guitarra   el ordenador   el museo

ESCUCHAR Y REPETIR

🎧 1|6 **2** Escucha y repite. | Wann wird das c wie ein k ausgesprochen?

1. Salaman**c**a: **ci**udad de en**cu**entros.
2. El estadio «El Helmánti**co**».
3. El **ce**ntro de Salaman**ca**.

DESCUBRIR

WB **3 a** Nenne die Substantive mit dem bestimmten Artikel. Wie viele Artikel gibt es im Spanischen?

▶ GH S.7/1.1

> universidad   fiestas   centro   parque   amigos   monumentos   puente
> estadio   catedrales   río   salmantinos   plaza

b Wie bildest du den Plural im Spanischen?   ▶ Resumen 2

▶ GH S.7/1.2

▶ 4|2   **c** Bilde den Plural von encuentro, ciudad, estadio und profesora.

HABLAR

WB **4 a** Wie stellt Pablo seine Stadt vor?

Para mí, | Salamanca es el/la ___.
        | los/las ___ son Salamanca.

Para mí, Salamanca es el estadio El Helmántico.

b Ahora tú, presenta tu ciudad como en a. | Stelle deine Stadt vor.

Para mí, Wuppertal/Nürnberg es ___.

> Wenn du ein Wort nicht kennst, frage deinen/-e Lehrer/in.

12 doce

1A EL CHICO DE COLOMBIA

HIER LERNST DU:
▶ jemanden vorzustellen.
▶ zu fragen und zu sagen, wie es jdm/dir geht.

1
- Hola.
- Hola, ¿qué tal?
- ¿Quién es?

2
- Oye, ¿quién es el chico?
- ¿Él? Es mi vecino.
- ¿Cómo se llama?
- Pues, no sé.

3
- Mira, es tu vecino. Allí, con Roberto.
- ¿Qué tal?
- Muy bien.
- Ah, sí, sí. ¡Qué casualidad!

4
- Chicas, este es Diego. Es de Colombia y es nuevo en Salamanca.
- Y vosotras sois las amigas de Roberto, ¿verdad?
- Sí, soy Laura y esta es mi amiga Vega. Roberto, imagínate, Diego y yo somos vecinos.

5
- Ustedes ... ah, no, ¿vosotros sois todos de Salamanca?
- ¿Qué tal las vacaciones en Barcelona?
- Roberto y yo somos de aquí, pero Laura es de Barcelona.
- ¡Genial!

trece 13

1A

COMPRENDER EL TEXTO

1 Busca en el texto:
- Wie fragst du, wie es jemandem geht?
- Wie antwortest du darauf?
- Wie stellst du jemanden vor?

LANDESKUNDE

In Spanien begrüßen sich Freunde häufig mit zwei Küssen auf die Wange.

▶ M

HABLAR

2 Frage jemanden in der Klasse.

¿Qué tal?

¿Qué tal las vacaciones (en ___)?

☺	☺	☹
Fenomenal.	Regular.	(Muy) Mal.
Estupendo.	Como siempre.	Fatal.
Superbien.	Más o menos.	
Muy bien.	¡Bah!	

▶ 5|1
▶ Folie 3

3 a Presenta a los chicos del texto (p. 13).

Este / Esta es ___

Es	(también) de ___
Es	el amigo / la amiga de ___
	el vecino / la vecina de ___

Diego   Roberto   Laura   Vega

b Presenta a un chico / una chica de la clase.

Esta es Kathrin, mi amiga.

Este es Lukas. Es el vecino de Thomas. Y es el amigo de Jonas.

PRACTICAR

4 Jugad con un dado. | Spielt mit einem Würfel und übt die Formen von **ser**.   ▶ Los verbos, p. 181

▶ 5|3

- [Yo]
- [Tú]
- [Él/Ella]
- [Nosotros/Nosotras]
- [Vosotros/Vosotras]
- [Ellos/Ellas]

ser

de Salamanca.
el amigo / la amiga de ___
de Augsburg
de España.
de ___.

▶ GH S.8/3

14 catorce

Bienvenido a Salamanca | El chico de Colombia **1A**

ESCUCHAR Y REPETIR

5 a Escucha y repite. | Höre zu und sprich nach. Wie werden das **v** und das **b** ausgesprochen?

1. Laura es de **B**arcelona.
2. Sois **v**ecinos, ¿**v**erdad?
3. **B**ueno, él es mi **v**ecino.

b Lee las palabras. | Diese Wörter kennst du noch nicht, aber du kannst sie schon vorlesen. Wie werden sie ausgesprochen? ▶ Anexo, p. 177

el **v**ídeo   a **v**eces   la televisión   el móvil
volver   nuevo   la **v**entana   di**v**ertido

ESCUCHAR

▶ Folie 1A

6 Escucha y busca las ciudades en el mapa de España. | Höre zu, suche die Städte auf der Spanienkarte und lies die Namen vor.

DESCUBRIR

▶ GH S.8/4

7 a Für welche deutschen Personalpronomen gibt es je zwei Formen im Spanischen?

nosotros   nosotras   yo
él   ella   vosotros
vosotras   ellos   ellas   tú

ich   er   wir   ihr
du   sie   es   sie

b Warum wird hier das Pronomen verwendet? ▶ Resumen 5

Él es de Salamanca y **ella** es de Barcelona.

Vega   Laura   Roberto

¿Sois todos de Salamanca?

No. **Yo** soy de Barcelona.

Diego   Roberto   Laura   Vega

YA LO SÉ

8 Ihr trefft eine Freundin mit einer Person, die ihr nicht kennt. Sie stellt euch die Person vor. Spielt die Szene und verwendet so viele Elemente wie möglich aus dem Text von S. 13. Wählt mit Hilfe der Spanien- oder Lateinamerikakarte einen Ort aus, aus dem die Person kommt, und gebt ihr einen Vornamen:

Pedro   Andrés   Luis   Tomás
Alejandro   Víctor   Manuel

Lola   Mercedes   Ana   Claudia
Marcela   Carmen   Isabel

quince 15

1 B EN EL INSTITUTO

HIER LERNST DU:
▶ nach der Bedeutung von Wörtern zu fragen.
▶ zu buchstabieren.

🎧 10

Hoy es el primer día de clase y los chicos charlan en el patio. Como siempre, Vega busca algo: libros, bolis …

▶ Folie 4 ▶ KV 3, 4

Carmen habla de la historia de España, pero los alumnos no escuchan: para ellos, todavía son las
10 vacaciones y charlan y charlan.

Hola, chicas, ¿qué buscáis?

Yo busco mi libro de Historia …

Roberto, Laura y Vega estudian segundo de
5 ESO en el Instituto Lucía de Medrano. Y ahora Diego estudia con ellos. La profesora de Historia se llama Carmen.

Chicos, ¿escucháis o no? ¡Todavía no es el recreo!

En la clase de Inglés, Roberto es la estrella: habla muy bien inglés, menos mal para Diego.

Diego: Oye, ¿cómo se dice mochila en inglés?
Roberto: Se dice backpack.
15 Diego: Y, ¿cómo se escribe?
Roberto: Pues, mira: b-a-c-k-p-a-c-k.
Diego: Gracias.
Y, ¿qué significa timetable?
20 Pero Roberto no escucha, mira algo:

Buenos días, chicos.

Buenos días, Carmen.

Bienvenidos, chicos. ¿Quiénes son los nuevos en la clase?

LANDESKUNDE

In Spanien werden die Lehrer häufig mit dem Vornamen angesprochen und geduzt.

16 dieciséis

Bienvenido a Salamanca | En el instituto

1B

COMPRENDER EL TEXTO

1 Pon las frases en orden cronológico. | Bringe die Sätze in die richtige Reihenfolge.

a Roberto mira algo y no escucha.
b Pero los chicos no escuchan.
c Los chicos charlan en el patio.
d En la clase de Inglés, Diego pregunta: ¿Cómo se dice mochila?
e Carmen pregunta: ¿Quiénes son los nuevos?
f Vega busca el libro de Historia.
g Carmen habla de la historia de España.

VOCABULARIO

2 a Busca las palabras en el texto (p. 16). | Wie viele Wörter findest du?

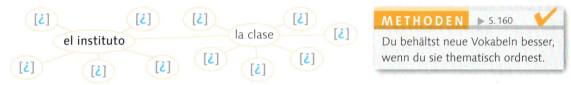

METHODEN ▶ S. 160
Du behältst neue Vokabeln besser, wenn du sie thematisch ordnest.

b ¿Cómo se dice …? | Frage deine/n Lehrer/in nach den folgenden Gegenständen und ergänze dein Vokabelnetz. Was möchtest du noch benennen können?

¿Cómo se dice «Kuli» en español?   Se dice «boli».

c Vergleicht eure Vokabelnetze und fragt euch gegenseitig: «¿Qué significa ___?» ▶ Folie 5

3 A denkt an ein spanisches Wort. B muss das Wort erraten, indem er/sie nach den einzelnen Buchstaben fragt. ▶ El alfabeto, p. 177

¿Se escribe con eñe?

Historia

No.

PRACTICAR

▶ GH S.10/6

4 a Was passt zusammen? Es gibt mehrere Möglichkeiten.
▶ Los verbos, p. 182

1. Vega
2. Diego y Roberto
3. [Yo]
4. [Tú]
5. [Vosotros]
6. Laura, Vega y yo
7. Las amigas
8. Carmen

charl-	o
busc-	as
habl-	a
tom-	amos
estudi-	áis
mir-	an

algo.
en el patio.
con Roberto.
en el instituto.
libros.
algo en la cafetería.
inglés.

b Escribe un texto sobre Laura, Diego, Roberto o Vega con estos verbos. | Schreibe mit den Verben aus **a** einen Text über Laura, Diego, Roberto oder Vega.

diecisiete 17

1B

5 Mira las fotos de la página 16 y haz preguntas como en el ejemplo.

Ejemplo:
– No es de Salamanca. ¿Quién es? – Es Diego.

ESCUCHAR

6 Escucha los tres diálogos. Zu welchen Bildern passen die drei Dialoge? Wie hast du das herausgefunden?

METHODEN ▶ S. 163
Um eine Situation zu erfassen, brauchst du nicht jedes Wort zu verstehen.

ESPAÑA EN DIRECTO / MEDIACIÓN

7 a Besuche die Seite des Lucía de Medrano. Klicke „visita al centro" an und finde heraus, was diese Wörter bedeuten.

Web-Code: ENC 3000-1-18

el pabellón de polideportivo
el salón de actos   los pasillos
el laboratorio de Ciencias
el aula de Informática

b Stelle Freunden, die kein Spanisch sprechen, die Schule vor.

YA LO SÉ

8 En un instituto en España. Elegid una situación y preparad el diálogo.

1. Es ist der erste Tag nach den Ferien und du bist neu in der Schule.
   – Du triffst eine Lehrerin: Wie begrüßt du sie?
   – Wie sagst du, dass du deine Klasse suchst?
   – Wie könnte sie antworten?
   – Wie bedankst du dich?
   – Was könnte sie dich noch fragen? (Name, Herkunft …)

2. Während der Pause fragt dich ein Mitschüler etwas.
   – Wie fragt er, was „instituto" auf Deutsch heißt?
   – Wie antwortest du ihm?
   – Wie fragt er, was „Guten Tag" auf Spanisch bedeutet?
   – Was antwortest du ihm, wenn er wissen will, wie man das schreibt?

18 dieciocho

1C EN INTERNET

HIER LERNST DU:
▶ etwas über dich zu erzählen.
▶ dich zu verabschieden.

ACTIVIDAD DE PRELECTURA ▶ Folie 6

WB 1 Überfliege den Text. Du hast eine Minute Zeit. Worum geht es?

🎧 11·12

Diego **pasa mucho tiempo** en **Internet**. Siempre charla con los amigos de Colombia y **comparte** con ellos **fotos** y **vídeos**. Pero hoy, Diego y Roberto **preparan** los **deberes** de Historia. Buscan **información** en Internet. **Leen páginas** y páginas …

De repente, Diego **recibe** dos **mensajes** de **chat**. Son de Carlitos, de Colombia …

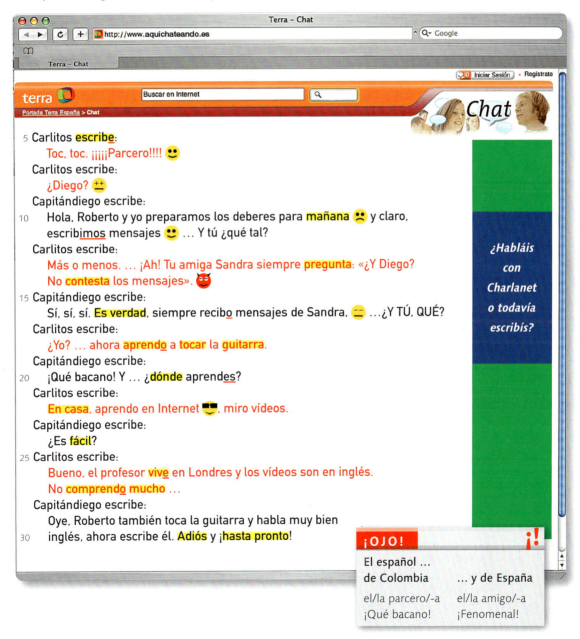

5 Carlitos **escribe**:
Toc, toc. ¡¡¡¡¡Parcero!!!! 😊
Carlitos escribe:
¿Diego? 😯
Capitándiego escribe:
10 Hola, Roberto y yo preparamos los deberes para **mañana** 😟 y claro, escri**bimos** mensajes 😊 … Y tú ¿qué tal?
Carlitos escribe:
Más o menos. … ¡Ah! Tu amiga Sandra siempre **pregunta**: «¿Y Diego? No **contesta** los mensajes». 😈
15 Capitándiego escribe:
Sí, sí, sí. **Es verdad**, siempre recib**o** mensajes de Sandra, 😐 …¿Y TÚ, QUÉ?
Carlitos escribe:
¿Yo? … ahora **aprendo** a **tocar** la **guitarra**.
Capitándiego escribe:
20 ¡Qué bacano! Y … ¿**dónde** aprend**es**?
Carlitos escribe:
En casa, aprendo en Internet 😎, miro vídeos.
Capitándiego escribe:
¿Es **fácil**?
25 Carlitos escribe:
Bueno, el profesor **vive** en Londres y los vídeos son en inglés.
No **comprendo** mucho …
Capitándiego escribe:
Oye, Roberto también toca la guitarra y habla muy bien
30 inglés, ahora escribe él. **Adiós** y ¡**hasta pronto**!

¿Habláis con Charlanet o todavía escribís?

¡OJO!
El español …
de Colombia … y de España
el/la parcero/-a   el/la amigo/-a
¡Qué bacano!   ¡Fenomenal!

diecinueve **19**

1C

COMPRENDER EL TEXTO

2 Diego charla en el chat con Carlitos. | Erzähle: Was tun sie?

Roberto
Diego
Carlitos
Roberto y Diego

___ preparan los deberes de Historia.
___ también toca la guitarra.
___ buscan información y leen páginas en Internet.
___ recibe mensajes de Sandra.
___ no contesta los mensajes de Sandra.
___ comparten fotos y vídeos en Internet.
___ aprende a tocar la guitarra.

HABLAR

▶ Folie 2

3 Schlagt die Karte von Lateinamerika auf und spielt in kleinen Gruppen: **A** formuliert einen Satz wie im Beispiel, **B** nennt das dazugehörige Land.

1. Soy de Bogotá.
2. ¡Eres de Colombia!
1. Vivo en Caracas.
2. Vives en Venezuela.

DESCUBRIR

▶ GH S.11/8

4 a Ergänze die Tabelle in deinem Heft und markiere die Endungen der Verben farbig. Worauf musst du besonders achten? ▶ Los verbos, p. 182

	aprender	escribir
[yo]	[¿]	[¿]
[tú]	[¿]	[¿]
[él / ella]	[¿]	[¿]
[nosotros/-as]	aprendemos	escribimos
[vosotros/-as]	[¿]	[¿]
[ellos/-as]	[¿]	[¿]

b Practica los nuevos verbos. | Wende die neuen Verbformen korrekt an. ▶ Los verbos, p. 182

1. (Aprender / yo) inglés en el instituto.
2. ¿Qué (leer / tú)?
3. Carlitos (aprender) a tocar la guitarra.
4. Hoy en la clase (leer / nosotros) el libro de Historia.
5. ¿(Comprender / vosotros) el vídeo?
6. Los chicos (leer) páginas y páginas.

7. (Vivir / yo) en Bogotá.
8. ¿(Compartir / tú) vídeos y fotos?
9. Laura (escribir) mensajes en clase.
10. (Escribir / nosotros) mensajes de chat.
11. ¿(Vivir / vosotras) en Salamanca?
12. (Recibir / ellos) mensajes.

20 veinte

1C Bienvenido a Salamanca | En Internet

PRACTICAR

5 a ¿Qué verbos son?

vviir   apnrdeer   ecrirbirs   cempnoredr   lere   ribecir

b Bilde mit jedem Verb zwei Sätze und schreibe sie auf, aber lasse für die Verbform jeweils eine Lücke. Dein/e Nachbar/in ergänzt sie.

VOCABULARIO

6 a Completa la red de palabras (texto, p. 19).

- [¿?]
- [¿?]
- [¿?]
- buscar información
- Internet
- [¿?]
- escribir mensajes
- [¿?]

METHODEN ▶ S. 161
Lerne Wörter immer in ganzen Wendungen.

b Y tú, ¿pasas también mucho tiempo en Internet? ¿Qué haces?   ▶ Folie 6

ESCRIBIR

7 Antworte Benjamín und erzähle etwas über dich.

Du kannst z. B. schreiben:
– wie du heißt.
– woher du kommst.
– wo du wohnst.
– dass du Spanisch lernst.
– welche Sprachen du noch sprichst.
– was du liest …

¡Hola! Me llamo Benjamín (15), soy de Salamanca y busco amigos en Internet. ¿Quiénes sois? ¿Me escribís?

COMPRENSIÓN AUDIOVISUAL

8 Mira la escena 1 del DVD.   ▶ DVD-KV 1, 2

1 PUNTO FINAL   ▶ KV 4

Juan, ein Schüler aus Salamanca, kommt neu in eure Klasse. Spielt seinen ersten Schultag bei euch: Begrüßt ihn, stellt ihm Fragen, stellt euch und eure Klassenkameraden vor, helft ihm, wenn er etwas nicht versteht. Spielt die Szene dann vor.   ▶ Para comunicarse, p. 191

RESUMEN

SICH ODER JEMANDEN VORSTELLEN | DAS BENÖTIGST DU

1 **Soy** Pedro.

das Verb **ser** ▶ Los verbos, p. 181 ▶ GH 8|3

2 Laura es **la vecina** de Diego.
Diego es **el vecino** de Laura.
Ellos son **los amigos** de Roberto.
Roberto, Vega y Laura son **amigos**.

Substantive mit den bestimmten Artikeln **el/la** und **los/las** ▶ GH 7|1

	♂	♀
Singular	el amigo el estudiante el profesor	la amig**a** la estudiante la profesor**a**
Plural	los amigo**s** los estudiante**s** los profesor**es**	las amig**as** las estudiante**s** las profesor**as**

3 **Soy de** Bogotá.
Vivo en Salamanca.

das Verb **ser** und die Präposition **de**
das Verb **vivir** und die Präposition **en**

4 Juan **habla** alemán. **Estudia** con Vega.
Aprende a tocar la guitarra. **Vive** en Salamanca.

Verben auf **-ar, -er, -ir** ▶ Los verbos, p. 182
▶ GH 10|6, 11|8

5 **Ella es** Vega y **él es** Diego.
Ella es de Salamanca, **él es** de Bogotá.

die Subjektpronomen, wenn nicht klar ist, von wem die Rede ist. ▶ GH 8|4

	♂	♀
Singular		yo tú
	él	ella
Plural	nosotros vosotros ellos	nosotras vosotras ellas

Ellos (= Laura y Diego) son vecinos.

⚠ Für gemischte Gruppen wird immer die maskuline Pluralform verwendet.

FRAGEN STELLEN UND BEANTWORTEN | DAS BENÖTIGST DU

6 ¿**Quién** es Laura?

¿**Quiénes** son ellos?

¿**Qué** significa «Schule»?
¿**Cómo** te llamas?
¿**De dónde** eres?
¿**Dónde** vives?

Fragewörter, zum Beispiel **quién/quiénes, qué, cómo, de dónde, dónde** ▶ GH 8|2, 9|5
⚠ Das Fragewort **quién** hat eine Pluralform!
⚠ Fragewörter tragen immer einen Akzent!

– ¿Eres de Bogotá?
– **No soy** de Bogotá, soy de Salamanca.

das Verneinungswort **no**. Es steht immer vor dem Verb. ▶ GH 10|7

22 veintidós

TESTE DEINE GRAMMATIKKENNTNISSE ▶ Lösungen, S. 157

1 Bilde den Plural bzw. den Singular und nenne jeweils den bestimmten Artikel. ▶ GH 7|1

1. clase
2. alumno
3. amigas
4. ciudad
5. libros
6. mensajes
7. plaza
8. instituto
9. página
10. guitarras
11. profesora
12. parques
13. fiestas
14. alumnas

2 a Bilde die korrekte Verbform. ▶ GH 10|6

1. [vosotros] *contestar*
2. [tú] *charlar*
3. [yo] *hablar*
4. [nosotros] *buscar*
5. [ella] *escuchar*
6. [ellos] *tomar*
7. [nosotros] *estudiar*
8. [vosotros] *practicar*
9. [tú] *mirar*

b Bilde die korrekte Verbform. ▶ GH 11|8

1. [tú] *aprender*
2. [nosotros] *comprender*
3. [ella] *leer*
4. [ellos] *escribir*
5. [vosotros] *compartir*
6. [yo] *recibir*
7. [nosotros] *vivir*
8. [vosotros] *comprender*

3 Stelle die passenden Fragen. ▶ GH 8|2, 9|5

1. Soy de Colombia.
2. Vivimos en Salamanca.
3. Es Vega, la amiga de Laura.
4. No, pero hablo un poco de alemán.
5. Son Roberto y Diego.
6. Se llama Laura.
7. Se escribe h-o-l-a.
8. Significa «instituto».

4 Verneine die Sätze. ▶ GH 10|7

1. Diego *(contestar)* los mensajes de Sandra.
2. Los chicos *(escuchar)*.
3. Laura *(ser)* de Salamanca.

DAS KANN ICH JETZT! ▶ Para comunicarse, p. 191

▶ Sage, wie du heißt und woher du kommst.   *Me llamo Jens. Soy de Ulm.*
▶ Formuliere die passenden Fragen.
▶ Begrüße deine Freunde und frage sie, wie es ihnen geht. Sage auch, wie es dir geht.
▶ Verabschiede dich von deinen Freunden.
▶ Stelle eine Sehenswürdigkeit deiner Stadt oder deinen Lieblingsort vor.

REPASO 1

VOCABULARIO

1 a Encuentra los intrusos. | Welche Wörter gehören nicht zum Thema „Schule"?

> el libro   el estadio   el instituto   el boli   el mensaje   la plaza   el centro   el estudiante
> la profesora   los turistas   la fiesta

b Bilde mit jedem „Eindringling" einen Satz.

2 a Finde zu den Wörtern an der Tafel die fehlenden Vokale. Ergänze dann das jeweils passende Verb und schreibe die Wortgruppen in dein Heft.

> vivir   escribir   hablar   leer
> preparar   aprender

METHODEN ▶ S. 161 ✓
Du behältst neue Verben besser, wenn du sie mit einer Ergänzung lernst.

b Suche fünf weitere Verben und notiere eine passende Ergänzung.

PRACTICAR

3 Ordena las palabras y completa las frases con el verbo **ser**. | Bilde die Sätze und ergänze die Formen des Verbs **ser**.
▶ Resumen 1, 3

1. – nosotros / Hola, / [¿] / Luis / Berenice. / y /
2. – Y / ¿ / [¿] / quiénes / ? / vosotras,
3. – [¿] / Comprendo, / Clara Martín González. / tú
4. – la / [¿] / Español / Rosa Martín, / profesora / Ella / de.
5. – y / Roberto / Laura [¿] / Salamanca. / de
6. – Yo / soy / Salamanca. / Bogotá. / no / de / [¿] / de

4 Preparad preguntas sobre los chicos. ¿Quién sabe la respuesta?

> ¿Quién?   ¿De dónde?   ¿Dónde?
> ¿Cómo?   ¿Quiénes?   ¿Qué?

> Diego   Laura   Vega   Sandra
> Roberto   Carlitos

5 a ¿Qué (no) hacen los chicos?

1. *estudiar* / *leer* un libro

2. *buscar* información / *escribir* un mensaje

3. *preguntar* / *contestar* la pregunta

4. *escuchar* / *mirar* el mensaje

5. *mirar* vídeos / *preparar* los deberes

b Da cinco ejemplos: ¿Qué (no) haces en clase / en casa?

6 Completa las frases con la forma correcta del verbo.

1. Diego: yo ahora [¿] en Salamanca.
2. Los amigos de Diego, Carlitos y Sandra, [¿] en Bogotá.
3. Diego ahora [¿] en el Instituto Lucía de Medrano.
4. En el recreo, los chicos [¿] de las vacaciones.
5. Roberto [¿]: «Hola, ¿qué tal las vacaciones?».
6. En la clase, Diego y Roberto [¿] el mensaje de Laura y Vega.
7. Diego y Roberto [¿] los deberes.
8. – Chicos, siempre [¿ / vosotros] y [¿ / vosotros] mensajes en la red.
9. Diego: Mi amigo Carlitos y yo [¿] fotos y vídeos.
10. – Oye, Roberto, ¿[¿] los vídeos en inglés? – Sí, claro.

hablar
escribir
preparar
vivir (2x)
leer (2x)
preguntar
comprender
estudiar
compartir

7 a Busca los verbos y haz una lista en tu cuaderno. | Lege eine Tabelle mit allen Verben der Unidad 1 an. ▶ Lista cronológica, p. 186–191

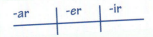

b Escribe en tu cuaderno una pequeña historia con diez verbos de la lista. | Schreibe eine kurze Geschichte. Verwende zehn Verben aus der Liste.

ESCUCHAR

8 Escucha: ¿Quién habla?

HABLAR

9 Erfinde eine Person, schreibe dir Namen, Herkunft, Sprachkenntnisse und Wohnort auf und ergänze dann die dazugehörigen Fragen. Gehe im Klassenraum umher und stelle drei Mitschülern/-innen diese Fragen zu ihren erfundenen Personen.

10 a Preparad el diálogo. | Ein/e Deutsche/r (A) trifft einen/e Spanier/in (B) auf der Straße. A bereitet diese Rollenkarte vor, B die von Seite 153.

b Presentad la escena. | Spielt nun die Szene vor.

A
- Du begrüßt den Jungen / das Mädchen.
- Du sagst, wie es dir geht und fragst ihn/sie nach dem Namen.
- Du sagst deinen Namen.
- Du sagst, woher du kommst. Du bist neu hier und suchst das Gymnasium Lope de Vega.
- Du fragst, wie das Gymnasium ist.

veinticinco **25**

¡ANÍMATE! 1

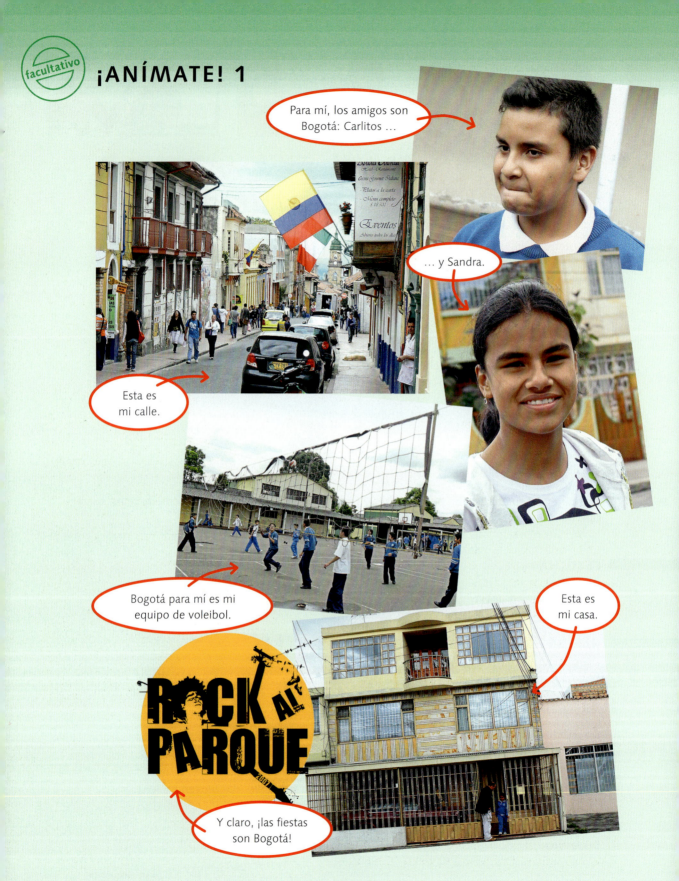

🎧 **1** Diego zeigt Laura seine Fotos. Höre den Dialog. In welcher Reihenfolge werden die Fotos vorgestellt? Ordne sie.

2 Mira las fotos. | Wo kannst du welche Produkte kaufen?

el pan — un bocadillo — una salchicha — sellos — frutas — curitas — caramelos

Mi barrio¹

En mi ciudad hay² un³ barrio,
es el barrio de San Juan.
Es mi barrio, sí, es mi barrio.
En mi barrio hay una calle,
es la calle Zamora.
Es mi calle, sí, es mi calle.
En mi calle hay una casa,
es la casa número 13.
Es mi casa, sí, es mi casa.
En mi casa hay una habitación,
es mi habitación, sí, es mi habitación.
En mi habitación hay una mesa,
es mi mesa, sí es mi mesa.
En mi mesa hay un libro,
es mi libro, sí, es mi libro.
Y en el libro hay un poema⁴
«En mi ciudad hay un barrio …»

1 el barrio *das Wohnviertel* 2 hay *es gibt* 3 un/a *ein/e* 4 el poema *das Gedicht*

3 a Escucha y lee el poema.

b Lies das Gedicht laut vor. Achte dabei auf den Rhythmus.

4 a Schreibe jetzt „dein" Gedicht nach dem Muster von „Mi barrio" und gestalte ein Plakat mit Bildern deines Stadtviertels / deiner Straße.

b Lies dein Gedicht der Klasse vor.

2 MI MUNDO

HIER LERNST DU:
▶ dein Alter, deine Adresse und deine Telefonnummer anzugeben.

¡ACÉRCATE!

▶ KV 5, 6

Mi nombre: Laura
Mis apellidos: Herrero Rodríguez
Mi edad: Tengo 13 años.
Mi dirección: Vivo en la Avenida de Portugal 25.
Mi número de teléfono: Es el 608425778.
Mis amigos: Vega y Roberto
Mi música favorita: Escucho pop y también rap.

¿Cómo te llamas?
¿Qué música escuchas?
¿Cuántos años tienes?
¿Dónde vives?
¿Cuál es tu número de teléfono?

COMPRENDER EL TEXTO

1 ¿Quién es? | Lies eine Information aus den Steckbriefen vor. Dein/e Nachbar/in nennt die entsprechende Person. Manchmal gibt es mehrere Möglichkeiten.

Tengo 14 años.
¡Eres Vega!

ESCUCHAR

2 Escucha a Diego y prepara su ficha. ▶ KV 6

3 a Escucha y apunta los números de teléfono. ▶ Los números, p. 178

b Frage möglichst viele Mitschüler/innen auf Spanisch nach ihrer Telefonnummer und schreibe sie auf. Wer hat die meisten korrekten Nummern gesammelt?

28 veintiocho

Mi nombre: Vega
Mis apellidos: Martín González
Mi edad: Tengo 14 años.
Mi dirección: Vivo en la Avenida de Mirat 43.
Mi número de teléfono: Es el 605888352.
Mis amigos: Laura y Roberto
Mi música favorita: Escucho pop, rock y flamenco. Mi grupo favorito es Chambao.

Mi nombre: Roberto
Mis apellidos: Álvarez Vicente
Mi edad: Tengo 14 años.
Mi dirección: Vivo en la Calle Zamora 13.
Mi número de teléfono: Es el 603124488.
Mis amigos: Diego, Laura, Vega y Cristina
Mi música favorita: Escucho rock y heavy metal.

Diego Rodríguez Vicente
Avenida Portugal, 25, 4° D
37005 Salamanca

LANDESKUNDE
Familiennamen setzen sich in spanischsprachigen Ländern immer aus zwei Namen zusammen.

ESPAÑA EN DIRECTO

4 Schaue dir die Adresse von Diego an: Wo musst du klingeln, wenn du Diego besuchen willst?

LANDESKUNDE
An spanischen Haustüren stehen häufig keine Namen, sondern nur das Stockwerk und ein Buchstabe, der die Wohnung bezeichnet.

HABLAR

5 a Y tú, ¿quién eres? Prepara tu ficha.

Du kannst mithilfe der Seitenzahlen deines Buches herausfinden, wie die spanischen Zahlen über 20 heißen.

b Pregunta a tus compañeros/-as su edad, sus nombres y apellidos, su dirección y su número de teléfono. ▶ Resumen 1 ▶ M

 16|2

veintinueve **29**

2A EN EL PISO DE ROBERTO

HIER LERNST DU:
▶ über deine Familie zu sprechen.
▶ zu sagen, wo etwas liegt oder steht.

▶ Folie 7

Roberto espera la visita de Diego. Hoy no tiene clase y sus padres están en casa de los abuelos.

Mi mundo | En el piso de Roberto

2A

COMPRENDER EL TEXTO

1 a Busca las palabras en el texto y haz una red de palabras.   la familia

b Cuenta y usa las palabras de **1a**.

El [¿] de Roberto	se llama Alba.
La [¿] de Roberto	está en casa de los abuelos.
Roberto	están en el salón.
Roberto y Diego	busca su mochila.
Adrián y su [¿]	llega a casa.
	están también en casa.
	espera visita de Diego.
	tienen ganas de ver una película.
	se llama Adrián.

ESCUCHAR Y REPETIR

2 a Escucha y repite las preguntas. | Achte besonders auf die Satzmelodie.

1. ¿Tienes ___?
2. ¿Esta es una foto ___?
3. Y vosotros, ¿estáis ___?
4. Hola, chicos, ¿___?
5. Hijo, ¿por qué no veis la película ___?
6. ¿Dónde está ___?

b Escucha otra vez y contesta con la respuesta correcta.

Sí, yo sí.   Sí, estos son mis padres.   Muy bien.

Pues, no sé.   Sí, claro.   Bueno.

HABLAR

3 El padre de Roberto habla con su hijo. ¿Qué contesta Roberto? Haced diálogos.

¿Por qué no
- ves la película en tu habitación?
- preparas la cena?
- lees un libro?
- ves la tele con tu hermana?
- escuchas un poco de música?
- preparas tus deberes?
- estudias un poco de inglés?
- ___?

Bueno.   ¡Qué rollo!   No. No tengo ganas.   Vale, vale.   Pues, no sé.

treinta y uno 31

2A

APRENDER MEJOR

4 Die Arbeit mit dem zweisprachigen Wörterbuch

a Sieh dir den Grundriss der Wohnung an und beschreibe, was du schon benennen kannst.

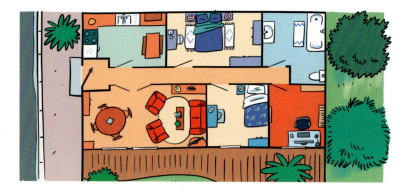

b Schlage in einem deutsch-spanischen Wörterbuch zunächst die Wörter „Flur", „Garten", „Schlafzimmer" und „Balkon" nach. Beschreibe nun mit Hilfe deines Wörterbuchs den Rest der Wohnung.

METHODEN ▶ S. 162

Lies dir immer erst den ganzen Wörterbucheintrag durch, bevor du dich für die passende Bedeutung entscheidest.

c Fertige einen Grundriss deiner Wohnung an und lasse deinen/-e Banknachbarn/-in die Wohnung beschreiben. Du sagst, ob es richtig ist und korrigierst, wenn nötig.

Nimm, wenn nötig, ein zweisprachiges Wörterbuch zu Hilfe.

Esta es tu habitación.

No, esta es la habitación de mi hermana.

DESCUBRIR

5 a Welche Antwort passt zu welcher Frage? Überlegt zu zweit: Mit welchem Verb gebt ihr an, wo sich jemand oder etwas befindet? ▶ Resumen 2 ▶ GH S.13/12

¿Quién es Alba?   ¿Dónde está Alba?
¿Qué es?   ¿Dónde está?

Es nuestra cena.   Es la hermana de Roberto.
Está en la cocina.   Está en el salón.

b Completa las frases con está (2x), estamos, estáis y eres, es y soy.

1. Adrián [¿] el hermano de Roberto. [¿] en su habitación con Carla.
2. Adrián: «Diego, no [¿] de aquí, ¿verdad?» – Diego: «No, [¿] de Bogotá.»
3. Roberto: «Chicos, ¿dónde [¿]?» – Vega: «[¿] en la cafetería Sol.»
4. Roberto: «La cafetería Sol [¿] en la Avenida de Portugal, ¿verdad?»

32 treinta y dos

Mi mundo | En el piso de Roberto **2A**

PRACTICAR

6 a ¿Qué dicen los chicos? | Ergänze die Possessivbegleiter. ▶ Resumen 7   ▶ GH S.12/9

1. ¿Cómo se llama [¿] profesora?
2. Laura y Vega son [¿] amigas, ¿verdad?
3. – ¿Dónde están [¿] libros?
   – ¿[¿] libros? Mira, están en [¿] mochila.

4. Alba siempre prepara [¿] deberes en el salón.
5. Adrián y [¿] novia también están en casa.
6. La novia de [¿] hermano se llama Carla.

b Presenta a tu clase de Español. Usa una forma de nuestro/-a.
▶ Resumen 7

1 a veces *manchmal*   2 nunca *nie*

[¿] instituto se llama ___ y está en la calle ___
[¿] clase es la clase ___
En la clase somos ___ alumnos.
[¿] profesor / [¿] profesora de Español se llama ___
En [¿] clase de Español, la estrella es ___
[¿] libro de español se llama ___
Siempre / A veces[1] / Nunca[2] preparamos [¿] deberes.

MEDIACIÓN / YA LO SÉ

7 a Du hast zum ersten Mal Post von deiner Brieffreundin María. Erzähle deinen Eltern, was sie dir geschrieben hat.

METHODEN ▶ S. 171
Übersetze nie wortwörtlich, sondern fasse das Wichtigste auf Deutsch zusammen.

Asunto: ¡Hola! :-)

¡Holaaaaaaaa!

Me llamo María, tengo 14 años y estudio 2° de ESO. Escucho música, sobre todo hip-hop. El fútbol es mi deporte favorito, veo los partidos del Real Madrid. También leo mucho, sobre todo revistas y cómics. Vivo con mi madre, mi hermano y mi abuelo en Madrid, en la Calle de Ibiza. Vivir en Madrid es fenomenal, pero estar con mi familia a veces es difícil: comparto la habitación con mi hermano; mi madre y mi abuelo siempre preguntan muchas cosas. Además, mi hermano pasa mucho tiempo con sus amigos en nuestra habitación. Y tú, ¿tienes hermanos? ¿Cómo es tu familia?

Besos y hasta luego,
María

b Antworte María auf Spanisch und erzähle etwas über dich und deine Familie.

treinta y tres **33**

2B Y TÚ, ¿TIENES TU ESPACIO?

HIER LERNST DU:
▶ dein Zimmer zu beschreiben.

▶ Folie 8

A veces es difícil estar con la familia. Necesitas estar en tu mundo ...
Pero no siempre es posible. ¿Compartes tu habitación?
¿Tu habitación es grande o muy pequeña? Tres chicos hablan con **Chic@s**.

Diego, 14

«5 Tengo una habitación propia. Para mis amigos, mi habitación es superinteresante, en las paredes hay fotos de Bogotá y de mis amigos. Tengo una estantería con mis DVD de Colombia. Al lado de la estantería, hay pósters. Ah, y encima de la mesa están mis gorras. Mi habitación es genial. Es bastante pequeña, pero tengo mi espacio.
10 Bueno, a veces tengo problemas con mis hermanas. Son muy divertidas, pero siempre escuchan música a todo volumen.»

34 treinta y cuatro

Mi mundo | Y tú, ¿tienes tu espacio? **2B**

«Comparto una habitación grande con mi hermano Roberto. Nuestra habitación tiene dos lados. Para Roberto, mi lado es aburrido. Hay libros, libros y ... libros: en la mesa, a la derecha y a la izquierda de la cama y ¡debajo de la cama también! Roberto y yo somos muy diferentes: él toca la guitarra y escucha música. Yo paso mucho tiempo en la habitación para estudiar. Pero claro, ¡a veces Roberto también tiene ganas de estar solo en la habitación!»

Adrián, 18

Cristina, 13

«¿Habitación compartida? ¡Tortura segura! Mi hermano siempre lee mi diario, él tiene ocho años y ¡es muy curioso! Pero yo escondo mi diario detrás del armario, también allí están mis DVD. Nuestro piso tiene un balcón muy grande, allí escucho música y escribo ... Yo también necesito mi espacio.»

COMPRENDER EL TEXTO

1 a ¿Quién habla? ¿Diego, Cristina o Adrián? | Wer könnte das sagen?
1. «Compartir la habitación con un hermano pequeño es un rollo.»
2. «Mi hermano pasa mucho tiempo en nuestra habitación.»
3. «Tengo dieciséis gorras.»
4. «Mi hermano pequeño es curioso.»
5. «Para mi hermano mi lado es un poco aburrido.»
6. «No comparto mi habitación.»

b Formuliere eine Überschrift für jeden Textabschnitt.

DESCUBRIR

2 a Welches Adjektiv passt zu welchem Satz? Woran erkennst du das?   ▶ Resumen 5   ▶ GH S.13/13

Mi hermano es muy [¿]. Mis hermanos son muy [¿].
Mi hermana es muy [¿]. Mis hermanas son muy [¿].

curiosos   curiosas   curiosa   curioso

b Suche im Text die fehlenden Formen.
una habitación [¿]   habitaciones grandes
una habitación [¿]   habitaciones geniales

treinta y cinco **35**

2B

PRACTICAR

3 Cristina habla de su habitación. Completa con los adjetivos. ▶ Resumen 5

Nuestro piso es bastante [¿] y siempre hay gente en casa. Leo un libro o veo una película y mi madre pregunta: «Tienes un libro [¿]? ¿Es [¿]? ¿Qué tal la película? Es [¿]?» Comparto la habitación con mi hermana [¿] pero somos muy [¿]. Ella prepara sus deberes: «Oye, Cristina, ¡mis deberes son muy [¿]! – Mis libros son muy [¿], no tienes un cómic [¿]?» Pero a veces estoy [¿] en casa y ¡es [¿]!

pequeño/-a	
interesante	
nuevo/-a	divertido/-a
pequeño/-a	diferente
difícil	aburrido/-a
nuevo/-a	solo/-a genial

4 Mira la foto de la p. 34 e inventa adivinanzas. | Gewonnen hat, wer am meisten erraten hat.
▶ Resumen 4

Está | a la derecha / a la izquierda / al lado / detrás / delante[1] / encima / debajo / entre[2] | del ___ / de la ___ / de los ___ / de las ___

Está al lado de la cama.

¡Es el/la ___!

▶ GH S.14/14

1 delante de *vor* **2** entre *zwischen*

▶ GH S.14/15

5 a ¿Qué hay en las habitaciones? A describe la habitación de Tomás, B describe la habitación de Laura (p. 153).
▶ Resumen 2, 3, 4

Du kannst die chronologische Wortliste, S. 195 zu Hilfe nehmen.

la ventana
el sofá-cama
la habitación de Tomás

¿Hay una cama en la habitación de Tomás?

Hay un sofá-cama.

¿Dónde está?

Está al lado de la estantería.

b Describe tu habitación a tu compañero/-a. | Er/sie stellt dir Fragen, macht sich Notizen und zeichnet danach dein Zimmer.

¿Hay un armario?

Sí.

¿Dónde está?

Zeichne das Zimmer als Grundriss, ähnlich wie die Wohnung auf S. 32.

COMPRENSIÓN AUDIOVISUAL

6 Mira la escena 2 del DVD. ▶ DVD-KV 3, 4

2B
Mi mundo | Y tú, ¿tienes tu espacio?

VOCABULARIO

7 Was passt zusammen?

> muy   grande   divertido/-a   interesante   fácil
> a veces   un poco   pequeño/-a   aburrido/-a
> Tengo una habitación propia.
> ¡Es un rollo!   Comparto mi habitación con ___.
> difícil   siempre   bastante   genial

METHODEN ▶ S. 160/161 ✓
Du merkst dir Wörter und Ausdrücke leichter, wenn du sie ordnest, z. B. als Gegensatzpaare.

Ejemplo: muy – bastante

ESCRIBIR

8 a ¿Cómo es tu mundo? | Schreibe einen Text für die Zeitschrift *Chic@s*.
DELE

¿Compartes tu habitación?
¿Cómo son tus fiestas?
¿Cómo es tu habitación?
¿Qué haces[1] en tu habitación?
¿Cómo son tus hermanos/padres?
Estar con tu familia, ¿cómo es?

[1] ¿Qué haces? *Was machst du?*

b Fertigt eine Collage mit Fotos, Zeichnungen und euren Texten an.

ESCUCHAR Y REPETIR

9 a Escucha y repite las palabras. | Sortiere sie dann nach ihrer Betonung.

> pared   mundo   interesante   mesa   cama
> verdad   aburrido   diferente   estar   curioso
> problema   español

Du kannst die Betonungsregeln auf S. 178 zu Hilfe nehmen.

b Diese Wörter kennt ihr noch nicht. Überlegt, wie sie betont werden, und lest sie euch gegenseitig vor.

> deporte   conmigo   favor   importante
> regalo   malo   peña   mandar

ESCUCHAR

10 Pedro habla de su mundo. Escucha y corrige las frases.

1. Pedro tiene 15 años.
2. Tiene dos hermanas.
3. Tiene una habitación propia, muy grande.
4. En la habitación hay una cama, un armario y una estantería.
5. En su habitación lee y charla con sus amigos.
6. Nuria tiene 14 años y comparte la habitación con su hermana.

treinta y siete **37**

2C ¿AMIGO DE TUS AMIGOS?

HIER LERNST DU:
- über deine Freunde zu sprechen.

Para nosotros, los amigos son muy **importantes**. Queremos hacer **todo** con ellos, compartimos todo. Y tú, ¿eres amigo/-a de tus amigos?

1 Un/a amigo/-a quiere quedar contigo para hablar de sus problemas. ¿Qué haces?

★ Escucho a mi amigo/-a. Siempre compartimos momentos buenos y malos.
✻ Escucho a mi amigo/-a. Pero pienso: ¡Qué rollo!
✲ No escucho sus problemas. No tengo ganas de hablar con él/ella.

2 Es el cumpleaños de un/a amigo/-a:

✻ Paso mucho tiempo con mi amigo/-a.
✲ Prefiero mandar un SMS con el móvil.
★ Busco un regalo bonito y hago una fiesta sorpresa con la peña.

3 Ves a tu novio/-a con tu mejor amigo/-a en la cafetería. ¿Qué piensas?

✲ «Pero ... ¡¿son amigos?!»
✻ «¿Qué hago? ¿Hablo con ellos?»
★ «¡Qué bien! Ellos también son amigos.»

4 Quieres hacer deporte, pero tus amigos prefieren ver una película en casa. ¿Qué hacéis?

★ Hacemos deporte y después vemos la peli.
✲ Contesto: «¡No quiero ver pelis aburridas! ¡Adiós!».
✻ Hago deporte solo/-a.

5 Tu mejor amigo/-a ya no habla contigo, no contesta tus mensajes. ¿Qué haces?

✻ Prefiero esperar una semana. Después hablo con él/ella.
★ Busco a mi amigo/-a y pregunto: «¿Ya no quieres hablar conmigo?»
✲ Ya no quiero ser su amigo/-a.

RESULTADOS

Mayoría de ★: Tus amigos tienen suerte, ¡eres un amigo genial!
Mayoría de ✻: Tus amigos son importantes, pero también tienes un lado egoísta.
Mayoría de ✲: ¿Todavía tienes amigos? Eres un poco egoísta.

COMPRENDER EL TEXTO

1 Haz el test.

2 ¿Cómo es un/a amigo/-a genial para ti? Busca ejemplos en el test.

ESCUCHAR Y REPETIR

3 a Lee las frases. Después escucha y repite. | Welche Wörter werden zusammen wie ein Wort ausgesprochen?

1. ¿Dónde estás tú?
2. Hoy veo a Ana.
3. Ahora llamo a Ana.

38 treinta y ocho

2C

Mi mundo | ¿Amigo de tus amigos?

b A liest drei Sätze vor, B kontrolliert die Aussprache (S. 153). Dann tauscht ihr die Rollen.

1. Ana ve el libro de Inglés en la mesa.
2. Jaime esconde el DVD en el armario.
3. ¿Dónde estudia Antonio?

I. Míriam_mira_a su_amiga.
II. Miguel busca_a su_amigo_Óscar.
III. Irene_escucha_a su_madre.

▶ GH S.16/20

DESCUBRIR

▶ GH S.15/17

4 a Übertragt die Tabelle in euer Heft und sucht im Text die Formen der Verben **pensar**, **querer** und **preferir**. Überlegt dann gemeinsam: Wie lauten die fehlenden Formen?

▶ Los verbos, p. 182

	pensar	querer	preferir
(yo)	[¿]	quiero	[¿]
(tú)	[¿]	[¿]	[¿]
(él / ella)	[¿]	[¿]	

b Completa con la forma correcta del verbo. ▶ Los verbos, p. 182

1 hablar por teléfono telefonieren
2 el/la primo/-a der Cousin / die Cousine

1. Laura [¿] (querer) ver una peli y habla por teléfono[1] con Vega. «Oye, Vega, ¿[¿] (querer) hacer algo? ¿Por qué no quedamos con Roberto en el cine? ¿Qué [¿] (pensar)?»
2. **Vega:** «Pues no sé. Mis abuelos están en casa y no [¿] (querer / yo) problemas con mis padres. [¿] (preferir) ver una peli aquí.»
3. **Laura:** «Hola, Roberto, ¿está Diego contigo? ¿No [¿] (querer / vosotros) ver una peli con nosotras?»
4. **Roberto:** «Hmm … no. Ya quedamos con mis primos[2] en su casa. Es el cumple de un amigo. [¿] (querer / nosotros) hacer una fiesta sorpresa para él.»

HABLAR

5 a Piensa en tu compañero/-a. ¿Cómo es? ¿Qué prefiere? Toma apuntes.

▶ GH S.15/19

hacer deporte solo/-a
hacer los deberes solo/-a
mandar un SMS a ___
escuchar problemas
tocar la guitarra
escribir un diario
leer un libro en casa
ver una película
ver la tele
___

pasar mucho tiempo con sus amigos
ver a sus amigos
hacer deporte con sus amigos
hacer los deberes con ___
hablar por teléfono con ___
hablar de problemas
escuchar la música de ___
quedar con los amigos
___

¿Jonas prefiere hacer deporte solo o hacer deporte con los amigos?

Jonas prefiere hacer deporte solo.

b Pregunta a tu compañero/-a como en el ejemplo. | Überprüfe deine Vermutungen von **a**. Für jede richtige Antwort bekommst du einen Punkt.

Jonas, ¿qué prefieres hacer? ¿Hacer deporte solo o hacer deporte con los amigos?

Prefiero hacer deporte solo.

treinta y nueve **39**

2C

ESCUCHAR

🎧 1|27
DELE

6 a Ana habla con Vega sobre su amigo Miguel. Escucha el diálogo y apunta cuatro cosas sobre Miguel: ¿Cómo es? ¿Qué hace?

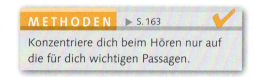

METHODEN ▶ S. 163
Konzentriere dich beim Hören nur auf die für dich wichtigen Passagen.

🎧 1|28

b Höre dir den zweiten Teil des Gesprächs an: Welchen Rat gibt Vega Ana?

2 PUNTO FINAL

1 a Bereitet eine Umfrage zu folgenden Themen mit drei bis sechs Fragen für eure Klassenkameraden vor.
▶ M

Ihr könnt einen schriftlichen Fragebogen erstellen.

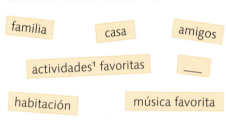

familia   casa   amigos

actividades[1] favoritas   ___

habitación   música favorita

[1] la actividad *die Beschäftigung*

b Führt die Umfrage durch und interviewt mindestens drei Mitschüler/innen. Präsentiert danach eure Ergebnisse.

2 a Du bekommst Besuch von einem/einer spanischen Jugendlichen. Bereitet einen Dialog vor.

- Du stellst ihm/ihr deine Familie vor.
- Du zeigst ihm/ihr eure Wohnung und dein Zimmer, das ihr teilen werdet.
- Du erzählst ihm/ihr von deinen Eltern/Geschwistern/Freunden … Wie sind sie? Was machen sie?

b Sucht in der Klasse ein Team, mit dem ihr eure Dialoge vergleicht. Falls nötig, verbessert euch gegenseitig. Spielt die Dialoge dann vor.

RESUMEN

ALTER/ADRESSE/TELEFONNUMMER ANGEBEN

1 **Tengo** 14 **años**.
Vivo en el Paseo de la Estación **43**.
Mi número de teléfono es el 6232341.

DAS BENÖTIGST DU

das Verb **tener** ▶ Los verbos, p. 184; ▶ GH 12|10
die Zahlen ▶ Los números, p. 178

EINE WOHNUNG / EIN ZIMMER BESCHREIBEN

2 ¿Dónde **está** la mochila? **Está** en la cocina.

3 En nuestra habitación **hay** dos camas.
Al lado de la mesa **hay una** estantería y **un** armario.
El armario **está** al lado de la cama.

En mi habitación **hay un** armario.

4 Vuestra cena está **en** la cocina.
La guitarra está **a la derecha del** armario.

DAS BENÖTIGST DU

das Verb **estar** ▶ Los verbos, p. 181; ▶ GH 12|11

die Verbform *hay*
Substantive mit dem unbestimmten Artikel:
▶ GH 14|15

♂	♀
un armario	**una** cama

⚠ *Hay* steht nie mit dem bestimmten Artikel!
▶ GH 14|16

die Präpositionen

a la derecha
a la izquierda
al lado
encima | **del** | + Substantiv
debajo | **de la** |
detrás
delante

en
entre

⚠ de + el → del ▶ GH 14|14

5 Nuestro piso no es **grande**.
Las habitaciones son **pequeñas**.
En la pared hay un póster de mi peli **favorita**.
Los hermanos son muy **diferentes**.

die Adjektive ▶ GH 13|13

	♂	♀
Singular	Pedro es **curioso** genial interesante	Marisa es **curios**a
Plural	Pedro y Juan son **curiosos** geniales interesantes	Marisa y Ana son **curios**as

⚠ Spanische Adjektive richten sich in Genus und Numerus immer nach dem Substantiv.

ÜBER FAMILIE UND FREUNDE SPRECHEN	DAS BENÖTIGST DU
6 Laura **busca** su libro de Inglés. Laura **busca a** Vega.	Verben und die Präposition **a** ⚠ Personenobjekte werden immer mit der Präposition **a** angeschlossen. ▶ GH 16|20
7 **Mi** hermano habla inglés. ¿Dónde viven **tus** padres? Diego es de Colombia. **Sus** abuelos viven en Bogotá. **Nuestra** abuela es de Salamanca.	die Possessivbegleiter ▶ GH 12|9 | mi | amigo | mis | amigos | | tu | amiga | tus | amigas | | su | | sus | | | nuestro/-a | amigo | nuestros/-as | amigos | | vuestro/-a | amiga | vuestros/-as | amigas | | su | | sus | |
8 Ya no **quiero** ser su amigo. Mis amigos **prefieren** ver una película en casa. ¿Qué **hago**? Hablo con ellos?	Verben wie *querer, preferir, pensar* Diphthongverben (e → ie) ▶ Los verbos, p. 182 ▶ GH 15|17 das Verb *hacer* ▶ Los verbos, p. 184
9 Un amigo quiere quedar **contigo**. Ya no quiere hablar **conmigo**. Un amigo quiere quedar con ella/ellos.	die Präposition **con** + Pronomen ▶ GH 15|19 ⚠ conmigo/contigo

TESTE DEINE GRAMMATIKKENNTNISSE ▶ Lösungen, S. 157

1 Bilde die korrekte Verbform. ▶ GH 12|10, 15|17, 15|18

1. [tú] *tener*
2. [vosotros] *querer*
3. [nosotros] *preferir*
4. [vosotros] *pensar*
5. [yo] *tener*
6. [nosotros] *pensar*
7. [ellos] *querer*
8. [yo] *hacer*
9. [él] *querer*
10. [yo] *pensar*
11. [ellos] *preferir*
12. [ellos] *tener*

2 Ergänze den Possessivbegleiter. ▶ GH 12|9

1. nuestr[¿] amigos
2. nuestr[¿] abuelos
3. nuestr[¿] habitación
4. vuestr[¿] profesor
5. nuestr[¿] clase
6. nuestr[¿] libros
7. nuestr[¿] profesoras
8. vuestr[¿] hermana

3 Ergänze die passende Adjektivform. ▶ GH 13|13

1. habitaciones [¿] (pequeño/-a)
2. problemas [¿] (difícil)
3. un piso [¿] (grande)
4. una hermana [¿] (pequeño/-a)
5. una película [¿] (divertido/-a)
6. un libro [¿] (aburrido/-a)
7. textos [¿] (fácil)
8. regalos [¿] (bonito/-a)
9. un amigo [¿] (egoísta)

DAS KANN ICH JETZT! ▶ Para comunicarse, p. 196

▶ Sage, wo du wohnst und wie alt du bist.
▶ Nenne deine Telefonnummer.
▶ Stelle jemanden aus deiner Familie vor.
▶ Beschreibe dein Zimmer.

REPASO 2

¿TE ACUERDAS?

1 Repasad juntos el vocabulario de la unidad 1.

¿Cómo se dice en español «Wer ist der Junge»?

Se dice «¿Quién es el chico?».

ESCUCHAR

2 a Escucha: Vega describe su habitación, pero en el texto hay errores. | Wenn du einen falschen Satz hörst, melde dich und korrigiere ihn.

b Esconde el diario de Vega en su habitación. Tu compañero/-a hace preguntas. ▶ Resumen 4

¿Está ___ al lado | del [¿]? / de la [¿]?
en el/la [¿]?

No, no está allí.
Sí, está allí.

HABLAR

3 Vega presenta a su familia. ¿Cómo se llaman? ¿De dónde son? ¿Dónde viven?

Este/Esta es mi ___.
Estos/Estas son mis ___.

padre · madre · tío/tía[1] · primo/prima[2]
abuelo/abuela · hermano/hermana
abuelos · hermanos · tíos · primos

Se llama ___.
Es/Son de ___.
Vive/n en ___.

[1] el tío / la tía *der Onkel / die Tante* [2] el primo / la prima *der Cousin / die Cousine*

Estos son mis padres, mi padre se llama ___.

cuarenta y tres **43**

VOCABULARIO

4 a Prepara una red de palabras con el verbo **tener**.

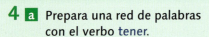 

b Escribe un texto sobre Roberto en tu cuaderno. Usa las expresiones de **a**.

PRACTICAR

5 ¿Qué cuenta Alba? Usa las formas correctas de **ser** o **estar**. ▶ Los verbos, p. 181

1. Adrián [¿] mi hermano. Siempre [¿] con su novia.
2. Ella se llama Carla y [¿] de Madrid.
3. Hoy, los dos [¿] en casa de sus padres.
4. Roberto también [¿] mi hermano. Ahora [¿] en el instituto.
5. ¿Y dónde [¿] mis padres? Hoy [¿] con los abuelos.
6. ¡[¿] sola en casa!
7. Quiero ver mi película favorita. La tele [¿] en el salón.
8. La película [¿] genial y [¿] muy divertida.
9. De repente llegan mis padres: «Alba, ¿dónde [¿]?»
10. «¿Haces tus deberes? Mira, aquí [¿], con los abuelos.»

6 Diego escribe a Sandra. Completa su texto con la forma correcta de los adjetivos. ▶ Resumen 5

1. Salamanca y Bogotá son muy (diferente).
2. Salamanca es una ciudad bastante (pequeño/-a), muy (bonito/-a) y a veces un poco (aburrido/-a).
3. El instituto Lucía de Medrano es muy (grande) pero es muy (fácil) hacer amigos[1] con los chicos.
4. Ya tengo tres: Roberto, Vega y Laura. Son muy (divertido/-a).
5. También son muy (curioso/-a): siempre hacen preguntas sobre mis amigos de Bogotá.
6. Mi profesora (favorito/-a) es Carmen, la profesora de Historia.
7. Sus clases no son muy (divertido/-a), pero siempre son (interesante).

[1] hacer amigos *Freundschaften schließen*

7 A wählt ein Verb aus und würfelt,
B formuliert mit der gewürfelten Verbform einen Satz. ▶ Resumen 8

[Yo]
[Tú]
[Él/Ella]
[Nosotros/Nosotras]
[Vosotros/Vosotras]
[Ellos/Ellas]

querer
- pasar las vacaciones en Sevilla
- hacer deporte
- quedar con los amigos

pensar en
- las vacaciones
- los amigos
- las clases de mañana

preferir
- estudiar con amigos
- escuchar música
- buscar información en Internet

tener
- ___ años
- clase de Inglés
- una habitación propia

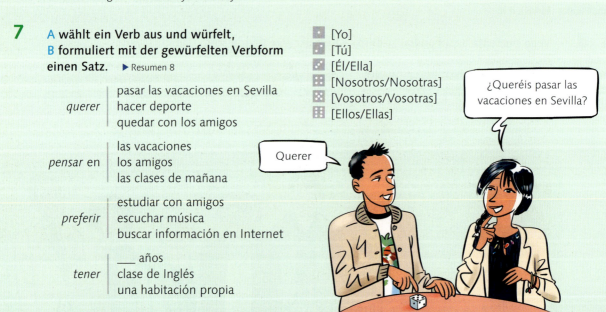

¡ANÍMATE! 2

¿Qué música escuchas?

CHAMBAO
es un grupo de música de España, Málaga. Tocan flamenco electrónico. Son muy famosos en España.

SHAKIRA
es una cantante de Colombia, Barranquilla. A la edad de ocho años ya empieza a escribir canciones. Hoy en día es muy famosa en todo el mundo. Su música fusiona rock y pop. Canta en inglés y en español.

HAZE
es un músico de Sevilla, España. Su música es una mezcla de rap y hiphop con elementos de flamenco.

PANTEÓN ROCOCÓ
es un grupo mexicano. Tocan música rock, punk, salsa, mariachi con elementos de reggae y ska. En sus canciones hablan de problemas sociales en América Latina. Dan regularmente conciertos en Alemania.

LANDESKUNDE

Flamenco ist ein typischer Musik-und Tanzstil aus Andalusien, entstanden im 18. Jahrhundert. Der traditionelle Tanz und Gesang zu Gitarre und Kastagnetten wird heute von spanischen Bands gern mit modernen Musikstilen gemischt.

Salsa ist der bekannteste lateinamerikanische Musikstil. Seine Wurzeln liegen in Kuba. Er ist ursprünglich eine Mischung aus europäischen und afrikanischen Musikelementen. Heute gibt es in fast allen Ländern Lateinamerikas bekannte Salsa-Bands, vor allem in Kuba, Kolumbien, Puerto Rico, Venezuela – aber auch in den USA.

Mariachi-Musik ist eine Mischung verschiedener Tanzmusikstile und volkstümlicher Rhythmen. Sie wird vor allem in Mexiko zu Familienfeiern, aber auch an öffentlichen Orten gespielt. Typische Instrumente sind Trompete, Geige und Gitarre.

1 Escucha. ¿Qué grupo o cantante prefieres? ¿Por qué?

2 Kennst du spanische oder lateinamerikanische Bands? Welche? Stelle sie deiner Klasse vor.

cuarenta y cinco **45**

3 ¿QUÉ HORA ES?

HIER LERNST DU:
- nach der Uhrzeit zu fragen und sie anzugeben.

¡ACÉRCATE!

▶ Folie 9   ▶ KV 7, 8

LANDESKUNDE

Auf den Kanarischen Inseln ist es immer eine Stunde früher als auf dem spanischen Festland.

46 cuarenta y seis

3

ESCUCHAR

1 Escucha: ¿qué hora es? ¿a o b?

1.	2.	3.	4.	5.
a 13:15	a 16:05	a 5:10	a 3:30	a 6:10
b 13:05	b 16:50	b 5:03	b 3:13	b 16:10

2 a Escucha y apunta la hora. ▶ Resumen 1
- a La librería cierra a [¿]
- b Diego llega a casa a [¿]
- c El bus de Madrid llega a [¿]

b Escucha otra vez: ¿qué más comprendes? | Wer spricht mit wem? Worüber? ▶ KV 9

PRACTICAR

3 a Mira los relojes: ¿qué hora es?

b Zeichne fünf weitere Uhren und frage deinen/-e Partner/in, wie spät es ist.

HABLAR ▶ KV 9

4 Pregunta a tus compañeros/-as: ¿a qué hora …?

> *hacer* los deberes   *llegar* a casa   *empezar* tu clase de ___
> *hacer* deporte   *ver* la tele   ___

cuarenta y siete **47**

3A ¿QUÉ HACEMOS?

HIER LERNST DU:
▶ Vorschläge zu machen und darauf zu reagieren.
▶ einen Grund zu erfragen und anzugeben.

ACTIVIDAD DE PRELECTURA

1 Schaue dir die Überschrift und die Bilder an. Was glaubst du: Wovon handelt der Comic?

48 cuarenta y ocho

¿Qué hora es? | ¿Qué hacemos?

3A

COMPRENDER EL TEXTO

WB **2 a** ¿Quién no quiere ir a estos lugares? ¿Por qué? Busca la información en el texto (p. 48).

[¿] | no quiere ir | al centro cultural | a la bolera | al cine | porque | [¿]
al centro comercial

b ¿Qué hace Roberto esta tarde?

VOCABULARIO

3 a Encuentra los lugares.

bolera librería plaza centro comercial instituto estadio parque centro cultural casa

b ¿Con quién quedas en esos lugares? ¿Qué hacéis?

Ejemplo: Quedo con ___ en mi casa. Hacemos los deberes y también …

PRACTICAR

▶ GH S.18/23

4 a Jugad con un dado y practicad las formas del verbo **ir**. | Bildet Sätze. ▶ Los verbos, p. 184

⚀ [yo]
⚁ [tú]
⚂ [él/ella]   ir   al
⚃ [nosotros/-as]   a la
⚄ [vosotros/-as]
⚅ [ellos/-as]

b Pregunta a tus compañeros/-as.

Y tú, ¿adónde vas esta tarde / hoy?

Pues, hoy voy al cine.

Roberto y yo vamos al parque.

5 a Alba es muy curiosa. ¿Qué preguntas hace? ¿Qué contesta Roberto? ▶ Resumen 3   ▶ GH S.18/24

Oye, Roberto, ¿por qué …
… papá y mamá no *(estar)* en casa?
… no *(estar / tú)* hoy con Diego?
… Diego y su familia *(vivir)* en Salamanca?
… *(ver / tú)* una peli en el salón y no en tu habitación?
… Adrián *(estudiar)* inglés?
… ya no *(contestar)* mis preguntas?

… *(querer / él)* ir a Londres.
… *(estar / ellos)* con los abuelos.
… su padre *(ser)* profesor en la Universidad.
… *(preguntar / tú)* mucho.
… él y su familia *(ir)* al cine hoy.
… ahora Adrián y Carla *(estudiar)* inglés en nuestra habitación.

b Haz tres preguntas más.

cuarenta y nueve **49**

3A

ESCUCHAR

6 **a** Wie kannst du Vorschläge machen, annehmen oder ablehnen? Suche Beispiele im Text (S. 48). ▶ Resumen 2

einen Vorschlag machen	ablehnen	zustimmen
		Claro.

b Escucha las propuestas¹. ¿Qué contestas?

Sí, claro. ¿Dónde vives?

¡¿Al estadio?! ¡Paso! Tengo que hacer los deberes.

¿Hoy? ¡Vale! ¿Ya tenéis la peli?

¿A la plaza? Sí, ¡voy con vosotros!

No, no puedo porque no tengo dinero.

Überlege dir vor dem Hören, welche Vorschläge zu den Antworten passen könnten.

1 la propuesta *der Vorschlag*

HABLAR ▶ Folie 10

7 Trabajad en grupos de cuatro y discutid propuestas para esta tarde. Preparad el diálogo y presentad la escena. Usad los apuntes de **6a**.

😊 el cine la bolera el parque ___

☹️ el estadio la plaza la clase de Inglés ___

ESCRIBIR

8 **a** ¿Cómo termina la tarde? | Wähle eine der Situationen aus und schreibe eine Schlussszene für den Lektionstext (S. 48).

Roberto va a la bolera. Diego, Laura y Vega …

Roberto y Cristina van a la bolera. Pero la entrada …

b Lest den Text eures Nachbarn / eurer Nachbarin. Wenn ihr Fehler findet, korrigiert sie gemeinsam.

c Lies deinen Text vor.

3B UN REGALO PARA SANDRA

HIER LERNST DU:
- zu sagen, wann du Geburtstag hast.
- dich zu verabreden.
- zu beschreiben, wie jemand ist.

36–37

Diego a veces echa de menos a sus amigos de Bogotá, sobre todo a Sandra. En dos semanas es su cumpleaños y él quiere comprar con sus amigos un regalo para ella. Llama a Roberto y
5 a Vega, pero ellos no pueden quedar con él. Al final llama a Laura.
Laura: … Hola Diego. ¿Qué pasa?
Diego: ¿Podemos quedar hoy? Mi amiga de Colombia cumple quince años en dos semanas.
10 Y quiero buscar un regalo para ella hoy.
Laura: ¡Ah! Sandra, la amiga de los mensajes, ¿no? Y, ¿por qué no preguntas a Carlitos? ¿No podéis quedar en Internet hoy y buscar un regalo juntos?
15 **Diego:** No, no, tengo que mandar el regalo ya.
Laura: Mmh … Ahora tengo que ir a casa de mis abuelos, pero vuelvo a las cinco. ¿A qué hora quedamos y dónde?
Diego: ¿A las seis en la plaza?
20 **Laura:** Vale.

25 **Diego:** Es el 27 de enero. ¿Qué puedo comprar?
Laura: … Vale. ¿Qué hace Sandra? ¿Cómo es?
Diego: Mmh, pues es un poco tímida … Pero con los amigos es muy alegre, siempre cuenta
30 cosas divertidas. También es muy deportista: va mucho en bici … el fin de semana siempre hace deporte. Pero, ¿un regalo para el deporte? No sé.
Laura: ¿Escucha música?
35 **Diego:** Sí, sí, claro.
Laura: ¿Qué tal un cedé de flamenco? ¿Un cedé de Chambao?
Diego: Mmh, prefiere el hip-hop …
Laura: Entonces no, … y ¿lee mucho?
40 **Diego:** ¿Leer? Nooo, ¡qué va! ¡Casi nunca! Porque siempre está con sus amigos.
Laura: ¡Ah, sí? Pues es como yo, graciosa y supermaja.
Diego: … Eh … sí … más o menos.
45 **Laura:** Mira, aquí hay camisetas. Son muy bonitas, ¿no? ¿Qué tal una camiseta con la rana? Las ranas son un poco feas, pero aquí son muy simpáticas … ¿Diego? … ¡Diego!
Diego: ¿Eh? … Creo que ya tengo un regalo para
50 Sandra.

Diego   Laura

Diego: ¡Por fin llegas!
Laura: Tranquilo, son las seis y veinte … ¿Cuándo es el cumple de Sandra?

LANDESKUNDE

In Spanien und Lateinamerika ist es nicht ungewöhnlich, zu einer privaten Verabredung zu spät zu kommen.

3B

COMPRENDER EL TEXTO

1 ¿Cómo sigue la frase? | Manchmal gibt es mehrere richtige Antworten.

1. Diego quiere comprar un regalo …
   a para sus amigos de Colombia.
   b para Sandra.
   c para su familia.

2. Esta tarde, Diego queda …
   a con Laura.
   b a las tres.
   c en la plaza.

3. Comprar el regalo para Sandra es muy difícil porque …
   a Diego no tiene dinero.
   b Diego tiene que mandar el regalo ya.
   c Diego no tiene tiempo.

4. Diego va con Laura porque …
   a no quiere ir con Roberto.
   b Roberto y Vega ya tienen un regalo para Sandra.
   c Laura tiene un poco de tiempo.

5. Sandra es …
   a graciosa.
   b alegre.
   c tímida.

VOCABULARIO

2 a Ordena los meses.

enero diciembre septiembre julio abril marzo febrero mayo
agosto noviembre junio octubre

b Wer von euch hat als Nächste/r Geburtstag? Fragt euch gegenseitig und stellt euch nach Monaten geordnet auf.

¿Cuándo es tu cumpleaños?

Es el 3 de febrero.

DESCUBRIR / PRACTICAR

▶ GH S. 19/26

3 a Suche im Text (S. 51) die fehlenden Formen von *poder* (Z. 1–25).

	poder
[yo]	[¿?]
[tú]	puedes
[él/ella]	puede
[nosotros/-as]	
[vosotros/-as]	
[ellos/-as]	

b Worauf musst du bei der Konjugation des Verbs *poder* achten? ▶ Resumen 4

c Jugad con un dado y conjugad los verbos. ▶ Los verbos, p. 183

⚀ [Yo]
⚁ [Tú]
⚂ [Él/Ella]
⚃ [Nosotros/Nosotras]
⚄ [Vosotros/Vosotras]
⚅ [Ellos/Ellas]

poder
volver
contar

52 cincuenta y dos

3B
¿Qué hora es? | Un regalo para Sandra

4 Completa el diálogo con las formas correctas de **poder, volver** y **contar**. ▶ Los verbos, p. 183

> puedes   cuentan   puede   pueden   podemos   puedo   puedes   pueden   vuelven   vuelven

Diego: Hola, ¿[¿] quedar hoy a las seis? Tengo que mandar un regalo a Sandra.
Roberto: No, no [¿]. Estoy solo con Alba. Y mis padres [¿] a casa a las 8.
Diego: ¿Y no [¿] venir con ella?
Roberto: ¿Qué? No, no. Paso. ¿Y Vega no [¿] ir contigo?
Diego: No, está con una amiga. Ellas no [¿] quedar hoy conmigo.
Roberto: ¿Y tus hermanas?
Diego: No están. [¿] a las diez de la noche.
Roberto: ¿No [¿] mandar un mensaje de cumpleaños y ya?
Diego: ¡No! La fiesta de quince es muy importante en Colombia. Las chicas [¿] mucho de la fiesta porque es muuuy grande y …
Roberto: ¿Todos [¿] hacer fiestas grandes para sus hijas?
Diego: No siempre.

HABLAR ▶ GH S.19/27

5 Queda con un compañero / una compañera de clase. Haced diálogos. ▶ Resumen 4

hacer los deberes
escuchar ___
escribir un mensaje
ir a casa de ___
ver un poco la tele
ir al cine
preparar la clase de Español
tomar algo
ir a un concierto de rock
leer un poco
ir al centro
charlar en Internet
hacer deporte
ir al centro cultural

¿Qué haces | esta tarde? / hoy? / mañana? → A la/s ___ tengo que ___.

¿Por qué no ___ a la/s? → No quiero / No puedo / No tengo ganas | porque ___. Pero, ¿tienes ganas de ___?

Sí, vale. → ¿Cómo / ¿Dónde / ¿A qué hora ___ | quedamos entonces?

3B

6 a ¿Cómo es Sandra? Busca información en el texto (p. 51) y describe a la chica.

b ¿En qué regalo piensa Diego?

> Creo que el regalo de Sandra es ___ porque ___ .

> No, yo no creo porque Sandra ___ .

> ¡Qué va! Ella no / (casi) nunca / a veces / (casi) siempre ___ .

> Creo que Sandra prefiere ___ / quiere ___ .

ESCUCHAR

7 a Escucha cómo son los chicos. Relaciona las frases con las fotos.

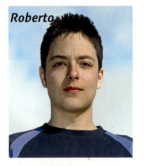
Roberto

Laura

Vega

Diego

Con sus amigos es graciosa y divertida.   ¡Siempre piensa en fútbol!   Es un poco tímida.
Es muy curiosa.   Habla poco.   Es muy deportista.
Con sus libros sí es egoísta.   Siempre escucha música.   Es un chico majo.

b Describe a tu mejor amigo/amiga. ¿Cómo es?   ▶ Para comunicarse, p. 201

COMPRENSIÓN AUDIOVISUAL

8 Mira la escena 3 del DVD.   ▶ DVD-KV 5, 6

YA LO SÉ

9 Mañana es el cumpleaños de un amigo. Queréis quedar esta tarde para buscar un regalo. ¿A qué hora tenéis tiempo? **A** prepara esta ficha y **B**, la ficha de la página 153. | Verabredet eine Zeit, die euch beiden passt, und einen Ort. ▶ Resumen 4

A
Mis planes para esta tarde:
15:00 Hacer deporte en el parque (40 minutos)
16:00 Clase de guitarra en el instituto (90 minutos)
19:30 Hacer los deberes en casa (1 hora)

> ¿Quedamos a las tres y media?

> No, porque a las tres voy al parque y hago deporte. ¿Qué tal a ___?

54 cincuenta y cuatro

3C ¡HOY ES MI CUMPLE!

HIER LERNST DU:
▶ deinen Tagesablauf zu beschreiben.
▶ jemandem zum Geburtstag zu gratulieren.

ACTIVIDAD DE PRELECTURA

1 Describe las fotos. ¿Quiénes son? ¿Dónde están? ▶ Ein Foto beschreiben, S. 166

cincuenta y cinco 55

¿Qué hora es? | ¡Hoy es mi cumple! **3C**

COMPRENDER EL TEXTO

2 ¿Cómo es el día de Sandra? | A liest einen Satz vor, B nennt die passende Zeitangabe.

1. Sandra se despierta y busca su móvil.
2. Sandra ve el regalo de Diego en la mesa.
3. En el recreo, Carlitos pregunta a Sandra: ¿nos vemos después?
4. Sandra se acuesta.
5. Sandra y Daniel van al cole.
6. Sandra sueña con una rana.
7. Sandra se ducha y se pone su uniforme.
8. Hoy las arepas de queso son para Sandra.

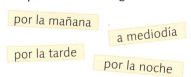

PRACTICAR
▶ GH S.20/28.1

3 Practicad los verbos reflexivos. | A wählt ein Verb aus und nennt ein Reflexivpronomen. B bildet die passende Verbform. Korrigiert euch gegenseitig. ▶ Resumen 6

ducharse   quedarse   acordarse
despertarse   ponerse rojo/-a   irse   levantarse

me   te   se   nos   os   se

4 ¿Qué hacen o dicen las personas en los dibujos? Completa las frases. ▶ Resumen 6

1. Los padres [¿] a las seis.   2. Daniel [¿] a las seis y cuarto.   3. «No, ¡no [¿] el uniforme!»

4. «¡Ya [¿]! Adiós.»   5. «¿No [¿] de mi cumpleaños?»   6. «¿[¿] en mi fiesta?»

APRENDER MEJOR

5 Selektives Hörverstehen

a Escucha: ¿qué hacen Sandra y Daniel por la tarde? ¿A qué hora? Toma apuntes. | Übertrage die Tabelle in dein Heft und fülle sie aus.

¿Quién?	¿Qué hace por la tarde?	¿A qué hora?
Sandra	___	___
Daniel	___	___

> **METHODEN** ▶ S. 163
> Konzentriere dich beim Hören nur auf die gesuchten Informationen. Notiere dabei Stichwörter.

b Höre dir den Text noch einmal an und überprüfe deine Notizen.

cincuenta y siete **57**

3C

HABLAR

▶ GH S.21/28.2

6 a Describe el día de Carlitos. ▶ Resumen 6

> Por la mañana   A mediodía   A las tres   Después   Al final

b Y tú, ¿qué haces? ¿cuándo? | Beschreibe deinen Tagesablauf. ▶ Resumen 6

> despertarse   levantarse   ducharse   irse al instituto   hacer los deberes   escuchar música
> acostarse   hacer deporte   ver la tele   quedar con amigos   ir a casa de ___   ___

ESPAÑOL EN DIRECTO

7 ¿Qué escriben los chicos? Descifra los mensajes.

¿A q hr mpza la fsta? ¿vms jnts? bss

¿A ls 6 n mi ksa? a2

hl, qtl? flz qmple

Diez palabras importantes en los SMS	**a2** adiós	**ksa** casa	**hl** hola	**x fa** por favor	**tb** también
	bss besos	**fsta** fiesta	**xq** porque	**kdar** quedar	**vms** vamos

3 PUNTO FINAL

Du lebst in Spanien und verabredest dich mit deiner Clique, um ein Geburtstagsgeschenk für eine gute Freundin / einen guten Freund von euch auszuwählen. Ihr diskutiert verschiedene Vorschläge, dann einigt ihr euch. Auf der Geburtstagsfeier überreicht ihr das Geschenk.

1. Schreibt die Szenen in Form eines Drehbuchs auf und verfilmt es.

2. Schreibt drei bis vier Szenen und zeichnet dazu eine Comicgeschichte.

RESUMEN

DIE UHRZEIT ERFRAGEN UND ANGEBEN

1 ¿**Qué hora es**?
Es **la una** y **veinte**.
Son las ocho **de la mañana**.

¿**A qué hora** empieza la peli?
La peli empieza **a las ocho y media**.
¿**A qué hora** haces los deberes?
A las seis **menos cuarto**.

DAS BENÖTIGST DU

die Fragen ¿**Qué hora es**? und ¿**A qué hora**?
die Zahlen bis 60 ▶ Los números, p. 178, ▶ GH 17|21
die Zeitangaben: **de la mañana/tarde/noche**

ETWAS VORSCHLAGEN UND DARAUF REAGIEREN

2 ¿**Adónde** vamos hoy? ¿**Vamos al** cine?
Sí, yo **voy**.
¡Paso! Yo hoy **voy a** la bolera.

DAS BENÖTIGST DU

das Fragepronomen ¿**adónde**?
das Verb **ir** ▶ Los verbos, p. 184, ▶ GH 17|22
die Präposition **a** ▶ GH 18|23

⚠ **al** instituto / cine / estadio   **a la** plaza / cafetería / bolera

DEN GRUND FÜR ETWAS NENNEN

3 Y tus amigos, ¿**por qué** no quieren ir a la bolera?
Porque no tienen ganas.

DAS BENÖTIGST DU

das Fragewort ¿**por qué**?
die Begründung mit **porque** ▶ GH 18|24

SICH VERABREDEN

4 ¿**Dónde** quedamos?
En la cafetería. / En mi casa.
¿**Cuándo** quedamos?
Hoy en mi casa.

¿**A qué hora**?
A las seis.

¿**Podemos** quedar hoy? **Quiero** ir al cine.
No, no **puedo**. **Tengo que** hacer los deberes.

DAS BENÖTIGST DU

die Fragewörter ¿**dónde**? und ¿**cuándo**?

eine Uhrzeit (s.o.)

die Modalverben **querer, tener que, poder** (o → ue) ▶ Los verbos, p. 182–184, ▶ GH 19|26

SAGEN, WANN JEMAND GEBURTSTAG HAT

5 ¿**Cuándo** es tu cumpleaños?
Es **el 27 de enero**.
¿Hoy a qué día estamos?
Es 19 de julio.

DAS BENÖTIGST DU

das Fragewort ¿**cuándo**?
die Datumsangabe ▶ Para comunicarse, p. 201
⚠ Das Datum wird im Spanischen **ohne** bestimmten Artikel ausgedrückt.

3

EINEN TAGESABLAUF BESCHREIBEN

6 **A las seis y media** Sandra se despierta y se levanta.
A mediodía los chicos se van a casa.

Por la tarde hago los deberes, después **me ducho**.
Mi hermano y yo **nos acostamos** a las diez.

DAS BENÖTIGST DU

die Uhrzeit: **A las ocho …**
Zeitangaben: ▶ Para comunicarse, p. 201

	la la mañana
Por	la tarde
	la noche
A mediodía	

einige reflexive Verben ▶ GH 20|28
levantar**se**
[yo] **me** levanto
[tú] **te** levantas
[el/ella] **se** levanta
[nosotros/-as] **nos** levantamos
[vosotros/-as] **os** levantáis
[ellos/-as] **se** levantan

TESTE DEINE GRAMMATIKKENNTNISSE ▶ Lösungen, S. 157

1 Escribe el número.

1. 13   3. 19   5. 4   7. 5
2. 15   4. 20   6. 40   8. 50

2 Vervollständige die Fragen mit dem entsprechenden Fragewort.

1. – ¿[¿] vais? – Vamos al cine.
2. – ¿[¿] quedamos el martes? – A las siete, ¿vale?
3. – ¿[¿] es el cumpleaños de tu hermano? – Es el 29 de enero.
4. – ¿[¿] no estás con tus amigos en la fiesta? – Porque no tengo ganas.
5. – ¿[¿] vamos a Sevilla? – El martes.

3 Finde die Formen von ir und poder. Welche Formen fehlen? Ergänze sie. ▶ GH 17|22, 19|26

1. dupeo   3. ovmas   5. eupedn
2. opodems   4. ovy   6. sav

4 Ergänze die fehlenden Reflexivpronomen. ▶ GH 20|28

1. [¿] duchas   3. [¿] acordamos 5. [¿] despierto 7. [¿] levantan 9. [¿] ducho   11. [¿] van
2. [¿] despierta 4. [¿] levantáis 6. [¿] acuestan   8. [¿] acuerdas 10. [¿] vamos   12. [¿] duchan

---

DAS KANN ICH JETZT! ▶ Para comunicarse, p. 201

▶ Nenne das heutige Datum und sage, wie spät es gerade ist.
▶ Verabrede dich mit einem Freund / einer Freundin.
▶ Beschreibe einen Freund / eine Freundin.
▶ Sage, was du abends machst.
▶ Du kannst heute nicht mit den Freunden ausgehen. Sage ab und gib eine kurze Begründung.

60 sesenta

REPASO 3

¿TE ACUERDAS?

DELE 1 Completa el texto con la forma correcta de los verbos. ▶ Los verbos, p. 182

Roberto *(cerrar)* el libro de Inglés. Va a la cocina porque *(querer)* comer[1] algo. En la mesa hay un mensaje: «Hola, familia, mañana *(empezar / yo)* un curso de inglés en Londres. Hasta pronto, Adrián.» Al lado hay un mensaje de Alba: «Ya no *(querer / yo)* vivir aquí, *(preferir / yo)* vivir con los abuelos.» ¿Qué pasa aquí? *(pensar)* Roberto. En la mesa del salón hay un mensaje de sus padres: «Hola, chicos, *(pensar / nosotros)* en vosotros, pero *(preferir / nosotros)* vivir solos. Mañana *(empezar / nosotros)* a trabajar[2] en Bogotá, por un año. Vosotros *(preferir)* vivir en Salamanca, ¿no? Pues, muy bien, papá y mamá.»
De repente Roberto *(despertarse)*: ya son las siete de la mañana y *(tener que)* levantarse ¡ya! porque las clases *(empezar)* a las nueve menos diez.

1 comer *essen*   2 trabajar *arbeiten*

ESCUCHAR

2 Copia la tabla en tu cuaderno. Después escucha el altavoz[1] y completa la tabla.
DELE

1 el altavoz *der Lautsprecher*

¿Adónde?	Llega a las …

3 Escucha y cuenta: ¿qué hace Sandra? Usa los verbos reflexivos. ▶ Resumen 6

PRACTICAR

4 Diego ve a Vega.
¿Qué dicen los chicos? Haced minidiálogos como en el ejemplo.

¿Hola, Vega, ¿de dónde vienes?

Pues, al / a la ___.

Del / De la ___. Y tú, ¿adónde vas ahora?

centro cultural   centro comercial   bolera   instituto   plaza   parque   río   librería   cine

5 a ¿Cómo puede ser un chico / una chica? Ordena las letras y encuentra los adjetivos.

neteresinta   tidivredo   oiuabrrd   ítmdio   oamj
eagoíst   isadeportt   goraciso   riocuso   taronquil

sesenta y uno **61**

b Qué crees: ¿cómo es Vega? Escribe un pequeño texto sobre ella.

| Creo que es | un poco
bastante
muy | ___ porque | siempre
a veces
nunca | *tener* tiempo para sus amigos
acordarse del cumple de ___
quedar con ___
pasar mucho tiempo con ___
escuchar los problemas de ___
buscar un regalo bonito para ___
ir a la bolera con ___
hacer deporte con ___
escuchar música en su habitación
contar cosas divertidas |

6 Completa las frases con la forma correcta de los verbos. ▶ Los verbos, p. 183

Madre: Laura, mañana es el cumple de la abuela y (*poder* / nosotros) ir juntos al pueblo¹. (*volver* / nosotros) el domingo².
Laura (*volver*) a su habitación y llama a Vega:
Laura: Oye, Vega, mañana vamos a casa de mi abuela y no (*poder* / yo) ir con vosotros a la plaza.
Vega: Y ¿cuándo (*volver* / vosotros)? ¿Por la tarde? Pues, entonces (*poder* / tú) venir por la noche a la fiesta de Raúl, ¿no?
Laura: ¿Raúl? ¿Qué Raúl?
Vega: ¿No (*acordarse* / tú) de él? Siempre (*contar*) cosas divertidas en el recreo.
Laura: Ah, sí, ya sé quién es … Bueno, (*poder* / yo) preguntar a mis padres.

1 el pueblo *das Dorf* **2** el domingo *der Sonntag*

ESPAÑA EN DIRECTO / MEDIACIÓN

7 a Schaue dir die Preisliste einer spanischen Bowlingbahn an:

1. Um wie viel Uhr öffnet die Bowlingbahn?
2. An welchen Wochentagen ist sie geöffnet?
3. Du kannst auch Schuhe ausleihen. Wie viel kostet das?
4. Was kostet 32 €?

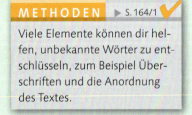

METHODEN ▶ S. 164/1 ✓

Viele Elemente können dir helfen, unbekannte Wörter zu entschlüsseln, zum Beispiel Überschriften und die Anordnung des Textes.

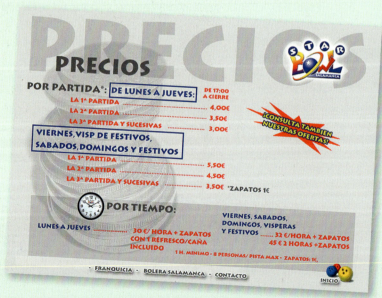

b Sechs deutsche Jugendliche möchten an einem Mittwoch in die Bowlingbahn von Salamanca gehen. Sie haben zusammen 30 Euro. Sie verstehen noch nicht viel Spanisch, erkläre ihnen, was sie mit ihrem Geld machen können.

62 sesenta y dos

¡ANÍMATE! 3

Cumpleaños feliz,
cumpleaños feliz,
te deseamos todos,
cumpleaños feliz.

Cumpleaños feliz,
te deseamos a ti,
cumpleaños, Sandra,
cumpleaños feliz.

Que los cumpla feliz
que los vuelva a cumplir,
que los siga cumpliendo,
hasta el año 3000.

In Spanien wird dem Geburtstagskind pro Lebensjahr je einmal am Ohrläppchen gezogen. Dabei wird zwischen dem rechten und linken gewechselt.

Piñatas gibt es auf jedem Kindergeburtstag in Lateinamerika.
Piñatas sind mit Süßigkeiten gefüllte bunte Pappfiguren.
Sie werden bei der Feier mit Stöcken zerschlagen,
damit die Süßigkeiten herausfallen.
Dazu wird das Lied „Dale, dale" gesungen.

Dale dale dale,
no pierdas el tino,
porque si lo pierdes,
pierdes el camino.
Ya le diste una,
ya le diste dos,
ya le diste tres
y tu tiempo se acabó.

Eine „piñata"

Der fünfzehnte Geburtstag eines Mädchens,
der „Quinceañera", ist in Lateinamerika ein ganz besonderes Fest,
das sehr groß gefeiert wird.
Es gilt als Übergang zum Erwachsenenalter.

Eine „Quinceañera"

1 a Mira las fotos y lee los textos. | Welche Geburtstagstraditionen kennst du?

b Busca más información sobre la fiesta de quince años y la piñata en Internet.

2 Escucha las canciones «Cumpleaños feliz» y canta.

sesenta y tres **63**

BALANCE 1

Hier kannst du überprüfen, was du in den Unidades 1–3 gelernt hast.

COMPRENSIÓN AUDITIVA

1 a Escucha los tres mensajes en el contestador automático. | Zu welcher der drei Nachrichten passt das Schild?

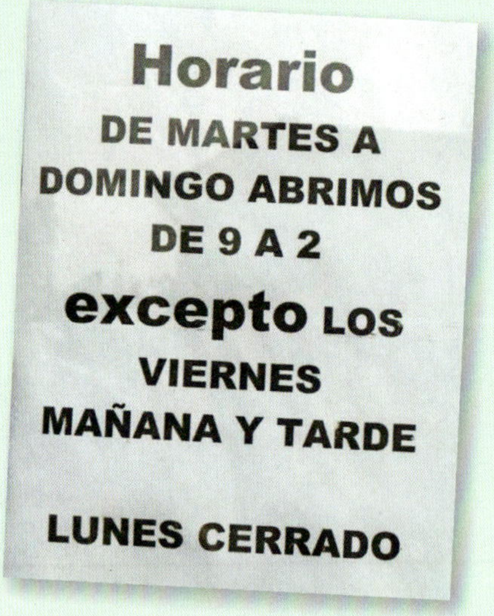

b Es martes, son las cuatro y media de la tarde y quieres hacer algo. ¿Puedes ir ahora …

1. al museo[1]?
2. al cine?
3. al centro deportivo?

[1] el museo *das Museum*

Horario DE MARTES A DOMINGO ABRIMOS DE 9 A 2 excepto LOS VIERNES MAÑANA Y TARDE LUNES CERRADO

2 Escucha: ¿dónde están las personas?

COMPRENSIÓN LECTORA

3 Wem wird Timo am ehesten schreiben? Warum? Antworte auf Deutsch.

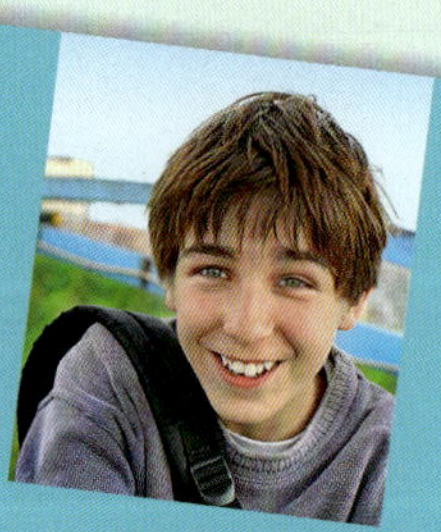

¡Hola! Busco amigas y amigos por correspondencia. Hablo español e inglés, hago mucho deporte (vóleibol, gimnasia) y escucho rock y heavy metal. ¿Me escribes?
SERGIO, 15 AÑOS, SEVILLA

Timo, 14 Jahre alt
Hobbys: Fußball, Kino
Lieblingsmusik: Hardrock
Träumt von: einer Reise nach Lateinamerika
Fremdsprachen: Englisch, Spanisch

Hola, ¿quién me escribe? Hablo español, inglés y un poco de alemán y quiero conocer a chicos y chicas de otros países. Toco la guitarra y juego al fútbol en un equipo de chicas. ¿Me envías un mensaje?
SARA, 14 AÑOS, ZARAGOZA

Hola, amigos: ¿Quieren conocerme? Hablo español e inglés, escucho todo tipo de música, voy mucho al cine para ver películas y leo mucho. Escríbanme pronto. ¡Siempre contesto todos los mensajes!
CAMILA, 15 AÑOS, BOGOTÁ

EXPRESIÓN ORAL

DELE 4 Preséntate en español.
- Nenne deinen Namen, dein Alter und deine Adresse.
- Stelle deine Familie vor.
- Beschreibe dein Zimmer.
- Erzähle, welche Musik du hörst.
- Schildere den typischen Ablauf eines Schultages.

5 Por la mañana, A y B se encuentran en el instituto antes de las clases. Preparad vuestros roles (B → p. 154) y presentad el diálogo.

A
- Du begrüßt B und fragst, wie es ihm/ihr geht.
- Du schlägst vor, dass ihr euch heute Nachmittag trefft, und nennst verschiedene Möglichkeiten (Kino, Einkaufszentrum, bei dir zu Hause, auf einem Platz …).
- Du gibst erst nach, wenn ihr euch auf einen Treffpunkt und eine Uhrzeit geeinigt habt.

EXPRESIÓN ESCRITA

DELE 6 Du erhältst folgende E-Mail. Antworte Lola, bedanke dich und schreibe ihr, dass du nicht kannst: Du hast Gitarrenstunde.

Asunto: Fiesta de Fernando

¡Hola!
Como sabes, mañana es el cumple de Fernando. A las cinco de la tarde hacemos una fiesta sorpresa en su casa. ¿Te apuntas?
BSS, Lola

MEDIACIÓN

7 Ein/e Freund/in will einen Sprachkurs für Anfänger in Spanien machen. Erkläre ihm/ihr, was in die einzelnen Zeilen des Anmeldeformulars eingetragen werden soll.

sesenta y cinco **65**

4 MI VIDA DE CADA DÍA

HIER LERNST DU:
- über deinen Stundenplan zu sprechen.
- über Schulfächer zu sprechen.

¡ACÉRCATE!

ACTIVIDAD DE PRELECTURA

WB 1 Schaue dir den Stundenplan an. Welche Fächer erkennst du? Welche Fächer gibt es auch an deiner Schule?

Horario de la clase 2°A de ESO

	LUNES	MARTES	MIÉRCOLES	JUEVES	VIERNES
8.50–9.40	Música	Matemáticas	Inglés	Música	Tutoría
9.45–10.35	Matemáticas	Educación Física	Matemáticas	Matemáticas	Educación Física
10.40–11.30	Inglés	Lengua Castellana y Literatura	Lengua Castellana y Literatura	Lengua Castellana y Literatura	Optativas*
11.30–11.55	Recreo				
11.55–12.45	Geografía e Historia	Ciencias Naturales	Música	Inglés	Religión
12.50–13.40	Lengua Castellana y Literatura	Religión	Ciencias Naturales	Ciencias Naturales	Lengua Castellana y Literatura
13.45–14.35	Educación para la Ciudadanía y Derechos	Inglés	Optativas*	Geografía e Historia	Geografía e Historia

*Optativas: Francés, Alemán

1 47

Naturales es mi asignatura favorita. Los exámenes siempre son muy fáciles.

Vega Laura

Menos mal para ti. Para mí, Naturales no es muy fácil.

66 sesenta y seis

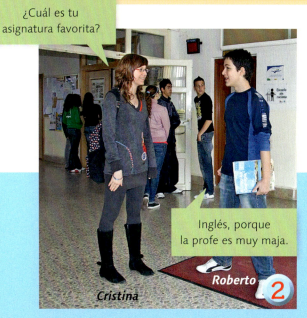

4

COMPRENDER EL TEXTO

2 Contesta las preguntas.

1. ¿Desde qué hora hasta qué hora los chicos del 2ºA de ESO tienen clase?
2. ¿Qué asignatura tienen los chicos todos los días¹?
3. ¿Cuántas horas de clase tienen por semana / por día?
4. ¿Cuáles son las asignaturas favoritas de Laura y Roberto?

1 todos los días *jeden Tag*

HABLAR

3 Comparad vuestro horario con el horario de los alumnos del instituto Lucía de Medrano.

Nosotros tenemos / Los chicos tienen | ___ horas de Inglés / ___ .

Nosotros tenemos / Los chicos tienen | clase | por la mañana. / por la tarde. / desde la/las ___ hasta la/las ___ .

No tenemos ___ , pero tenemos ___ .

En el instituto de los chicos / En nuestro instituto | el recreo / una hora de clase | tiene ___ minutos.

4 Mirad la foto 4, p. 67. ¿De qué hablan los chicos? Haced diálogos y presentad la escena.

quedar con ___   tener clases de ___   preparar los deberes ___
ir a ___   hacer una fiesta

YA LO SÉ

5 Haz una encuesta en tu clase. Habla con al menos seis compañeros/-as y apunta las respuestas. Después presenta los resultados a tu grupo.

¿Cuál es tu asignatura favorita?
¿Quién es tu profe favorito?
¿Qué día es interesante/divertido/aburrido para ti? ¿Por qué?
¿Qué asignatura es difícil/divertida ___ para ti?
¿Por qué? ___

Para seis alumnos el martes es un día interesante porque ___ .

Música es la asignatura favorita de ___ .

COMPRENSIÓN AUDIOVISUAL

▶ DVD-KV 7, 8

6 Mira la escena 4: ¿qué cuentan los chicos?

68 sesenta y ocho

4A ¿QUÉ TAL EN EL INSTITUTO?

HIER LERNST DU:
- über Schule und Noten zu sprechen.
- zu sagen, wie du gelaunt bist.

▶ KV 10

http://vega-salamanca.blog.es

9 de febrero 16:07

¿No pensáis que el instituto es un poco como vuestra segunda casa? Yo, ¡SÍ! … Y NO MOLA NADA. 😣 Paso allí mi vida: cada día desde las nueve de la mañana hasta el mediodía … Llego a casa a las tres y ¡me muero de hambre! Como algo y después, tengo que hacer los deberes, ¡qué horror! … Pero tengo mucha suerte con mis amigos: compartimos todo ;-). Odio escribir textos, pero Lengua es el fuerte de Laura, mi mejor amiga, ella me escribe las redacciones. Y yo soy buena en Mates y siempre le doy mis deberes. Así tenemos mucho tiempo para charlar después de los deberes. 😊

P.D.: Hoy estoy muy nerviosa y no os escribo mucho porque mañana ¡nos dan las notas! (¿¿¿Me da un sobresaliente el profe de Mates???)

Comentarios

Rosa_Valencia: 9 de febrero 16:25

Es verdad, pasamos muuuuuuucho tiempo en el instituto, pero siempre estamos con los amigos, ¿no? En clase, en el patio o en la cafetería … Y los profes a veces son bastante majos. Nosotros tenemos un buen profe de Inglés. Se llama John, tiene 25 años y es de Londres. En clase nos cuenta un montón sobre la vida allí, sobre la gente y sobre la música. Vemos pelis, escuchamos música … y ¡NO nos pone muchos deberes! 😊
Bueno, el instituto no siempre es divertido, claro. A veces tienes un buen día y a veces … uff, te aburres como una ostra … 😒

AntonioBanderas_Junior: 9 de febrero 16:33

Estoy harto de ir al instituto. Es verdad, en la ESO, la vida ya no es fácil. Los profes son muy estrictos, tenemos que estudiar un montón y así sólo puedo pasar poco tiempo con mis amigos. A veces tengo un mal día porque en clase no entiendo ni jota. Tengo muchos problemas con Naturales y siempre saco malas notas 😣. Hay un examen el lunes y necesito sacar un suficiente. Ahora aprendo todo DE MEMORIA …

GranHermano_11: 10 de febrero 17:46

¿Qué? No, no. Aprender de memoria es una mala idea. Tienes que poner atención en la clase y hacer muchas preguntas a los profes. Yo siempre les pregunto todo y no soy un empollón. ¿Por qué no estudias un poco cada día? Así es fácil sacar buenas notas. Suerte en tu examen.
@ Vega: ¡Qué buena idea!, «compartir» los deberes 😊. Yo también estudio con mis amigos.

Vega: 20 de febrero 18:56

¡Estoy superfeliz! Tengo un sobresaliente en Mates (¡qué sorpresa 😊, 5 notables y 3 suficientes!). Mis padres también están muy contentos y tienen una sorpresa para mí …

⟩⟩⟩ Crea tu blog

⟩⟩⟩ Escribe tu comentario

Nombre

✉ Enviar

Tema del blog: «Así es mi vida en el instituto …»

⟩⟩⟩ Ver el perfil

🔍 Buscador

Busca en el blog «¿Qué tal en el instituto?»

Buscar

Suscríbete

👤 Invitar como amigo
✉ Escribir mensaje
✉ Enviar a un amigo
👥 Invitar a un grupo

Archivo
Agosto
Septiembre
Octubre
Noviembre
Diciembre
Enero

4A

APRENDER MEJOR

1 Leseverstehen

a Schaue dir den Text, S. 69, zehn Sekunden lang an. Um was für eine Textsorte handelt es sich? Woran erkennst du das?

METHODEN ▶ S. 164

Du kannst oft an der Gestaltung erkennen, um was für einen Text es sich handelt (z.B. Gedicht, Zeitungsartikel, Werbung etc.).

b Finde die entsprechenden Stellen auf S. 69.

Wo klickst du, wenn du
- einen Kommentar schreiben willst?
- etwas auf dieser Seite suchen möchtest?
- einen eigenen Blog erstellen möchtest?

COMPRENDER EL TEXTO

2 a ¿Qué cuentan los chicos sobre el instituto? Haz una lista.

+	–
Rosa: estar con los amigos en el instituto	Vega: pasar la vida en el instituto

b Mira la lista de a: ¿qué piensas tú de la vida en el instituto? Completa la lista y cuenta.

ESCUCHAR ▶ GH S. 23/34

3 Escucha y cuenta: ¿cómo están los chicos? ¿Por qué? ▶ Resumen 4

 Cristina
 Laura
 Vega
 Roberto
 Diego

Ejemplo: Cristina está ___ porque ___.

HABLAR ▶ GH S. 23/34

4 Ahora cuenta tú: ¿cómo estás hoy? ▶ Resumen 4

| Hoy | estar | super / muy / bastante / un poco | contento/-a / feliz / nervioso/-a / harto/-a de ___ | porque ___. |

70 setenta

Mi vida de cada día | ¿Qué tal en el instituto?

4A

▶ GH S.24/36

5 Lee las preguntas y busca ejemplos. Cuenta a tu compañero/-a. ▶ Resumen 1

¿Qué es para ti
- un buen profesor / una buena profesora?
- un buen amigo / una buena amiga?
- un buen día?
- un mal día?
- un buen instituto?

> Un buen día para mí es el lunes porque ___.

> Un buen amigo siempre ___.

> Un buen profe no ___.

DESCUBRIR

▶ GH S.22/33.1

WB 6 a Worauf beziehen sich die Pronomen **me**, **le** und **les** in diesen Sätzen? ▶ Resumen 2

1. Laura **me** escribe las redacciones. Y yo siempre **le** doy mis deberes. (l. 6–7)
2. Tienes que hacer muchas preguntas a los profes. Yo siempre **les** pregunto todo y no soy un empollón. (l. 26–27)

b Wie würdest du die Sätze von **a** im Deutschen wiedergeben?

c Wie lautet jeweils der zweite Teil des Satzes?

Pablo pregunta mucho
- a su mejor amiga
- a sus amigas
- a sus padres
- a su profe

y
- le
- les

cuenta todo.

PRACTICAR

7 Completa las frases con los pronombres de complemento indirecto. ▶ Resumen 2

Hoy [¿] cuento la historia de Cristóbal Colón.

Oye, no tengo boli. ¿[¿] das uno?

¿Es un mensaje para Diego? ¿Qué [¿] escribes?

Diego [¿] cuenta de Bogotá.

¿[¿] cuentas algo de Sandra?

¿Y Sandra todavía [¿] escribe muchos mensajes?

Sí, sí … Y a veces yo [¿] mando fotos y vídeos de Salamanca.

4A

8 ¿Cómo es la vida en tu instituto? Cuenta y usa las formas correctas de **mucho** y **poco**. ▶ Resumen 3

▶ GH S.24/37

En nuestro instituto / En mi clase
- [¿] profesores son muy | estrictos. / majos.
- [¿] alumnos tienen problemas con [¿].
- los profesores ponen [¿] deberes.
- hay [¿] actividades¹, por ejemplo [¿].
- [¿] alumnos sacan buenas / malas notas.
- [¿] exámenes son fáciles/difíciles.
- pasamos [¿] tiempo en / con [¿].

1 la actividad *die Beschäftigung*

VOCABULARIO

9 ¿Cómo lo dices en español? Busca estas expresiones en el texto, p. 69. (42|3)

sich langweilen   sich gut fühlen   keine Lust haben   aufgeregt sein
nichts verstehen   etwas nicht mögen   etwas macht keinen Spaß

YA LO SÉ

10 Escribe un comentario en el blog de Vega y cuéntale sobre tu vida en el instituto. Usa también las expresiones de 9.

Soy | bueno/-a en ___
    | malo/-a en ___

sacar | buenas / malas notas en ___
tener | muchos deberes
      | examen de ___ el lunes/martes ___

tener un | sobresaliente en ___
         | notable
         | bien
         | aprobado¹
         | suspenso²

estudiar | juntos/-as
         | cada día

aprender de memoria
escribir redacciones
poner atención en clase
hacer muchas preguntas
ser un empollón/una empollona

METHODEN ▶ S. 170 ✓

Mit Hilfe einer Checkliste kannst du deine Fehler selbst korrigieren.

LANDESKUNDE 🌐

Las notas en España

8,5–10 sobresaliente
7–8,4 notable
6–6,9 bien
5–5,9 aprobado/suficiente
0–4,9 suspenso/insuficiente

1 el aprobado *ausreichend (Schulnote)*
2 el suspenso *ungenügend (Schulnote)*

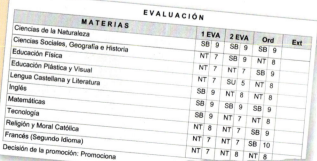

4 B ¿QUÉ TE GUSTA HACER?

HIER LERNST DU:
▶ über deine Hobbys zu sprechen.
▶ zu sagen, was dir (nicht) gefällt.

ACTIVIDAD DE PRELECTURA ▶ KV 11

WB 1 Was kann man nachmittags im Lucía de Medrano machen? Wo würdest du hingehen?

¡**TEATRO**!
Somos **el grupo de teatro** del Lucía y necesitamos gente.
Ensayamos los jueves de 16 a 18.

¿Os gustan los deportes? ¿Queréis jugar al fútbol, baloncesto, ping-pong o voleibol?
ENTRENAMIENTOS: Martes y jueves de 16 a 18.

¿TE GUSTA ESCRIBIR?
¿Por qué no te apuntas a la revista del Lucía?
Nos vemos los miércoles de 17 a 18.

¿Te gusta cantar? Prueba para el coro del Lucía el 2 de abril a las 15:15.
¡Te esperamos!

¡Hay fútbol! ¿Nos apuntamos?

Pfff … fútbol. ¡Paso! A mí no me gusta.

¿Y a ti, Vega?

A mí tampoco.

¿Qué hago? Me gusta el teatro, pero … no sé.

A mí sí. Pero prefiero hacer algo con música. Además, la profe del coro es muy maja.

En el grupo de teatro

A Laura le gusta mucho el teatro. El jueves a las cuatro está delante de la puerta del aula. Pero en
20 la puerta lee «Hoy prueba para los nuevos.» y ya no quiere entrar. «¡Los nuevos tienen que hacer una prueba! ¡Qué horror!» piensa Laura, «¡creo que me pongo como un flan! Bueno, me voy …» De repente alguien abre la puerta. Es Tomás, un
25 chico de la clase 2B: «Hola, Laura, ¿quieres hacer la prueba? ¡Qué bien! Pues, mira, ensayamos para la fiesta del instituto, bueno, ahora te explico todo, ¿vale? …» Tomás habla y habla, Laura entra con él en el aula y ya no piensa en irse.

¡Vaya partido!

Roberto juega muy bien al fútbol. Por eso se apunta al equipo del instituto. El jueves tienen un partido contra el Instituto Fray Luis
5 de León. Pero el martes Roberto no tiene tiempo para ir al entrenamiento. «No pasa nada, el Fray Luis es un equipo bastante malo» piensa Roberto.
Ya es jueves. El partido no empieza bien
10 para el Lucía … El Fray Luis mete un gol ya en el minuto 4. Pero diez minutos después, Roberto también mete un gol. En el minuto 44, el Fray Luis tiene tiro de esquina. Roberto no quiere proble-
15 mas y saca el balón, ¡pero mete gol en su portería!

¿Qué tal el partido?

¡Fatal! … ¿Y tú? ¿Qué tal el teatro?

Pues, ¡fenomenal! Empezamos a ensayar el jueves.

setenta y tres 73

4B

COMPRENDER EL TEXTO

2 a Contesta las preguntas.
1. ¿A qué actividades se apunta Roberto?
2. ¿Cuándo es el entrenamiento para los deportes?
3. ¿A quiénes les gusta el fútbol?
4. Es el minuto 44: ¿en qué portería mete gol Roberto?

b ¿Qué pasa con Laura? Pon las frases en el orden correcto (l. 17–29).

a Tomás ya está en el grupo de teatro y le explica todo a Laura.
b Por eso no quiere hacer la prueba para los nuevos.
c Pero no puede irse porque Tomás llega.
d Piensa que en la prueba se pone como un flan.
e Al final Laura está muy contenta.
f A Laura le gusta el teatro, pero es un poco tímida.

c ¿Cómo está Roberto después del partido? ¿Por qué Laura se queda en el grupo de teatro?

ESCUCHAR

3 a Haz una red de palabras.   jugar al ___   el deporte   el fútbol

b Escucha y contesta las preguntas.
1. ¿Qué equipos juegan?
2. ¿Quién mete el gol: Messi o Raúl?
3. ¿Qué equipo gana[1]?
4. El resultado del partido es: [¿].

[1] ganar *gewinnen*

DESCUBRIR

4 a Wie würdest du die folgenden Sätze im Deutschen wiedergeben? ▶ Resumen 5
1. ¿Te **gusta** escribir?
2. ¿Os **gustan** los deportes?
3. A mí, (el fútbol) no me **gusta**.
4. A Laura le **gusta** mucho el teatro.

b Wann verwendest du **me gusta**, wann **me gustan**? Verbinde die Satzteile und formuliere eine Regel. ▶ Resumen 5

Me gusta	los deportes.
	jugar al fútbol.
Me gustan	los partidos de fútbol.
	el teatro.

▶ GH S.25/39

PRACTICAR

5 ¿Qué le gusta a Diego? Completa las frases con las formas de **gustar**. ▶ Resumen 5

DELE
45|2
45|3

La peña busca un regalo para Diego. ¿Le [¿] el pop de España? Los amigos preguntan a Diego: «Oye Diego, te [¿] la música de Colombia, ¿verdad? ¿También te [¿] los grupos de España?» Diego les contesta: «Claro que sí. ¡Me [¿] muchos grupos!» Así los amigos le compran el nuevo cedé de Chambao. También les [¿] mucho a ellos. A Diego le [¿] mucho su regalo. En su fiesta a todos les [¿] bailar con la música de Chambao.

74 setenta y cuatro

Mi vida de cada día | ¿Qué te gusta hacer?

4B

ESPAÑA EN DIRECTO / VOCABULARIO

6 a Haz un mapa mental.

los deportes — la música
el tiempo libre[1]
el teatro — el ordenador

b Mira la estadística: ¿qué hacen los jóvenes en España? Completa tu mapa mental.

1 el tiempo libre *die Freizeit* 2 el videojuego *das Videospiel* 3 no ... nada *nichts* 4 viajar *reisen*

Las actividades de tiempo libre de jóvenes en España

Escuchar música/radio
Estar con amigos
Ir a discotecas
Ver la tele
Internet
Hacer deporte
Leer
Ir al cine y teatros
Videojuegos[2]
No hacer nada[3]
Viajar[4]
Visitar museos

© INE 2010

c ¿Qué te gusta hacer? Haz una lista de tus actividades favoritas como en **b** y compárala con tu compañero/-a.

HABLAR

▶ GH S.25/39

7 ¿Qué (no) les gusta a tus compañeros/-as? Usad las expresiones de **6a** y **b**. | Finde drei Personen, mit denen du mindestens drei Vorlieben oder Abneigungen gemeinsam hast.

– (A mí) me gusta/n ___. | – A mí también.
                          | – A mí no.

– (A mí) no me gusta/n ___. | – A mí tampoco.
                             | – A mí sí.

A mí me gusta jugar al fútbol. ¿Y a ti?

A mí no me gusta ir al cine. ¿Y a ti?

A mí no. Prefiero ver la tele.

A mí sí. Pero no me gusta ver pelis en casa.

setenta y cinco **75**

4B

MEDIACIÓN

8 Hay un alumno nuevo en vuestra clase: Alejandro, de Sevilla. Todavía no entiende muy bien el alemán. Explícale en español los mensajes.

ESCRIBIR

9 a Escucha el poema. Después cierra el libro y cuenta: ¿qué le gusta a la chica?

1 el grano *der Pickel*
2 dime *sag' mir*

> Me gusta sacar una buena nota,
> pero a veces no entiendo ni jota.
> Me gustan los amigos curiosos,
> pueden ser muy graciosos.
>
> Me gusta pasar tiempo contigo
> porque eres mi mejor amigo.
> Tener granos[1] no me gusta a mí
> y ahora dime[2]: ¿qué te gusta a ti?

b Escribe tu poema. Puedes usar:

ranas	en el salón	helado[1]	princesa	temprano	favorito
mañanas	el balón	resultado	mesa	hermano	bonito
hermanas	en mi habitación	pesado[2]	sorpresa	—	—
ganas	un montón	aprobado	—		
—					

cantar tener recibir jugar levantarse

> Me gusta/n ___ y también ___.
> Me gusta/n ___ pero ___.
> Me gusta/n ___ porque ___.
> ___ no me gusta/n a mí
> y ahora dime: ¿qué te gusta a ti?

1 el helado *das Eis* 2 el pesado *die Nervensäge*

YA LO SÉ

10 a Escucha la canción. | Was ist das Thema des Liedes?

b Escucha otra vez y lee la letra[1] con ayuda de un diccionario. ¿Qué (no) te gusta?
▶ ¡Anímate! 4, p. 85

Me gusta/n | mucho / bastante | el estilo[2] / el ritmo / la voz[3] / la melodía / la letra

No me gusta la canción porque ___.

1 la letra *der Text* 2 el estilo *der Stil* 3 la voz *die Stimme*

METHODEN ▶ S. 161
Prüfe immer, ob die ausgewählte Bedeutung eines unbekannten Wortes zum jeweiligen Satz passt.

76 setenta y seis

4C SEMANA BLANCA

HIER LERNST DU:
- jemanden zu etwas aufzufordern.
- zu sagen, was dir weh tut.

▶ Folie 11

Chicos, subid, el bus sale a las tres ¡en punto!

Y tú, ¿ya sabes esquiar?

Laura, ven aquí …

Todavía no …

En febrero los chicos pasan la Semana Blanca en Baqueira, un pueblo en los Pirineos: cada invierno se van a la nieve con el instituto. El lunes a las ocho de la tarde el bus por fin llega. Los chi-
5 cos bajan, pero no van al pueblo, quieren ver sus habitaciones y ¡cenar! Después de la cena, Germán, el profesor de Educación Física, y Carmen charlan un poco con los chicos. De repente Germán mira la hora y dice: «Chicos, a dormir … el
10 desayuno mañana es a las siete.» Pero … ¿quién quiere dormir a las diez? En la habitación de Roberto y Diego los chicos escuchan cedés a todo volumen, todos charlan y cuentan chistes … ¡Vaya caos!

15 El martes a las nueve de la mañana los chicos ya están en la pista. Roberto y Laura ya saben esquiar y se van con su grupo. Vega y Diego están en el grupo de principiantes. Vega tiene miedo de esquiar y cierra los ojos. «¡Me caigo!» piensa
20 ella. Pero Germán está a su lado: «Anda, Vega, tú puedes … ¡Despacio! ¡Muy bien! Ahora vosotros, ¡Diego y Cristina, bajad juntos!» Los chicos bajan por la pista, ¡se caen los tres!

la montaña

Eh, Diego, ¡ten cuidado!

Eh, chico, ¡abre los ojos!

Cristina y Vega se levantan, pero ¿qué pasa con
25 Diego? Germán le pregunta: «¿Estás bien? Toma mi mano …» Diego se levanta pero no habla. Hoy ya no tiene muchas ganas de esquiar …

El miércoles a las ocho, Diego todavía está en su habitación. «¿Qué te pasa?», le pregunta Carmen.
30 «Hoy no salgo, no puedo esquiar porque me duele todo: me duelen las piernas, me duele la espalda y tengo dolor de cabeza.» Carmen mira al chico: «¡Qué va!, Diego, no estás enfermo, ahora ¡levántate ya!» Claro, esquiar es
35 genial, pero bastante agotador, también para un chico deportista como Diego. Los días pasan y sobre todo las noches son geniales: Roberto sabe muy bien tocar la guitarra, Vega canta y los chicos
40 escuchan y hablan de muchas cosas …

Bajad el volumen y volved a vuestras habitaciones, pero ¡ya!

LANDESKUNDE

Viele spanischen Schüler/innen fahren im Winter mit ihrer Klasse für eine Woche zum Skifahren. Diese Woche heißt „Semana Blanca".

setenta y siete **77**

4C

COMPRENDER EL TEXTO

DELE 1 Corrige los errores.

> En febrero, los chicos del Lucía de Medrano pasan dos semanas en Baqueira, una ciudad en los Pirineos. El lunes, a las ocho de la mañana llegan. Están con Carmen y Germán, el profesor de Música. Por la noche, Germán escucha música con los chicos en sus habitaciones y les cuenta chistes.
> El martes, los chicos están en la pista a las 11 de la mañana. Roberto y Laura no saben esquiar, pero no tienen miedo de bajar. De repente, Roberto se cae. Pero no pasa nada, él todavía tiene muchas ganas de esquiar.
> El miércoles, Roberto no quiere levantarse porque le duele la espalda. Pero Carmen no comprende que el chico está enfermo. Por eso Carmen le dice: «Puedes dormir media hora más.»
> A los chicos no les gusta mucho la Semana Blanca. Sobre todo las noches son muy aburridas: Diego toca la guitarra y Vega cuenta chistes ... Al final casi todos quieren volver a casa.

ESCUCHAR

2 a Escucha: ¿en qué orden hablan los chicos? Apunta los números en tu cuaderno.

1. el pie   2. el brazo   3. la boca   4. la nariz   5. la barriga

b ¡A tu compañero/-a le duele todo! Haz preguntas y él/ella contesta como en el ejemplo. ▶ Resumen 8

Ejemplo: – ¿Por qué no juegas al fútbol? – Porque me duele el pie.   ▶ Folie 12

> *ir* en bici   *jugar* al fútbol/baloncesto/___   *escribir*   *leer* una revista / un libro / ___
> *comer*   *levantarse*   *tocar* la guitarra   *dormir*

DESCUBRIR

▶ GH S.27/43

3 a Relaciona las frases con el dibujo correcto. | Wann benutzt du *saber*, wann *poder*?

No sabe esquiar.
No puede esquiar.

Paco

Diego

DELE b Completa las frases con *saber* o *poder*.

1. Roberto [¿] tocar muy bien la guitarra.
2. Vega no [¿] bajar por la pista porque tiene miedo.
3. Vega [¿] cantar muy bien.
4. Paco todavía no [¿] escribir. Solo tiene dos años.
5. Daniel no [¿] ir en bici porque le duele el pie.
6. Diego no [¿] levantarse porque le duele la espalda.

78 setenta y ocho

Mi vida de cada día | Semana Blanca

4C

HABLAR

4 Estás en Baqueira y haces un curso de esquiar. Un chico español quiere saber muchas cosas de ti y te hace preguntas. ¿Qué le contestas?

> esquiar   bajar por las pistas difíciles   hablar español   tocar la guitarra
> ir al cine hoy por la tarde   jugar a ___   hoy cenar conmigo   ___

- ¿Puedes ___?
- Claro. Pero hoy no puedo porque ___.
- ¿Sabes ___?
- No, pero sé ___. Podemos ___.

▶ GH S.26/40

5 Diego tiene un mal día porque todos le dan órdenes. Dadle órdenes también. ▶ Resumen 7

Ejemplo: ¡Levántate!

- abrir ___
- levantarse
- escribir | un SMS a ___ / un texto ___
- contar ___
- cerrar la puerta
- jugar al ___ conmigo
- ___
- leer ___
- dar ___ a ___
- llamar a ___

Diego

ESCRIBIR

6 a ¿Qué le pasa a Diego? Escribid la historia juntos.

> Überlegt euch vorher, welche spanischen Wörter ihr für jedes Bild verwenden wollt.

METHODEN ▶ S. 168

Gestalte den Text, indem du Konnektoren verwendest.

b Presentad la historia en clase.

setenta y nueve **79**

4C

ESPAÑA EN DIRECTO

7 El profesor de Educación Física de tu instituto quiere tener información sobre la Semana Blanca en Andorra, pero no habla español. Lee el folleto y contesta sus preguntas.

1. Wann findet die Semana Blanca statt? Wer hat sie organisiert?
2. Wie viele Plätze gibt es insgesamt?
3. Wo wohnen die Jugendlichen während ihres Aufenthaltes?
4. Wie viele Stunden Skiunterricht erhalten die Jugendlichen pro Tag?

XVI SEMANA BLANCA
FECHAS: 5 al 10 de abril de 2010
LUGAR: Andorra, Estación Gran Valira
RÉGIMEN DE ALOJAMIENTO:
Hotel *** Cérvol (Andorra La Vella)
DESTINATARIOS:
De 14 a 17 años (25 plazas)
De 18 a 30 años (25 plazas)
PLAZAS: 50

SALIDA: Domingo 5 de abril a las 8:00 horas. En Avda. Mirat (frente Pz. Gabriel y Galán)
REGRESO: Sábado 11 de abril a las 5,00 horas en Avda. Mirat (frente Pz. Gabriel y Galán)
CUOTA:
De 14 a 17 años **230 €**
De 18 a 30 años **300 €**
Suplemento Snow: **+ 35 €**

AGENCIA DE VIAJES: Viajes Salamanca
El precio incluye: Autocar empresa AUTIN o similar de 52 plazas
Estancia de 5 noches. Media pensión
Forfait 5 días de Gran Valira
Habitaciones múltiples
5 comidas en pista
Alquiler equipos 5 días
Curso 10 horas (2h/día)
Seguro

4 PUNTO FINAL

a Eine spanische Schule hat mit eurer Schule Kontakt aufgenommen und möchte die Schüler/innen kennen lernen, die Spanisch lernen. Erstelle in einem Blog ein Portrait von dir.

Diese Informationen sollten enthalten sein:
- was du (nicht) gerne magst.
- was du an deiner Schule magst und was nicht. (Stundenplan, Lieblingsfächer, Noten, AGs)
- was du in deiner Freizeit machst (Sport, Musik, andere Aktivitäten …).
- die Leser/innen auffordern, einen Kommentar zu schreiben.
- ___.

b Lies den Blog deines Nachbarn / deiner Nachbarin. Korrigiert euch gegenseitig.

> **METHODEN** ▶ S. 170
> Mit Hilfe einer Checkliste kannst du systematisch Fehler korrigieren.

c Erstellt mit Hilfe eurer überarbeiteten Texte einen Blog, in dem ihr eure Klasse vorstellt.

RESUMEN

ÜBER DIE SCHULE SPRECHEN | DAS BENÖTIGST DU

1 Nuestro profe de Mates es **bueno/malo**.
Tenemos un **buen/mal** profe de Naturales.
A veces saco **malas** notas en Francés.

die Adjektive **bueno/-a** und **malo/-a** ▶ GH 24|36
⚠ Vor einem maskulinen Substantiv im Singular verlieren **bueno** und **malo** das -o

2 A veces mi amiga **me** manda mensajes.
Vale, **te** doy mi libro.
¿Por qué no **le** contestas?
El profe no **nos** pone muchos deberes.
Hoy no **os** escribo mucho.
Siempre **les** pregunto todo.

Verben wie *dar, poner, escribir, preguntar, contestar, mandar*
die indirekten Objektpronomen: ▶ GH 28|33

	Singular		Plural
	me		nos
	te		os
	le		les

3 Hoy no tengo **mucho** tiempo.
Hoy hay **poca** gente en la calle.
El profe de Mates nos pone **pocos** deberes.
En nuestro instituto hay **muchas** profesoras.

die Begleiter **mucho** und **poco** ▶ GH 24|37

	♂		♀	
Singular	mucho / poco	tiempo	mucha / poca	gente
Plural	muchos / pocos	chicos	muchas / pocas	chicas

SAGEN, WIE DU GELAUNT BIST | DAS BENÖTIGST DU

4 ¿Cómo **estás**?
Hoy **estoy** un poco **nervioso**.
Ana **está bastante harta** de Mates.

das Verb *estar* und einige Adjektive wie **feliz, nervioso/-a, contento/-a, harto/-a, enfermo/-a**
Adverbien wie **muy, bastante, un poco, super-**
▶ GH 23|34

SAGEN, WAS DU (NICHT) MAGST | DAS BENÖTIGST DU

5 ¿Qué te **gusta** hacer?

Me **gusta** el teatro.
¿Os **gustan** los deportes?
No le **gusta** escribir mensajes.

das Verb *gustar* mit den indirekten Objektpronomen ▶ GH 24|38

(a mí) (a ti) —	me te le nos os les	gusta + Substantiv im Singular gustan + Substantiv im Plural gusta + Infinitiv eines Verbs

A **mí** sí/no.
¿Y a **ti**?

die Präposition **a** mit den unverbundenen Personalpronomen ▶ GH 24|39

a	mí ti él/ella	a	nosotros/-as vosotros/-as ellos/ellas

A mí **también** (me gusta/n).
A él **tampoco** (le gusta/n).

die Adverbien **también** und **tampoco**

6 **Juego al** ordenador.
¿Te gusta **jugar al** baloncesto?

das Verb *jugar* (u → ue) ▶ Los verbos, p. 183
⚠ *jugar* + a + Sportart/Spiel

4

JEMANDEN ZU ETWAS AUFFORDERN

7 ¡**Baja** el volumen!
¡**Levántate**!
¡**Lee** el mensaje!
¡**Subid** al bus!

¡**Ten** cuidado!
¡**Ven** aquí!

DAS BENÖTIGST DU

den Imperativ der Verben ▶ GH 26|40

Infinitiv	tú	vosotros/-as
bajar	¡baja!	¡bajad!
leer	¡lee!	¡leed!
subir	¡sube!	¡subid!

einige unregelmäßige Imperativformen

SAGEN, DASS DIR ETWAS WEH TUT

8 ¿Te **duele** algo?
Me duele la **mano**.
A Diego **le** duelen las **piernas**.
Tengo dolor de **cabeza**.

DAS BENÖTIGST DU

das Verb **doler** ▶ Los verbos, p. 183, ▶ GH 28|45
die indirekten Objektpronomen

TESTE DEINE GRAMMATIKKENNTNISSE ▶ Lösungen, S. 157

1 Ergänze die richtige Form von bueno. ▶ GH 24|36

1. Tengo un [¿] amigo en España.
2. Nuestra profe de Inglés es [¿].
3. Daniel es un [¿] profe. Pone pocos deberes.
4. Tenemos [¿] amigos en Colombia.

2 Bilde die korrekte Form der indirekten Objektpronomen. ▶ GH 22|33

1. – ¿Cuándo [a nosotros] [¿] escribes?
   – [¿] escribo mañana.
2. [A Juana] [¿] doy mi libro.
3. El profe siempre [a ellos] [¿] da buenas notas.
4. ¿No [a vosotras] [¿] explican todo?

3 Ergänze die korrekte Form von gustar. ▶ GH 24|38

1. Nos [¿] contar chistes.
2. A Pablo le [¿] los grupos de flamenco de España.
3. ¿Os [¿] el libro de español?
4. Me [¿] los regalos.

4 Bilde die korrekte Form des Imperativs. ▶ GH 26|40

1. [vosotros] cantar
2. [tú] subir
3. [tú] venir
4. [tú] jugar
5. [vosotros] leer
6. [vosotros] venir
7. [tú] levantarse
8. [tú] tener cuidado

DAS KANN ICH JETZT! ▶ Para comunicarse, p. 208

▶ Beschreibe deinen Stundenplan für den Freitag.
▶ Sage, was dein Lieblingsfach ist. Wie fragst du jemanden danach?
▶ Sage, wie du dich nach einer Klassenarbeit fühlst.
▶ Sage, was du gerne machst.
▶ Fordere deine/n Nachbarn/-in auf, fünf Dinge zu tun.
▶ Sage, dass du Kopfschmerzen hast und dir der Rücken weh tut.

REPASO 4

¿TE ACUERDAS?

1 **A** mira un minuto los dibujos, después cierra el libro.
B hace preguntas, **A** contesta.

Ejemplo:
– ¿Dónde está Laura a las ocho y cuarto?
– Está en la cocina, en casa.
– ¿Adónde …?

¿adónde? ¿por qué? ¿quién? ¿quiénes? ¿dónde? ¿cuándo? ¿a qué hora?
¿cómo? ¿qué? ¿de dónde?

2 Diego hace propuestas para quedar con Roberto, pero él no puede. **A** formula una propuesta de Diego, **B** una respuesta de Roberto (p. 154).

¿Podemos quedar hoy a las tres en la plaza?

No puedo, tengo que ir a casa de mi abuela.

quedar en la plaza		
ir a la bolera		por la tarde
hacer los deberes juntos		
preparar el texto para mañana	hoy	a las ___
comprar el cedé para Laura	mañana	
hacer deporte		a la una
mandar las fotos a Sandra y Carlitos		
buscar información sobre la rana de Salamanca		
ver vídeos en Internet		

ESCUCHAR

3 a Escucha los diálogos: ¿De qué asignaturas hablan? | Woran hast du das erkannt? Nenne jeweils ein Schlüsselwort.

b Copia la tabla, escucha otra vez y toma apuntes: ¿qué día es? ¿Qué hora es?

diálogo	asignatura	día	hora
1			
2			
3			
4			

ochenta y tres **83**

PRACTICAR

4 ¿Quiénes son? | Von wem ist die Rede?
▶ Resumen 2

1. Diego le manda un regalo.
2. Le duelen las piernas y la espalda.
3. No le gusta Lengua.
4. Le gustan mucho las arepas.
5. Le gusta mucho el teatro.
6. Laura le escribe las redacciones.
7. No les gusta el fútbol.

Nimm die Texte der Unidades 3 und 4 zu Hilfe.

5 a Cuenta tú: ¿Qué (no) te gusta?
▶ Resumen 5

A mí me gusta/n
No me gusta/n
No me gusta/n nada

cantar / estudiar / hacer los deberes / escribir redacciones.
ir al cine / ver la tele / leer / escuchar música a todo volumen.
los domingos / los exámenes de ___ / las películas con ___ .
las clases de ___ / los recreos / las vacaciones.
jugar al ping-pong/voleibol/baloncesto/fútbol.
hacer teatro / pasar tiempo con mis amigos.

b Presenta a tu compañero/-a: ¿Qué le gusta?

A ___ | (no) le gusta ___ .
      | (no) le gustan ___ .

6 Uno de vosotros es el profesor / la profesora y da órdenes a la clase en singular o en plural. | Die Klasse darf nur Anweisungen ausführen, die im Plural sind! ▶ Resumen 7

escribir la palabra «instituto»
abrir el libro en la página 120
cerrar el libro
contar en español hasta diez
tomar un boli
mirar al profesor / a la profesora
escuchar al profesor / a la profesora
esconder el móvil debajo de la mesa

HABLAR

7 Andrés habla con Lisa, una chica alemana, sobre las clases. Presentad la escena.

A (Andrés)
- sagt, dass er drei Stunden Deutsch in der Woche hat.
- fragt, ob Lisa Spanisch mag.
- fragt, warum.
- sagt, dass er Deutsch nicht sehr mag.
- antwortet, dass die Lehrerin ziemlich streng ist und ihnen eine Menge Hausaufgaben aufgibt. Er lernt immer alles auswendig, aber bekommt immer schlechte Noten.
- fragt, ob er Lisa seine Hausaufgaben für Deutsch schicken kann.

B (Lisa)
- sagt, dass sie vier Stunden Spanisch hat.
- antwortet, dass sie Spanisch sehr mag, es ist ihr Lieblingsfach.
- sagt, weil sie einen guten Lehrer hat, er ist aus Salamanca und erzählt ihnen eine Menge über das Leben dort.
- will wissen, warum.
- sagt, dass Auswendiglernen eine schlechte Idee ist. Sie ist keine Streberin, aber fragt im Unterricht immer ganz viel den Lehrer.
- findet das eine gute Idee. Die beiden können ihre Hausaufgaben austauschen: Er schickt ihr seine Hausaufgaben für Deutsch, sie schickt ihm ihre für Spanisch.

84 ochenta y cuatro

¡ANÍMATE! 4

Bailar, cuando todo está mal
cuando quiero estar ahí
pero no puedo.
Bailar, cuando todo sigue igual
5 cuando busco una razón[1]
y no la encuentro.

Bailar, cuando todo está mal
bailar, cuando todo sigue igual
bailar al compás[2] de la canción que más me gusta[3].
10 Bailar, cuando todo me va mal
cuando quiero estar mejor pero no puedo.
Bailar cuando todo me da igual[4]
y no me gusta lo que[5] veo en el espejo[6].

Bailar, y olvidarme[7] de quien soy.
15 Bailar, sin[8] saber con quien estoy.
Bailar, al compás de la canción que más me gusta.

Bailar, y olvidarme de quien soy.
Bailar, y que me lata el corazón[9].
Bailar al compás de esa canción que no se acaba[10].
20 Bailar y ver como el sol se esconde[11].
Bailar y encontrarme con la noche.
Bailar al compás de la canción que más me gusta.

Cuando todo está mal, cuando todo sigue igual,
cuando todo lo que vivo deja de tener sentido[12].
25 Y yo quiero estar allí pero no puedo
cuando todo me va mal, cuando todo me da igual
cuando en todo lo que creo, se convierte[13] en un reflejo[14]
y no me gusta lo que veo en el espejo.

Jarabe de Palo: Bailar

1 la razón *der Grund* 2 el compás *hier: der Rhythmus* 3 que más me gusta *das mir am besten gefällt* 4 me da igual *etw. ist mir egal* 5 lo que *das was* 6 el espejo *der Spiegel* 7 olvidar(se) *vergessen* 8 sin *ohne* 9 que me lata el corazón *dass mein Herz klopft* 10 acabarse *aufhören* 11 esconderse *sich verstecken* 12 tener sentido *Sinn haben* 13 convertirse *sich verwandeln* 14 el reflejo *der Widerschein, das Abbild*

© Tronco Records S. L. ED Musicales
Neue Welt Musikverlag GmbH,
Hamburg

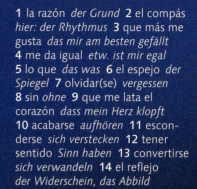

1 Escucha. | In was für eine Stimmung versetzt dich das Lied? Begründe deine Antwort.

2 Escuchad y cantad.

5 PADRES E HIJOS

HIER LERNST DU:
▶ das Aussehen von Personen zu beschreiben.

¡ACÉRCATE!

▶ Folie 13

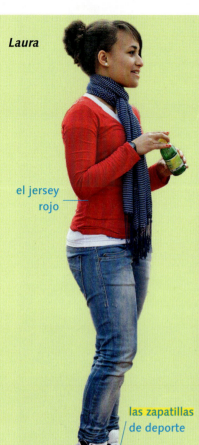

Laura

el jersey rojo

las zapatillas de deporte

Laura: … Es muy simpático… y tiene los ojos verdes…
Vega: ¿Y cómo es?
Laura: Pues es alto,… rubio… Lleva gafas… ¡Mira! Vega, ¿ves a ese chico?
Vega: ¿A cuál? ¿Dónde?
Laura: Allí, con Diego, el chico que lleva la cazadora negra y vaqueros … ¡Pues él es Tomás!
Vega: Ah, ¿ese es Tomás, eh?

VOCABULARIO

WB 1 ¿Quién es?
▶ Resumen 1

Tomás Laura Vega Diego	tiene	el pelo corto/largo. los ojos verdes/azules.	
	es	rubio/-a. moreno/-a. alto/-a.	
	lleva	gafas.	
		un jersey una cazadora una camisa	blanco/-a. rojo/-a. verde.
		pantalones/vaqueros	azul. negro/-a. amarillo/-a.

METHODEN ▶ S. 160 ✓

Um dir Wörter besser merken zu können, solltest du sie in Gruppen anordnen.

5

Tomás: Oye, esa chica que tiene el pelo largo, ¿va a tu clase?
Diego: ¿Cuál? ¿La chica morena que tiene el pelo castaño?
Tomás: No, no. La chica del jersey rojo.
Diego: Ah, esa. Sí, se llama Laura. ¿Por qué? ¿Te gusta?

2 Describe a un/a compañero/-a de clase. Tus compañeros/-as adivinan quién es.
▶ Para comunicarse, p. 214

¿Quién tiene el pelo ___ y lleva ___?
¿Quién es el chico / la chica de ___?
¿Quién es el chico / la chica que lleva ___?

ESCUCHAR

3 Mira el dibujo y escucha el diálogo: ¿quiénes son Nora, René y Enrique?

ochenta y siete **87**

5A VAQUEROS NUEVOS

HIER LERNST DU:
- über Kleidung zu sprechen.
- nach dem Preis zu fragen.

Diego se lleva bastante bien con su madre, pero siempre discute con ella por la ropa.

Madre: Pero, Diego, hijo, ¿adónde vas con esos jeans? Están muy viejos … ¡y
5 rotos! ¡Así no sales a la calle!
Diego: Sí, pero a mí me gustan … Además, es la moda.
Madre: ¿Y con esas zapatillas? … ¡Cámbiate esas zapatillas ahora mismo,
10 por favor! ¿Por qué no te pones los zapatos nuevos?
Diego: Uff, esos son muy de fiesta. Estas son mis zapatillas favoritas …
Madre: Bueno, pero el fin de semana te compras
15 unos jeans y unas zapatillas nuevas …
Diego: Mamá, … No tengo tiempo …
Madre: ¿Prefieres ir de compras conmigo?
Diego: No, no, no, está bien, voy con mis amigos … ¿Me das la plata, por favor?

20 A Diego le gusta la ropa que lleva y no le gusta mucho ir de compras. El sábado queda con Roberto y Vega. Ella lleva a los chicos a su tienda favorita.

Diego: ¿Dónde empezamos?
25 **Vega:** Mira este jersey, ¿no te gusta? Es bonito y no es muy caro.

Pero Diego necesita pantalones y no jerséis.

Vendedor: Hola, chicos. ¿Qué buscáis?
Diego: … Mmh … busco unos vaqueros …
30 **Vendedor:** Pues, aquí hay pantalones, ¿no te gustan estos de aquí?
Diego: No sé, son un poco estrechos, ¿no?
Roberto: Mira, estos son anchos … y están de oferta …
35 **Diego:** Sí, pero son un poco oscuros … Me gustan claros … ¡Ahí, esos de ahí me gustan! Y seguro que me quedan bien …
Vendedor: Bueno, … ¿qué talla necesitas?
Diego: Pues no sé, creo que la talla 38 ó 40.
40 **Vega:** Mira, aquí. Estos son la talla 38 … Oye, Diego, los vaqueros que llevas son igualitos.
Diego: Claro, por eso me gustan … ¿Qué? ¿A ti no?
45 **Vega:** No, no. Te quedan muy bien.
Diego: Bueno … ¿todavía hay talla 40?
Vendedor: Sí, toma, estos son talla 40 … Mira, allí está el probador.

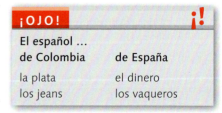

¡OJO!	
El español …	
de Colombia	de España
la plata	el dinero
los jeans	los vaqueros

88 ochenta y ocho

Padres e hijos | Vaqueros nuevos **5A**

50 **Diego:** Y ¿cuánto cuestan?
Vendedor: Pues, están de oferta, cuestan 28 euros.

COMPRENDER EL TEXTO

1 a Elige el resumen correcto.

a Diego y su madre discuten por los pantalones de Diego porque están rotos. Por eso, Diego recibe dinero y va con Vega y Roberto a una tienda de ropa. Ahí compra un jersey y una camiseta.

b Diego y su madre discuten por la ropa de Diego porque está rota. Por eso, su madre le da dinero. Diego va de compras con sus amigos. Diego compra unos vaqueros iguales a sus vaqueros viejos.

c Diego y su madre discuten porque Diego quiere dinero para pantalones nuevos. Su madre no le da mucho dinero porque no tiene. Por eso, Diego tiene que comprar pantalones de oferta. En la tienda, Diego compra unos pantalones estrechos y claros.

b Finde in den beiden anderen Zusammenfassungen jeweils zwei inhaltliche Fehler.

2 Diego vuelve a casa con sus pantalones nuevos. ¿Qué dice su madre? Escribid la escena y presentadla.

Verwende Redewendungen aus den Texten und den Kästen in der Vokabelliste (S. 214).

DESCUBRIR
▶ GH S.30/48.1

3 a Suche die passenden Demonstrativbegleiter im Text. ▶ Resumen 2

	♂	♀
Singular	___/___ jersey	esa/___ falda
Plural	___/estos vaqueros	___/___ gorras

b Relaciona cada sustantivo con una forma de este y ese.

alumnos camiseta tienda libro camisa mochila
cuaderno cazadora gafas amigos

4 Warum sagt der Verkäufer „estos" (Z. 31) und Diego „esos" (Z. 36)? Nimm das Foto 2 zu Hilfe, um die Frage zu beantworten. ▶ Resumen 2

▶ GH S.30/48.2

5A

HABLAR ▶ GH S.30/48.2

5 Diego busca ropa. Vega hace propuestas.
▶ Resumen 2

| ¿Te gusta/n | este / esta / estos / estas | pantalones? / zapatillas de deporte? / chaqueta? / cazadora? / vaqueros? / camisetas? / jersey? |

No sé.
No me gusta/n.
El color no me gusta.
No me queda bien.

| Prefiero | ese / esas / esos / esas | de ahí. |

Vega   Diego

6 Estáis en una tienda de ropa. A tiene 50 € y quiere comprar algo. B es el vendedor / la vendedora y ayuda al cliente (p. 154). Haced diálogos como en el ejemplo.

Ejemplo:
– Y esos pantalones, ¿cuánto cuestan?
+ Cuestan ___.
– Ah, pues (no) son muy caros.
+ ¿Qué talla necesitas?
– ___.

7 a Describe tu prenda¹ favorita y una que no te gusta.

Mi prenda favorita es una camiseta negra porque es nueva y muy ancha. Me gusta mucho porque el negro es mi color favorito.

Mi prenda favorita es ___
(No) me gusta/n ___ | porque ___.

1 la prenda *das Kleidungsstück*

b «¿Qué te pones para …?» Pregunta a tu compañero/-a qué ropa se pone.

1 una boda *eine Hochzeit*   2 un bautizo *eine Taufe*

hacer deporte   el cumple de la abuela   ir al cine
ver un partido de fútbol con tus amigos
una boda¹   ir a una fiesta   un bautizo²   ___

90 noventa

Padres e hijos | Vaqueros nuevos

5A

BÚSQUEDA DE INFORMACIÓN

8 Mira esta página web y contesta las preguntas. | Worauf müsstest du klicken, wenn du nach Folgendem suchst:

– einem Gürtel
– kurzärmligen T-Shirts
– Mode für Mädchen
– Schuhen?

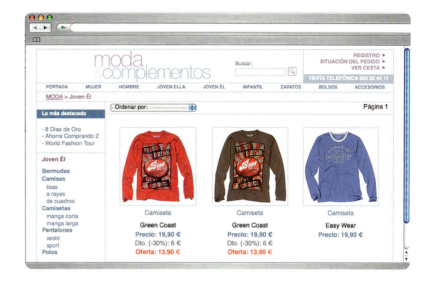

ESCUCHAR

9 Los chicos van de compras. Escucha los tres diálogos y contesta: ¿qué buscan? ¿Cuál es su problema?

> Mache dir Notizen oder trage die gesuchten Informationen in eine Tabelle ein.

COMPRENSIÓN AUDIOVISUAL

▶ DVD-KV 9, 10

10 Mira la escena 5 del DVD.

YA LO SÉ

11 Vais de compras. A quiere comprar ropa. B prepara la ficha de la página 155. Haced el diálogo.

A

Du suchst in einem Geschäft nach etwas zum Anziehen (z. B. einer Jeans, einem Pullover, ...). Ein Freund / eine Freundin begleitet und berät dich.
1. Du findest ein Teil, das dir gefällt. Du fragst deinen Freund / deine Freundin, wie er/sie es findet.
2. Du entscheidest dich für eine Farbe und fragst, ob es das Teil noch in deiner Größe gibt. Dann fragst du deinen Freund / deine Freundin, wie dir das Teil steht.
3. Du bittest deinen Freund / deine Freundin, dir eine andere Größe zu bringen (z. B. S, M).
4. Du probierst die andere Größe an und fragst deinen Freund / deine Freundin, ob es dir jetzt steht.
5. Du entscheidest dich, das Teil zu kaufen.

noventa y uno **91**

5 B ESTOY HABLANDO POR TELÉFONO

▶ Folie 14A, 14B

HIER LERNST DU:
▶ dich am Telefon zu melden und zu reagieren.
▶ zu sagen, was du gerade machst.

¿Diga?

Tomás
Hola, ¿está Laura?

Madre: Pues no, no está. ¿Quién es?
Tomás: Soy Tomás, un amigo.
Madre: ¿Le quieres dejar un recado?
Tomás: No, gracias. Llamo más tarde.

5 A la hora de comer, Laura vuelve a casa. Su madre y Sergio, el novio de su madre, están preparando una tortilla.

Madre: Hola hija, por fin estás aquí, muy bien. Pon la mesa por favor. En media hora comemos.

10 Laura está harta y piensa: ¿Por qué yo tengo que poner la mesa? ¿Dónde está Manuel? Seguro que está leyendo o viendo la tele.

Madre: Ah, acaba de llamar un chico, Tomás, creo. Llama después. ¿Quién es ese Tomás? …
15 ¿Laura?

Pero Laura ya no escucha a su madre. Se va a su habitación y pone su música favorita. A veces tiene ganas de estar sola para poder leer … o pensar … o escuchar música A TODO VOLUMEN
20 como ahora.

Sergio: Laura, ¿qué estás haciendo? La tortilla ya está. Ven, por favor.
Laura: Sí, sí. Estoy escribiendo un mensaje a Vega, pero ya voy …

25 **Sergio:** Manuel, lleva la ensalada al comedor, por favor …

Sergio: Toma, pero creo que le falta sal. Y tú,
30 Laura, … ¿Laura? ¿Qué te pasa? ¿En qué estás pensando?
Laura: ¿Yo? … pues …
Madre: Laura, ¿me pasas el pan? … Oye, hija, ese Tomás es de tu clase?
35 **Laura:** Es un amigo del instituto … ¿Quién quiere agua?
Manuel: ¿Tomás? ¿No es el chico que lleva tres piercings en la cara? … Siempre tiene problemas con los profes, ¿no, Laura? … Una vez …
40 **Laura:** ¿Pero qué dices, Manuel? No es verdad …
Sergio: Ya, Manuel, tranquilo. Deja en paz a Laura.

Ring … Ring … Ring …

45 **Madre:** ¡Por favor! ¡Estamos comiendo!
Laura: ¡El teléfono! Seguro que es para mí …

Sergio contesta el teléfono: «¿Laura? Sí, ¿de parte de quién? … ¿Tomás? … Sí, un momento, ahora se pone». Laura toma el teléfono y se va al
50 salón. No quiere hablar con Tomás delante de su familia. Media hora después vuelve al comedor.

Laura: Bueno, ¿qué hay de postre? Ah, ¿ya estáis terminando? ¡Uy, ya son las tres y media! Me tengo que ir a las cuatro …
55 **Madre:** Pero, ¿adónde vas? ¿Sales con Tomás? … ¿Laura?

¡Qué hambre! ¿Me pones un poco de ensalada?

Laura

el vaso
el plato
el jamón

el tenedor
la cuchara
el cuchillo

LANDESKUNDE
Die Essenszeiten in Spanien:
Mittagessen: 13.30–15.00
Abendessen: 21.00–22.30

92 noventa y dos

Padres e hijos | Estoy hablando por teléfono   **5B**

COMPRENDER EL TEXTO

DELE **1 a** Estas frases son un resumen del texto. Busca las partes que van juntas.

1	Pero no habla mucho con Laura …	a	porque Laura quiere estar sola en su habitación.
2	Tomás llama a Laura …	b	poner la mesa con Manuel.
3	Después Laura tiene que …	c	porque está hablando por teléfono con Tomás.
4	A la hora de comer Laura llega …	d	y contesta la madre de Laura.
5	En la comida, su madre …	e	y habla con su madre.
6	Laura no está comiendo con su familia …	f	le hace muchas preguntas a Laura.

b Pon en orden las frases y escribe el resumen en tu cuaderno.

2 ¿Cómo está Laura a la hora de comer? ¿Por qué?

nerviosa   triste   contenta   alegre   harta

ESCRIBIR

3 Escribe un pequeño texto en tu cuaderno y cuenta: ¿qué piensa Laura de Tomás y de su hermano Manuel?

> *ser* simpático/curioso/alegre   *leer* mis mensajes
> *tomar* mis cosas / mi diario / ___   *hablar* por teléfono
> *hacer* muchas/pocas preguntas

DESCUBRIR / PRACTICAR

4 a Wie wird das *gerundio* gebildet?   ▶ Resumen 3   ▶ GH S.31/49.1

Estoy estudiando.

Laura

¿Qué estás haciendo?

Tomás

Estoy escribiendo un mensaje.

▶ 56|3 **b** Was wird mit *estar* + *gerundio* ausgedrückt? In welcher anderen Sprache kennst du eine ähnliche Zeitform?   ▶ Resumen 3   ▶ GH S.31/49.2

WB

noventa y tres **93**

5B

c Describe el dibujo. ¿Qué está haciendo la gente?

Ejemplo: La chica de la chaqueta azul está bailando y escuchando música.

▶ Folie 15 ▶ GH S.31/49.2, S.32/50

5 Practicad *estar* + gerundio y *acabar de* + infinitivo como en el ejemplo. Haced minidiálogos.

> *comer   leer   escribir* una redacción para mañana   *charlar* en el chat   *hacer* deporte
> *ver* una peli   *escuchar* música   *hacer* los deberes   *esperar* a ___   *estudiar*   *llegar* a casa
> *comprar* ___   *poner* la mesa   *terminar* los deberes

Ejemplo: Hola, Laura, ¿qué haces? → Estoy escuchando música, ¿y tú?
Acabo de llegar a casa. ✓

ESCUCHAR

6 a Mira las fotos. ¿Qué comes tú por la mañana?   ▶ KV 12

la mantequilla   la mermelada
el huevo   la leche

el zumo
las galletas   el colacao

b Escucha: ¿qué comen Roberto y Vega por la mañana?

Padres e hijos | Estoy hablando por teléfono **5B**

ESPAÑA EN DIRECTO

7 a Ein Freund von dir, der kein Spanisch spricht, möchte eine Prepaid-Karte kaufen. Beantworte seine Fragen.

> In wie viele Länder kann ich SMS schicken?

> Wie schicke ich eine SMS ins Ausland?

Sin Fronteras
Envía mensajes de texto a todo el mundo: Con **Tigo** puedes enviar mensajes de texto a móviles en más de 30 países.

Mensajes Internacionales
Con tu **Tigo** puedes enviar mensajes de texto a más de 30 países entre ellos Estados Unidos, España, Venezuela y Ecuador. Es muy fácil:
1. Busca en el menú de tu teléfono la opción mensajes
2. Escribe el mensaje que desees enviar
3. Marca el número del móvil así:
00 + código del país + número del móvil
4. Selecciona la opción enviar

Al enviar tu mensaje de texto puedes enviar Emoticones:
:-) :-D :-* :-(:s ;) 8) :P :*

b Wie sagt man auf Spanisch „Smiley"?

VOCABULARIO

8 Finde im Text (S. 92) alle Wendungen, die du zum Telefonieren brauchst (Z. 1–4 und Z. 47–50).

METHODEN ▶ S. 160/161
Du kannst Wortschatz auf verschiedene Weise ordnen.

YA LO SÉ / HABLAR

9 a Tomás llama a Diego. Elegid un rol, preparad la llamada telefónica (p. 155) y presentadla en clase.

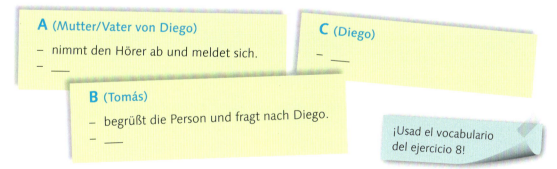

A (Mutter/Vater von Diego)
– nimmt den Hörer ab und meldet sich.
– ___

B (Tomás)
– begrüßt die Person und fragt nach Diego.
– ___

C (Diego)
– ___

¡Usad el vocabulario del ejercicio 8!

b Elegid una situación y preparad las llamadas como en **9a**. Inventad roles y presentad las llamadas telefónicas en clase.

1. Necesitas ayuda con Historia y llamas a una amiga, la estrella de la clase.
2. Te gusta un chico / una chica y necesitas su número. Llamas a un amigo que tiene el número.

5C ¡YA SOY MAYOR!

HIER LERNST DU:
- einen Rat zu geben.
- die Aussage von jemandem wiederzugeben.

ACTIVIDAD DE PRELECTURA

WB 1 Was bedeuten diese Wörter auf Deutsch? In welchen Sprachen kennst du ähnliche Wörter?

rebelde   independiente   responsable
el secreto   triste   el consejo   la paciencia

Ya no soy una niña. No sé qué hacer, tengo problemas con mi madre. Se mete mucho en mi vida. Siempre me pregunta: «¿ya te vas? ¿Adónde? ¿Con quién estás hablando?» ... No deja de hacer preguntas. A veces no quiero hablar con ella, entonces me pregunta: «¿qué te pasa? ¿Estás triste?» Me controla mucho. Así es siempre. ¡Qué rollo! No la aguanto ... ¡Ya no soy su «Laurita»! Bueno, ella piensa que sí. Todavía me llama así delante de mis amigos y amigas ... ¡Qué corte! Y además, tampoco puedo hablar por teléfono a mi aire, porque mi hermano escucha todo y claro, ¡es un chivato! A veces, entra en mi habitación sin preguntar, también cuando estoy con mis amigos. Por eso, ahora prefiero quedar con ellos en el parque o en la plaza. En casa sólo quiero estar a solas en mi habitación, ¿pido demasiado? ¿Qué puedo hacer?

LAURA, 14 AÑOS

Mis padres también se meten mucho en mi vida y no me dejan en paz. Siempre preguntan cuándo termino la ESO, o preguntan si quiero estudiar o trabajar. Me hacen muchas preguntas, por ejemplo, mi padre: «¿quién es Ana? ¿La conozco?» Y cuando ya estoy harto, contesto mal y se enfadan conmigo. Así empieza la bronca. Mis padres dicen que soy rebelde. Pero yo pienso que no está mal. Por eso, ahí te va mi consejo: creo que tú también tienes que ser un poco rebelde ...

PACO, 14 AÑOS

¿Por qué no te pones en el lugar de tu madre? Para ella es difícil comprender que tú ya no la necesitas como antes y que quieres ser independiente. Quiere hablar contigo, conocer tus secretos ... quiere ser tu amiga. Es muy normal. Pero también quiere saber si eres responsable, ¿no? También es normal. Tienes que tener un poco de paciencia. Habla con ella de tus problemas pero sin empezar una bronca.

LUISA, 15 AÑOS

Ah, los hijos ... ¿Quién los entiende?

Ah, las madres ... ¿Quién las entiende?

Y tú, ¿qué opinas? Contesta a Laura. ¿Le quieres escribir un mensaje? Lo puedes mandar a tu-espacio@chicos.com

5C

Padres e hijos | ¡Ya soy mayor!

COMPRENDER EL TEXTO

2 Relaciona las frases con Laura, Paco y Luisa.

- Su madre se mete mucho en su vida.
- Quiere estar sola.
- Prefiere quedar con sus amigos en el parque.
- Tiene broncas con sus padres.
- Es rebelde.
- Tiene que hablar con su madre.
- Tiene bronca con su madre.
- Su hermano es un chivato.
- Contesta mal a sus padres.
- Es importante hablar con los padres.

DESCUBRIR
▶ GH S.32/51.1

3 a Ordne die Substantive den Pronomen in den Sätzen 1 bis 4 zu. ▶ Resumen 7

a las madres   a mi madre   el mensaje   a los hijos

1. **Lo** puedes mandar a tu-espacio@chicos.com.
2. ¿Quién **las** entiende?
3. No **la** aguanto.
4. ¿Quién **los** entiende?

b Schlage im Resumen die fehlenden Formen der direkten Objektpronomen nach und vergleiche sie mit den indirekten Objektpronomen (S. 81). Was stellst du fest?

c Ordne die Objekte den Sätzen zu. Welche davon sind die direkten Objekte? Welche die indirekten?

el mensaje   la falda   a Josefina   a Roberto y a Adrián

1. ¿Por qué no **lo** escribes ahora?
   ¿Por qué no **le** escribes ahora?

2. ¿Por qué no **la** compras hoy?
   ¿Por qué no **les** compras los libros hoy?

PRACTICAR
▶ GH S.32/51.2

4 Laura habla con Vega. ¿Qué contesta ella? Usa un pronombre de complemento directo.
▶ Resumen 7

1. Oye, Vega, tú conoces a Tomás, ¿no?   No, no / *conocer*.
2. Mira, está hablando con los chicos allí, ¿ves?   Ah, sí, ahora / *ver*.
3. Oye, ¿quién sabe la dirección de Tomás?   Seguro que Diego / *saber*.
4. ¿Cuándo ves a Diego?   *Ver* esta tarde.
5. ¿Ya tienes las entradas para el cine?   Sí, Diego / *acabar* de comprar.
6. ¿También viene Roberto?   No sé, / *llamar* ahora.
7. ¿No puedes hacer los deberes más tarde?   No, / *tener que* hacer ahora.
8. Tengo problemas con Química. ¿Qué hago?   Tranquila, yo / *ayudar*.

5C

HABLAR ▶ GH S.34/55.1, 55.2

▶59|4 **5 a** Vega le cuenta a Roberto los problemas de Laura (p. 96). ¿Qué dice? ▶ Resumen 4, 5

Ejemplo: Laura dice que ya no es una niña, ___.

Laura	dice / piensa	que ___
	pregunta	si ___ / qué ___

b Tú eres Andrés o Sara. Cuenta de tu familia a un amigo. ¿Cómo te llevas con tus padres y hermanos? ¿Tus padres o tus hermanos se meten mucho en tu vida? ¿Te dejan a tu aire?

> *Llevarse* bien/mal con ___
> *Dejar* en paz / a mi aire.
> Siempre / A veces *querer* saber ___
> *Ser* un/a chivato/-a
> *Hacer* muchas/pocas cosas juntos/-as
> *Pasar* mucho/poco tiempo juntos/-as
> *Ir* a ___
> Es (muy) divertido estar con ___ porque ___

APRENDER MEJOR

6 Selektives und detailgenaues Hörverstehen

a Schaue dir die Aussagen von Laura an (6b): Was könnte Tomás wohl jeweils sagen?

METHODEN ▶ S. 163
Wenn du dir vorher überlegst, was Tomás sagen könnte, kannst du vieles verstehen. ✓

🎧 12 ▶ M **b** Höre das Telefonat und notiere so viel wie möglich von dem, was Tomás sagt.

___Tomás___ _____Laura_____

___ → Pues bien, ¿y tú?

___ → Ganas sí, pero hoy no puedo. Tengo que ayudar a Manuel con sus deberes, tiene problemas con Lengua.

___ → Sí, mañana tengo tiempo. ¿Por qué no vamos al cine?

___ → ¿De quién es la peli?

___ → Ah, qué interesante. ¿Compras tú las entradas?

___ → No, ahí no, siempre hay mucha gente. ¿Qué tal en la Plaza de Colón a las siete y cuarto?

c Formuliert mit Hilfe eurer Notizen die Redebeiträge von Tomás und spielt das Telefonat vor.

5C

Padres e hijos | ¡Ya soy mayor!

ESCRIBIR

7 a ¿Qué consejos le dan Luisa y Paco a Laura (p. 96)? Apúntalos en tu cuaderno.

b ¿Qué consejo le das tú a Laura? Escribe un comentario para la revista.

> Tienes que ___   Habla con ___   Puedes ___
> ¿Por qué no ___?   Pienso que ___   Creo que ___
> ¿Por qué no te pones en el lugar de ___?

METHODEN ▶ S. 170

Überprüfe, ob du die Pronomen richtig angewandt hast.

5 PUNTO FINAL

a Lest die Zuschriften der Leser/innen einer Jugendzeitschrift: Welche Probleme haben die Jugendlichen? Was können sie tun?

> «En la comida mis padres me hacen muchas preguntas. No me dejan en paz. Además, quieren pasar los fines de semana conmigo. Pero yo prefiero estar con mis amigos. Ya no soporto a mis padres. ¿Qué hago?» **Jorge (15)**

> «A mi madre no le gusta mi ropa. Dice que no me queda bien, que me veo mal. Y, claro, a veces discutimos porque yo quiero algo y ella no me da dinero porque a ella no le gusta.» **Rosario (15)**

> «En mi clase hay una chica que me gusta mucho. Ella me mira mucho en clase. Pero en el recreo no habla conmigo. Ahora tengo su número de teléfono. ¿Qué hago? ¿La llamo?» **Rafael (14)**

Gestaltet eine Seite für eine Jugendzeitschrift und wählt eine der beiden Möglichkeiten aus:

I. Formuliert jeweils einen Leserbrief für jede Zuschrift.

1. Diskutiert eure Ideen in der Gruppe.
2. Schreibt dann Textentwürfe und zeigt sie einer anderen Gruppe.
3. Überarbeitet dann die Texte einer anderen Gruppe.
4. Gestaltet jetzt eine Seite für die Jugendzeitschrift.

II. Wählt eine der Situationen aus und gestaltet einen Fotoroman mit 6–10 Fotos und Text.

1. Fertigt vor dem Fotografieren eine Skizze für jede Szene an: Was soll zu sehen sein (Personen, Aussehen, Ort)?
2. Entwerft die Texte für die Sprechblasen: Was sagen die Personen?
3. Macht die Fotos und gestaltet die Seite.

b Schreibt das Manuskript für die Seite und verbessert euch gegenseitig.

▶ KV 13

c Macht eine Ausstellung und wählt die gelungensten Seiten aus.

METHODEN ▶ S. 168

Mit Hilfe eines Evaluationsbogens könnt ihr eure Seiten besser bewerten.

noventa y nueve **99**

RESUMEN

DAS AUSSEHEN VON PERSONEN BESCHREIBEN

1 La chica **que** lleva la cazadora azul es Laura.
El chico rubio **de** la chaqueta es Jorge.
La chica morena **del** jersey rojo es mi amiga.

DAS BENÖTIGST DU

das Relativpronomen **que** ▶ GH 29|47
die Präposition **de**

ÜBER KLEIDUNG SPRECHEN

2

Este jersey está de oferta.
Esta falda me queda muy bien.
Estos vaqueros son anchos.
Estas zapatillas son mis favoritas.

Ese jersey es muy caro.
Esa falda no te queda bien.
Esas zapatillas no me gustan nada.
¡Cámbiate **esos** vaqueros!

– Aquí hay pantalones. ¿No te gustan **estos**?
– No, me gustan **esos** de ahí.

DAS BENÖTIGST DU

die Demonstrativbegleiter und -pronomen
este und **ese** ▶ GH 30|48

	♂	♀
Singular	**este** (jersey)	**esta** (camisa)
Plural	**estos** (pantalones)	**estas** (gafas)

Este verweist auf Dinge in der unmittelbaren Umgebung des Sprechers.

	♂	♀
Singular	**ese** (jersey)	**esa** (camisa)
Plural	**esos** (pantalones)	**esas** (gafas)

Ese verweist auf Dinge, die sich nicht direkt beim Sprecher befinden.

Die Demonstrativpronomen **este** und **ese** ersetzen Substantive.

SAGEN, WAS JEMAND GERADE MACHT

3 ¿Qué estás haciendo?
Estoy cenando.
Estamos leyendo.

DAS BENÖTIGST DU

das Verb **estar** + **gerundio** ▶ GH 31|49

estoy
estás
está   trabaj**ando**
estamos   corr**iendo**
estáis   escrib**iendo**
están

⚠ *leer:* ley**endo**, *ver:* v**iendo**

DIE AUSSAGE VON JEMANDEM WIEDERGEBEN

4 Laura **dice que** su madre se mete en todo.
Paco **piensa que** está bien ser un poco rebelde.
Mi hija siempre **contesta que** no tiene tiempo.

DAS BENÖTIGST DU

die indirekte Rede ▶ GH 34|55
Dice
Piensa
Cree   que ___
Contesta

Resumen 5

5 Miguel **quiere saber adónde** vamos.
Tus padres **quieren saber si** eres responsable.

die indirekte Frage ▶ GH 34|55

| Pregunta
Quiere saber | si
cuándo
dónde
adónde
quién | |

ÜBER ETWAS/JEMANDEN BEKANNTES SPRECHEN — DAS BENÖTIGST DU

6 – ¿**Conoces** a esta chica?
– No, no la **conozco**.

das Verb *conocer* ▶ Los verbos, p. 183
⚠ (yo) cono**zc**o

7 – ¿Conoces a esta chica? – Sí, **la** conozco.
– ¿Estas zapatillas te gustan? ¿Por qué no **las** compras? – Sí, ¿verdad?
– ¿Ves a Carlos? – Sí, **lo** veo.
– ¿Por qué quieres estos libros? – ¡Porque **los** necesito!

die direkten Objektpronomen ▶ GH 32|51

| Tomás | me
te
lo/la
nos
os
los/las | conoce
mira.
busca. |

TESTE DEINE GRAMMATIKKENNTNISSE ▶ Lösungen, S. 158

1 Formuliere die Sätze um. Verwende *estar* + *gerundio*. ▶ GH 31|49

1. Hablo por teléfono.
2. Leo un libro muy interesante.
3. Vemos una peli en la tele.
4. ¿Qué haces?
5. Diego escribe un mensaje a Sandra.

2 Ergänze die Objektpronomen. ▶ GH 32|51

1. – ¿Conocéis esta peli? – Sí, [¿] conocemos.
2. – ¿Ves a Mari y Ana? – Sí, [¿] veo.
3. – Mis padres a veces son un poco difíciles. – ¿No [¿] comprenden?
4. – Chicos, [¿] estoy buscando. ¿Dónde estáis? – En la plaza.
5. – ¿Ramón? Tú eres Ramón, ¿verdad? – ¿Cómo? ¿[¿] conoces?
6. – ¿Ya está la ensalada? – Sí, ¿[¿] puedes llevar a la mesa?

DAS KANN ICH JETZT! ▶ Para comunicarse, p. 214

▶ Was hat dein/e Nachbar/in an? Beschreibe seine/ihre Kleidung.
▶ Wähle drei Personen aus deiner Klasse aus und sage, was sie gerade tun.
▶ Frage, wer am Telefon ist und was die Person möchte.
▶ Ein Freund / eine Freundin von dir streitet sehr oft mit seinen/ihren Geschwistern. Gib ihm/ihr einen Rat.

REPASO 5

¿TE ACUERDAS?

1 ¿Qué piensa Laura? Completa las frases con el verbo correcto en primera persona singular.

1. Esta tarde [¿] llamar a Vega.
2. Pero, … ¿qué le [¿]?
3. Pues no [¿] …, no [¿] ni idea.
4. ¿Qué [¿]?
5. ¿Qué [¿] para esta tarde?
6. Bueno, ahora [¿] y ya está …

*tener   ponerse   hacer
decir   saber   salir
tener que*

ESCUCHAR

🎧 13
DELE

2 Escucha los anuncios de chicos que buscan a sus padres. ¿Quiénes son Ana, Antonio y Julia?

1   2   3   4

VOCABULARIO

3 a ¿Qué significan los colores para ti? Busca palabras como en el ejemplo.

Ejemplo: El blanco para mí es la nieve.

b Erfinde mit den Farben drei Rätsel wie im Beispiel. Stelle sie dann einem/-er Mitschüler/in.

1. ¿Qué es? ¿Qué es?
   Es negro y pequeño,
   no habla pero cuenta cosas …

   (el boli)

2. ¿Qué es? ¿Qué es?
   No son blancas, no son negras,
   pero con ellas ves fuera[1].

   (las gafas)

3. ¿Qué es? ¿Qué es?
   No es rojo,
   pero está en él.

   (el ojo)

[1] fuera *hinaus*

102 ciento dos

PRACTICAR

4 Vega prepara su ropa para la Semana Blanca. ¿Qué quiere llevar? Usa la forma correcta de **este** o **ese**. ▶ Resumen 2

| ¿Qué llevo? | ¿[¿] | pantalones azules
jersey
zapatos
cazadora
vestido amarillo | de aquí o [¿] | vaqueros blancos
camisa de manga corta
zapatillas de deporte
chaqueta
falda verde | de ahí? |

5 Trabajad en grupos. | Wählt drei Tätigkeiten aus und stellt sie pantomimisch dar. Die anderen erraten sie. ▶ Resumen 3

Sara está hablando por teléfono.

⚠ ver   escribir   escuchar   buscar   charlar   mirar   pensar
correr   ⚠ leer   hacer deporte   cantar   comprar   discutir   esquiar
contar   jugar al fútbol   soñar   ___

6 DELE — Laura escribe en su diario. Completa su texto con las preposiciones que faltan.

Manuel siempre se mete [¿] todo. Yo quiero quedar [¿] Vega – y Manuel quiere saber si me llevo bien [¿] ella. Estamos cenando – y Manuel habla [¿] Tomás. Mi madre no se acuerda [¿] él y empieza [¿] hacer preguntas: «¿Quedas [¿] él después del instituto?» ¡Por qué no dejan [¿] preguntar!

HABLAR

7 Eine Familie (Bruder, Vater, Schwester) sitzt beim Abendessen. Verteilt die drei Rollen (B und C im Anhang, S. 155), bereitet die Dialoge vor und spielt die Szene dann vor.

A (der Bruder)

Du antwortest auf die Fragen deines Vaters nur kurz und versuchst abzulenken: Du möchtest mehr Salat, du bittest um eine Serviette oder etwas Salz. Du bietest den anderen Wasser oder Brot an. Am Ende sagst du, dass du Kopfschmerzen hast und in dein Zimmer gehen willst.

METHODEN ▶ S. 166 ✓

Überlege: Wen stellst du dar und was verlangt deine Rolle von dir? In welcher Stimmung bist du?

6 COLOMBIA

HIER LERNST DU:
- wichtige Daten eines Landes vorzustellen.
- Angaben zu den Himmelsrichtungen zu machen.

¡ACÉRCATE!

▶ KV 14

Bogotá es **la capital** de Colombia. Tiene 8 **millones** de **habitantes**.

Colombia es un **productor** importante de **café** y **flores**. Hay muchas **plantaciones** de café **cerca** de Medellín.

Bienvenido

El Instituto Distrital de Turismo (IDT) en alianza con TransMilenio S.A., presenta TURISMILENIO, la mejor ruta para conocer Bogotá. TURISMILENIO le permite a turistas y visitantes ubicar fácilmente los principales lugares y atractivos turísticos de Bogotá, organizar y realizar recorridos a partir de las rutas y estaciones del Sistema de Transporte Masivo TransMilenio.
TransMilenio es el Sistema BRT (Bus Rapid Transit) más grande en América Latina, con mayor número de estaciones.

Tenga en cuenta:

Para que la visita a los diferentes atractivos turísticos que ofrece la ciudad la realice de una forma agradable, tenga en cuenta las siguientes recomendaciones:
- Lea bien esta guía para que pueda acceder a todos los servicios que ofrece nuestra ciudad de una manera fácil y efectiva.
- Lleve ropa cómoda y utilice zapatos deportivos: es posible que tenga que caminar, pues las estaciones en algunos casos quedan a alguna distancia del destino que usted desea.
- Verifique bien la dirección, los horarios y las reglas del atractivo turístico.
- Procure no portar grandes sumas de dinero.
- Infórmese previamente de las rutas de TransMilenio y los horarios de servicio en:
  - Puntos de Atención al Usuario (PAU) ubicados en los 7 portales del Sistema y en la Estación Ricaurte (atienden de lunes a sábado de 6 a.m. a 10 p.m.)
  - www.transmilenio.gov.co
  - www.surumbo.com
- El mejor horario para utilizar el Sistema y disfrutar su recorrido es en las horas valle (9 a.m. a 4 p.m.) utilizando los servicios de Ruta Fácil, los cuales paran en todas las estaciones del Sistema por donde circula cada servicio y se identifican de forma sencilla por tener sólo un dígito: B1-F1, D3-H3, C4-H4 y B5-G5.
- En las siguientes páginas encontrará las respuestas que hacen de TURISMILENIO la mejor ruta para conocer Bogotá.

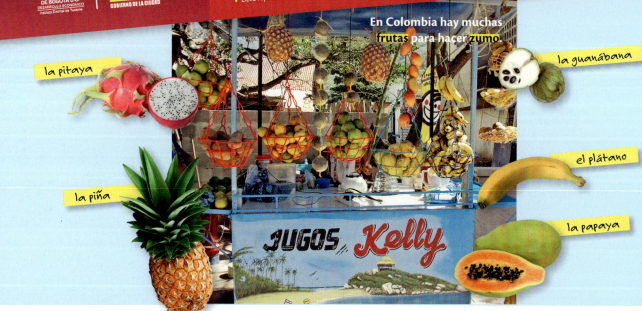

En Colombia hay muchas **frutas** para hacer **zumo**.

la pitaya — la guanábana — el plátano — la piña — la papaya

6

El Pico Simón Bolívar está en el norte del país. Tiene una altura de 5775 metros.

El río Magdalena es muy importante. Tiene 1538 kilómetros de largo.

1. ¿De dónde viene el nombre de Colombia?
a de una región del país
b de Cristóbal Colón
c Es el nombre de una fruta

2. ¿Dónde está situada Colombia?
a en el norte de América del Sur
b en el sur de América del Sur
c en el este o …
d … en el oeste

3. ¿Cuál es la capital del país?
a Caracas
b Lima
c Bogotá

4. Colombia es dos veces más grande que España y limita con cinco países. ¿Cuáles NO limitan con Colombia?
a Brasil y Venezuela
b Chile y Bolivia
c Panamá y Ecuador

5. En el norte del país empieza …
a … la Cordillera de los Andes.
b … el Río Amazonas.
c … el Canal de Panamá.

6. Las lenguas oficiales de Colombia …
a … son el inglés y el español.
b … es sólo el español.
c … son el español y el quechua.

7. ¿Cuáles de estos productos son típicos de Colombia?
a café y plátanos
b azúcar y tomates

8. ¿Cuál de estas personas famosas NO es colombiana?
a Juanes
b Shakira
c Alejandro Sanz

WB

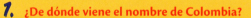

¡OJO!

El español en Colombia	en España
¿Quiubo?	¿Qué tal?
el carro	el coche
el jugo	el zumo
camellar	trabajar
nos pillamos	nos vemos

ciento cinco **105**

6

COMPRENDER EL TEXTO

1 a Haz el quiz. Puedes usar el Pequeño diccionario (p. 172) y el mapa de América Latina.

b Escucha a Sandra: ¿qué cuenta de Colombia? Compara con tus soluciones de a.

> Der Hörtext liefert dir die Lösungen für das Quiz!

APRENDER MEJOR

2 Ein-Minuten-Referat

a Busca las expresiones para hablar de un país en las páginas 104/105 y completa la ficha.

___: Bogotá
___: en el [¿] de América del Sur.
___: con Panamá y Ecuador
___: 5775 metros ___
___: 1538 kilómetros ___
___: muchas frutas
___: 8 millones
___: de café y flores
___: plátanos
___: empieza la Cordillera de los Andes
___: el español
___: Shakira

b Presenta Colombia en clase.

METHODEN ▶ S. 167

– Sammle zuerst alle Ausdrücke und Redewendungen, die du für deinen Vortrag brauchst.
– Formuliere dann schriftlich einen kurzen Text.
– Fertige danach einen Stichwortzettel an.
– Halte nun dein Kurzreferat mit Hilfe deines Stichwortzettels. Sprich dabei so frei wie möglich.

HABLAR

3 a Busca información sobre otro país de América Latina y prepara una ficha como en **2a**.

b Tu compañero/-a hace preguntas sobre el país. Tú le contestas.

¿Dónde está situado el país?   En el norte de América Latina.

MEDIACIÓN

4 Schau dir den Prospekt auf S. 104 an und erkläre jemandem, der kein Spanisch spricht,
 – was der *Turismilenio* ist,
 – für wen er gedacht ist,
 – wo und zu welchen Zeiten man weitere Informationen zum *Turismilenio* erhält und
 – zu welchen Zeiten man ihn am besten nutzt.

YA LO SÉ

5 Un grupo de chicos colombianos quiere ir a vuestro instituto por una semana. Es su primera visita a Alemania. Presentadles Alemania / vuestra región / vuestra ciudad. | Ihr könnt z. B. ein Quiz, eine Collage oder eine Präsentation vorbereiten. Macht auch Programmvorschläge für die Woche.

106 ciento seis

6A AYER EN BOGOTÁ

HIER LERNST DU:
- zu erzählen, was du erlebt hast.
- wie du reagieren kannst, wenn dir jemand etwas erzählt.

Eh, prima, ¿por qué no llamaste ayer?

Pues, disculpa, por el momento estoy sin celular, este mes no tengo plata para pagar la cuenta. Mira, ayer pasé el día fuera, llegué muy tarde a casa y cuando llegué, cenamos. Después me fui a la cama. Fíjate, me acosté ¡a las diez! Fue un día muy largo, porque pasé el día en el festival de verano. Ya sabes, cada verano hay programa en el Parque Bolívar, con conciertos y un montón de cosas más ... y allí, ¿sabes qué pasó? ...

Sandra habla con su prima.

Cuéntame ...

Bueno, Andrés y yo tomamos el bus ya a las doce pero cuando llegamos, buscamos primero media hora a Manuela, sabes, mi compañera del cole. Después buscamos el lugar del concierto hip-hop y casi nos perdimos. Menos mal que entonces, justo antes del concierto, llegó Carlitos ... ¡con Diego! Casi me muero ...

¡Vaya sorpresa!

Sí, hablamos un poco pero no mucho porque, claro, empezó el concierto. Bueno, hoy quiere pasar por mi casa y seguro que me cuenta por qué está aquí. Es que hace cuatro semanas me escribió por última vez y desde entonces nada ... Creo que se queda ¡dos semanas en Bogotá! Espera, alguien llama a la puerta, seguro que es él, ¡hasta pronto!

¿Qué tal el fin de semana?

Pues ayer fui a la playa ...

¡Pero ustedes no tienen playa ...! ¿¡O estás aquí en Cartagena?!

Carlitos habla con un amigo.

el Parque Simón Bolívar

No, ahora tenemos una playa en Bogotá, en el lago del Parque Bolívar. No es el Caribe, pero puedes jugar al voleibol y los fines de semana por la tarde siempre hay conciertos.

¿Y fuiste solo?

Claro, no hace falta ir con alguien, siempre hay gente que conoces. Pero cuando salí de casa, ¿sabes con quién me encontré en la calle? Con Diego, mi amigo que vive en España, te acuerdas de él, ¿verdad?

No me digas ...

Sí, llegó hace tres días con sus padres porque su abuela está muy enferma. Pues, entonces fuimos juntos al parque y todo el tiempo Diego contó cosas de Salamanca. Ya casi habla como la gente en España. Pero cuando llegamos, de repente se calló.

LANDESKUNDE

In Lateinamerika wird für „ihr" anstatt *vosotros* immer *ustedes* + 3. Person Plural gebraucht.

¿Cómo que se calló?

Pues no sé, ni idea ...

ciento siete **107**

6A

COMPRENDER EL TEXTO

▶ M **1 a** Busca las frases para cada dibujo en el texto, p. 107.
Cuenta en presente.

b Haced un juego de rol y presentad las escenas en clase.

> **METHODEN** ▶ S. 166
> Verwende beim Rollenspiel nur einen Stichwortzettel. ✓

BÚSQUEDA DE INFORMACIÓN

2 Los chicos del texto, p. 107, hablan de los conciertos en el Parque Bolívar. ¿Qué música escuchan en Colombia? Busca información en Internet sobre los 40 principales.

Web-Code: ENC 3000-1-18

VOCABULARIO

3 a Wie kannst du in einem Gespräch reagieren? Suche Beispiele im Text, S. 107, und mache eine Liste.

🎧 12▶17

b Escucha y mira tu lista de **a**. | Wie reagierst du in diesen Gesprächssituationen?

c Inventad para cada expresión de la lista de **a** un minidiálogo.

DESCUBRIR

▶ GH S. 37/57.4

4 a Lies die beiden Sätze. Wozu brauchst du hier das *pretérito indefinido*?

1. Ayer **pasé** el día fuera, **llegué** muy tarde a casa y cuando **llegué** cenamos. (l. 3–4)
2. Después me **fui** a la cama, fíjate, me **acosté** ¡a las diez! (l. 4–5)

108 ciento ocho

Colombia | Ayer en Bogotá

6A

 b Suche im Text alle Formen des *pretérito indefinido* und notiere sie mit dem jeweils passenden Infinitiv und Personalpronomen. Erstelle dann ein Konjugationsschema und ergänze die fehlenden Formen. Was fällt dir bei den Verben auf -er und -ir auf? ▶ Resumen 1

▶ GH S. 36/57.1

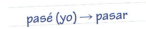

c Zwei Verben haben im *pretérito indefinido* die gleichen unregelmäßigen Formen. Welche sind es?
▶ Resumen 2 ▶ GH S. 37/57.3

PRACTICAR

5 ¡A jugar! | A nennt ein Verb im Infinitiv, B würfelt und nennt die entsprechende Person im *pretérito indefinido*.

*llegar   pasar   cenar   tomar   perderse   acostarse   ir
escribir   salir   buscar   callarse   ser   encontrarse*

6 Completa los diálogos con las formas del pretérito indefinido. ▶ Resumen 2

1. – Oye, ¿Adónde *(irse)* Diego la semana pasada?
   – Él y sus padres *(irse)* a Bogotá, a Colombia.

2. – ¡Hola Sandra!, ¿qué tal? ¿*(ir / tú)* el fin de semana al parque con Diego y Carlitos?
   – Yo sí *(ir)* al parque el domingo. Pero no con Diego y Carlitos. Ellos *(irse)* el sábado muy temprano a Cali, a casa de un primo de Diego.

3. – Carlitos, ¿es verdad que tú y Diego *(ir / vosotros)* el fin de semana a Cali?
   – Si, *(ir / nosotros)* con los padres de Diego a casa de unos tíos de ellos. ¡*(ser)* superdivertido!

 7 ¿Qué pasó ayer? | Mache so viele Aussagen wie möglich über den Text, S. 107.

	Sandra	
	Sandra y Andrés	
Ayer	Diego	___ .
	Diego y Sandra	
	Carlitos	

HABLAR

▶ KV 15

8 Cuenta tú: ¿qué hiciste[1] el sábado o el domingo pasado? ▶ GH S. 36/57.1

pasar el día / la tarde / ___   *ir* a / al / a la ___   *acostarse* a las ___   *levantarse* a las ___
hablar con ___   *llamar* a ___   *escuchar*   *escribir*   *jugar* al ___

[1] ¿Qué hiciste? *Was hast du gemacht?*

ciento nueve **109**

6A

9 a Toma apuntes para cada dibujo y presenta la historia de Sandra y Diego en clase.

ir   encontrarse / callarse   empezar a hablar / bailar

escribir   llamar / quedar   llegar a las 3 / buscar / esperar

b ¿Cómo termina la historia? Escribe el final en tu cuaderno. Puedes usar:

primero   después de una hora / dos horas ___   a las cinco/seis/___   luego
entonces   de repente   enseguida   al final

c Tauscht eure Texte aus und überarbeitet sie gemeinsam.

METHODEN ▶ S. 170
Konzentriert euch bei der Überarbeitung der Texte auf die Verbformen.

YA LO SÉ

10 Preparad diálogos como en el ejemplo. Usad las expresiones de **9b**. | **A** fragt, **B** denkt sich ausführliche Ausreden aus.

¿Y por qué no me llamaste el fin de semana pasado?

Es que el sábado me levanté muy tarde y después …

ir al cine / al estadio / al parque / a casa de ___   escribir un mensaje a / ___
pasar la tarde en casa de ___   levantarse/acostarse a las ___
tomar el desayuno / comer / cenar a las ___   preparar los deberes / una fiesta / ___
llegar tarde a ___   hablar una hora con ___   llamar a ___   encontrarse con ___

6B EL GOLOMBIAO

HIER LERNST DU:
- über ein Projekt zu berichten.
- einen Zeitungsartikel zu lesen.
- etwas zu bewerten.

ACTIVIDAD DE PRELECTURA ▶ KV 16

WB 1 ¿Qué palabras de fútbol ya conoces?
Haz una red de palabras.

18–19

«¡Gol!» … Grita uno de los chicos cuando Miguel mete el primer gol. «No, no, ese gol no vale,» le explica Marisela, «una de las chicas tiene que meter el primer gol.» Miguel y sus
5 amigos participan en un campeonato de fútbol en la calle. En este campeonato las reglas del juego son un poco diferentes al fútbol «normal»: en cada equipo hay al menos tres chicas. No hay árbitro y tampoco hay tarjetas
10 amarillas o rojas. Además, antes de empezar, los equipos discuten las reglas del juego: para ganar no sólo cuentan los goles sino también el respeto y el trabajo en equipo.
  Este campeonato tiene lugar en uno de los
15 barrios pobres de Medellín. Aquí muchos chicos de 14 o 15 años no van al cole, pasan su tiempo en la calle y tienen que vivir con violencia. Hace unos años alguien tuvo una idea para ayudar a estos chicos: jugar al fútbol con-
20 tra la violencia. Así nació el Golombiao. Este nombre es una mezcla de gol y Colombia. Por primera vez en estos barrios organizaron equipos de fútbol. Tres años más tarde, 3.000 chicos participaron en el proyecto. La idea de ju-
25 gar al fútbol y luchar así contra la violencia tuvo mucho éxito, no sólo en Colombia. Otros países tomaron el ejemplo y allí también juegan al fútbol por la paz. En 2005 tuvo lugar el primer campeonato internacional de fútbol en
30 la calle en Manrique, un barrio de Medellín.
  «Vinieron equipos de muchos países: de Ruanda, Argentina, Alemania, Chile y Ecuador y también equipos de otras regiones de Colombia,» explica Juan Ruíz, un asesor de juego.
  ¿Y quién gana el partido? Después de ter-
35 minar, los equipos lo deciden juntos. «Sí, claro, cuentan los goles.» explica Juan Ruíz. «Pero cuentan también los puntos por el comportamiento.» Termina el partido y todos están
40 contentos: en este juego todos ganan.

Malena, 15 años
Hace dos años no pude participar en el campeonato porque mi madre no quiso. Para ella, el fútbol es un deporte para chicos. Pero mi profe habló con ella y ahora está de acuerdo.

Jairo, 14 años
Claro, todavía hay problemas en el barrio, pero ahora hay más respeto entre los chicos.

Pablo, 15 años
El año pasado estuvimos en Bogotá. No ganamos el partido pero fue un viaje genial. Al final hicimos una fiesta con todos los chicos – ¡fue superbacano!

Paloma, 14 años
Al principio fue difícil: los chicos no quisieron jugar en un equipo con las chicas y discutieron mucho.

© El Colombiano, 2009, texto adaptado

LANDESKUNDE

Wie in vielen Ländern Lateinamerikas gibt es auch in Kolumbien große soziale Unterschiede. In den ärmeren Stadtvierteln gehört Gewalt für viele Jugendliche zum Alltag.

ciento once **111**

6B

COMPRENDER EL TEXTO

2 a ¿Qué es el Golombiao? Busca información en el texto, p. 111 y apúntala en una ficha.

| ¿quiénes juegan? | ¿dónde? | las reglas |

b Explica las reglas del Golombiao.

c «En este juego todos ganan.» (l. 40) Explica esta frase.

VOCABULARIO

3 a Completa tu red de palabras de p. 111/1 con ayuda del texto.   el fútbol

Du kannst den Wortschatz nach unterschiedlichen Kriterien anordnen, z. B. nach Wortarten.

b ¿Qué significan estas palabras? Completa con ellas tu red de palabras de a.

la chilena	der Fallrückzieher
el capitán	[¿]
el portero	[¿]
el córner	[¿]
tirar un penalty	[¿]
el jugador / la jugadora	[¿]

ESCUCHAR

4 a Daniel cuenta de un partido de Golombiao. Escucha y contesta las preguntas.

1. ¿Cuántos chicos y cuántas chicas juegan en el primer partido?
2. ¿Quién metió el primer gol?
3. ¿Quién metió el último gol? ¿Un chico o una chica?

METHODEN ▶ S. 163
Konzentriere dich beim Hören nur auf die Informationen, die du zum Beantworten der Fragen brauchst.

b ¿Qué más entiendes? Puedes contestar en alemán.

PRACTICAR

▶ GH S. 39/61

5 ¿Cómo es el día de Sandra? Usa **antes de / después de** + infinitivo.   ▶ Resumen 6

Ejemplo: Antes de levantarse Sandra recibe un mensaje. Después de levantarse ___ .

Colombia | El Golombiao

6B

6 a Busca todas las formas del pretérito indefinido en el texto, p. 111. Apúntalas en tu cuaderno y escribe también los infinitivos. ▶ Resumen 1–3

b Dos chicos colombianos se encuentran en la calle. Representad el diálogo en clase.

Verwendet die Verben im pretérito indefinido!

– ¿(estar / tú) ayer en el partido de Golombiao?
+ Sí, (estar / nosotros) mi hermano y yo.
– ¿Y qué tal?
+ ¡Bacano! (venir) muchos amigos del barrio. Sólo al principio, nosotros no (querer / nosotros) jugar. ¡Es que hay chicas en los equipos!
– ¡Ay! ¡Qué divertido! ¿(estar) también Catalina?
+ Sí. ¡Y (meter) el primer gol! Oye, y ¿por qué no (venir) tú ayer?
– No (poder / yo). Es que (tener / yo) que ayudar a mi abuelo. Casi no puede moverse[1].
+ ¡Qué pena! Pero la próxima vez[2] tienes que venir. Catalina (preguntar) por ti[3] …
– ¡¿Ah sí?! Oye, y ¿a dónde (ir / tú) después del partido?
+ (ir / nosotros) todos a la plaza cerca de mi calle y allí (hacer / nosotros) una fiesta. ¡(ser) superbacano! (venir) los vecinos y (bailar / nosotros) hasta las 11 …

1 moverse *sich bewegen* **2** la próxima vez *das nächste Mal* **3** preguntar por alguien *nach jemandem fragen*

HABLAR
▶ Folie 17 ▶ GH S.38/60.1

7 ¿Qué hiciste la semana pasada? Toma apuntes y cuenta a tu compañero/-a.

El sábado fui al concierto. ¡Fue genial!

ESCRIBIR

8 ¿Hay proyectos de jóvenes en vuestro instituto o en vuestro pueblo / vuestra ciudad? Escribid un pequeño artículo sobre este proyecto y presentadlo a un instituto en España.

9 a Lee los oncitos con ayuda de un diccionario. Después elige uno y léelo en voz alta.

alegre	divertidos	feliz	guay
el sol	los amigos	el mundo	un hermano
en tus ojos	siempre están conmigo	a todo volumen	mi mejor amigo
vamos por la playa	para mí son hermanos	se volvió mi habitación	siempre hacemos todo juntos
verano	genial	música	amistad

b Escribe un oncito. Si quieres haz un dibujo para tu oncito y preséntalo en clase.

Un oncito es un poema con once palabras sobre un tema.
Las reglas para escribir un oncito:
una palabra (adjetivo/color) — ¿Cómo es?
dos palabras (artículo + sustantivo) — ¿Qué es?
tres palabras — ¿Qué pasa?
cuatro palabras — más información
una palabra — resumen

COMPRENSIÓN AUDIOVISUAL
▶ DVD-KV 11, 12

10 Mira la escena 6 del DVD.

ciento trece **113**

COLOMBIA EN DIRECTO

WB 11 a Busca en Internet información sobre la ciclovía en Bogotá.

▶ M **b** Mira el plano de la ciclovía en Bogotá y contesta las preguntas.

1. Wann findet sonntags die **ciclovía** statt?
2. An welchen Stationen der **ciclovía** kannst du dienstags ab 18:00 Sport machen?
3. In welchem Park kannst du unter der Woche morgens und abends Sportangebote nutzen?
4. Wo kannst du noch mehr Informationen zur **ciclovía** finden?
5. Wie lang ist die **ciclovía**?

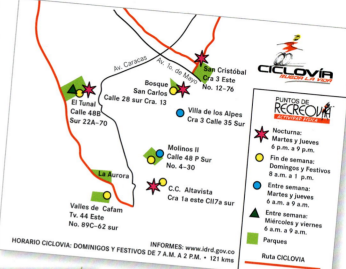

LANDESKUNDE

In Bogotá werden an allen Sonn- und Feiertagen einige zentrale Straßen für den Autoverkehr gesperrt, damit sie ausschließlich von Fußgängern und Radfahrern genutzt werden. Diese Straßen heißen **ciclovía**. Zusätzlich gibt es die **recreovía**: Das sind Stationen an der **ciclovía** – häufig große Parks –, an denen Sportkurse angeboten werden, z.B. Yoga, Aerobic und Extremsportarten. Jede Woche nehmen über zwei Millionen Menschen an der **ciclovía** und **recreovía** teil.

6 PUNTO FINAL

a Ihr hattet Besuch von einer kolumbianischen Jugendgruppe. Ihr habt gemeinsam eine Woche verbracht und eine Menge unternommen. Gestaltet für die Kolumbianer ein Erinnerungsalbum. Jede Gruppe berichtet über je einen Tag.

el lunes / el martes / ___

a las ocho   entonces   a la una

al final   primero   después

– Was habt ihr unternommen? Nehmt für eure Ideenfindung euer Quiz von S. 106 zu Hilfe.
– Ist etwas Unvorhergesehenes oder Komisches passiert? Berichtet auch darüber.
– Wie fandet ihr und wie fanden die Kolumbianer den Tag? Verwendet Zitate wie im Text, S. 111.
– Was ist den Kolumbianern evtl. besonders aufgefallen (Essgewohnheiten, Umgang mit Lehrern etc.)?

b Tauscht eure Entwürfe untereinander aus und korrigiert euch gegenseitig.

METHODEN ▶ S. 170
Nehmt eine Fehlercheckliste zu Hilfe.

c Gestaltet gemeinsam das Album.

RESUMEN

ÜBER VERGANGENES BERICHTEN

1 Ayer **pasé** el día fuera.
Andrés y yo **tomamos** el bus a las doce.
En el parque casi **nos perdimos**.
Hace cuatro semanas Diego me **escribió**.
El sábado pasado Sandra y Andrés **buscaron** 30 minutos a Manuela.

Yo **empecé** a preparar mis deberes a las ocho.
¿Y tú?
Llegué a las nueve y cenamos.
Busqué a mis amigos.

2 A las diez **me fui** a la cama.
Ayer **fuimos** juntos al parque.
Mis amigos **fueron** al concierto.
El concierto **fue** muy bueno.
La fiesta **fue** muy divertida.

3 ¿Dónde **estuviste** ayer?
A las ocho **vinieron** todos mis amigos.
Malena no **quiso** jugar al fútbol.
Ayer mis amigos y yo no **tuvimos** tiempo.
¿Qué **hicisteis** el sábado pasado?

4 **Primero** fuimos a Bogotá, **después** tomamos el bus para Medellín y **entonces** fuimos a Baranquilla.

5 **Cuando** llegó Diego, fuimos al concierto.
Cuando llegué a casa, empezamos a cenar.

6 **Después de** llegar a casa, me fui a la cama.
Antes de ir al concierto, buscamos a Manuela.

DAS BENÖTIGST DU

oft eine Zeitangabe der Vergangenheit, z.B. einen konkreten Zeitpunkt sowie das **pretérito indefinido** ▶ GH 36|57

	tomar		comer/escribir
Singular	tom-	é aste ó	com- escrib-	í iste ió
Plural		amos asteis aron		imos isteis ieron

Die Verben auf **-zar**, **-gar** und **-car** haben im **pretérito indefinido** jeweils eine orthografische Besonderheit in der 1. Person Singular.

⚠ Die Verben **ser** und **ir(se)** werden im **pretérito indefinido** gleich konjugiert. ▶ GH 36|57

	ser	ir
Singular	fui fuiste fue	
Plural	fuimos fuisteis fueron	

⚠ Die Konjugation von **estar, querer, poder, tener, venir** und **hacer** ist im **pretérito indefinido** unregelmäßig. ▶ Los verbos, p. 181, 184
▶ GH 38|60

die Zeitadverbien **primero, después, luego, de repente, entonces** und **al final** mit den Verben im **pretérito indefinido** ▶ GH 39|60

die Konjunktion **cuando**, um einen temporalen Nebensatz einzuleiten ▶ GH 38|59

antes de + Infinitiv bzw. **después de** + Infinitiv im Temporalsatz, wenn das Subjekt des Haupt- und Nebensatzes gleich ist ▶ GH 39|61

ciento quince **115**

6

TESTE DEINE GRAMMATIKKENNTNISSE ▶ Lösungen, S. 158

1 Bilde die Formen des *pretérito indefinido*. ▶ GH 36|57

1. Juan *(llegar)* a casa a las ocho.
2. Ayer *(ir / nosotros)* al cine.
3. El domingo Carlos *(acostarse)* ya a las diez.
4. Después de llegar al concierto los amigos *(perderse)*.
5. Ayer *(encontrarse / yo)* con Manolo en la calle.
6. En el campeonato *(participar)* diez equipos.
7. A las siete, los amigos *(ir)* al estadio.
8. Hace media hora *(empezar / yo)* a estudiar.

2 Bilde die Formen des *pretérito indefinido*. ▶ GH 38|60

1. ¿Por qué tú no *(venir)* al concierto ayer?
2. Ana no *(querer)* ir con nosotros.
3. El domingo pasado *(estar / nosotros)* en Medellín.
4. No *(poder / yo)* porque no *(tener)* tiempo.
5. ¿Y vosotros? ¿Qué *(hacer)* ayer?
6. Ayer yo *(estar)* en el estadio y Sandra *(ir)* en el cine.

3 Bilde Temporalsätze mit **Cuando** + *pretérito indefinido*. ▶ GH 38|59

1. Sandra – *llegar* al concierto – hablar con Diego
2. Los amigos – *llegar / empezar* el concierto.
3. Yo – llegar a casa / *empezar* [nosotros] a cenar.
4. Diego – *salir* a la calle / *encontrarse* con Carlitos.

Ejemplo: → Cuando Sandra llegó al concierto, habló con Diego.

4 Bilde Sätze mit **Antes de / Después de** + Infinitiv. Verwende im Hauptsatz jeweils das *pretérito indefinido*. ▶ GH 39|61

1. (Comer) Carlos *(empezar a estudiar)* para el examen de Inglés.
2. (Llegar) a la playa, las chicas *(empezar)* a jugar al fútbol.
3. (Acostarse) a la cama, *(hacer / yo)* mis deberes.
4. (Entrar) al cine, yo *(comprar)* las entradas en Internet.
5. (Salir) del concierto, *(ir / nosotros)* a comer algo.

Ejemplo: → Después de comer, Carlos empezó a estudiar para el examen de Inglés.

DAS KANN ICH JETZT! ▶ Para comunicarse, p. 219

▶ Stelle dein Land vor.
▶ Schaue dir die Spanienkarte an und beschreibe, wo die Städte Valencia, Santander, Salamanca und Málaga liegen.
▶ Erzähle, was du gestern oder am letzten Wochenende gemacht hast und wie es war.
▶ Berichte über ein Projekt an deiner Schule und sage, was du davon hältst.

REPASO 6

¿TE ACUERDAS?

1 En el texto faltan las formas correctas de ser o estar. Complétalas.

¿Cómo [¿] Sandra? Pues, tiene el pelo largo, [¿] morena y no [¿] muy alta. En clase [¿] un poco tímida, pero también [¿] muy alegre, además [¿] graciosa y supermaja. [¿] buena en casi todas las asignaturas, menos en Naturales. Por la tarde, ella siempre [¿] con sus amigos y hace mucho deporte. Hoy sus amigos [¿] en la plaza, pero Sandra no viene. ¿Dónde [¿] la chica? Pues, todavía [¿] en casa: [¿] bastante nerviosa porque mañana tiene un examen en Naturales.

VOCABULARIO

2 a Busca una palabra de la misma familia.

> la visita   entrar   trabajar   preguntar   aburrirse
> cumplir ___ años   el libro   estudiar   el deporte   la cena

Ejemplo: la visita → visitar

b No conoces estas palabras, pero conoces palabras de la misma familia. ¿Cuáles son?

> la diferencia   producir   la discusión   empollar
> la enfermedad   histórico   la decisión   viajar
> la ayuda   el turismo   respetar   la organización

METHODEN ▸ S. 159 ✓

Manche unbekannte Wörter kannst du verstehen, wenn du ein Wort aus der selben Familie kennst.

Ejemplo: la diferencia → diferente

c ¿Qué significan las palabras de **b**?

PRACTICAR

3 a Escucha los números y escríbelos en tu cuaderno.   ▸ Los números, p. 178

b Escucha, después calcula[1] y apunta los resultados.

> 212 más 25 igual a 237.   + más
> 212 menos 25 igual a 187.   – menos
>   = igual a

1 calcular *rechnen*

c Escucha y compara con tus resultados.

4 a Escribe diez números entre 100 y 1.000.000 y díctalos a tu compañero/-a. Él/ella los apunta. Después compara con tus números.

b Jugad en clase. | Bereite fünf Rechenaufgaben wie in **3b** vor. Ein/e Schüler/in fängt an und stellt eine Aufgabe. Wer die Lösung weiß, ruft sie in den Raum und stellt nun seine Aufgabe. Wer seine fünf Aufgaben gestellt hat, gewinnt.

ciento diecisiete **117**

5 **a** Ayer fue el cumpleaños de Sandra. Cuenta su día y usa el pretérito indefinido.

despertarse a las seis de la la mañana
recibir un mensaje   *leer* el mensaje
ducharse   *ir* al comedor
su madre / *preparar* arepas de queso
Sandra y Daniel / *irse* al cole
Sandra / *hablar* con sus amigas en el patio
llegar / Carlitos   Carlitos / *preguntar* algo
callarse   *preparar* las cosas para la fiesta
Sandra / *volver* a casa   *acostarse*
soñar con una rana

por la mañana   por la tarde   por la noche   a mediodía   primero   después   al final
cuando   de repente   a la/s ___

b ¿Qué tal tu cumpleaños del año pasado? Cuenta tu día y usa el pretérito indefinido.

ESCUCHAR

6 **a** ¿Qué cuenta Pablo de su vida en Cartagena (Colombia)? Copia la tabla en tu cuaderno, después escucha y apunta una información para cada tema.

Cartagena	la familia de Pablo	su barrio	su vida

la muralla

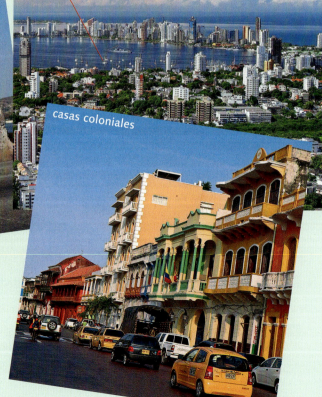

el puerto

casas coloniales

b Vergleiche deine Aufzeichnungen mit denen deines Nachbarn / deiner Nachbarin und korrigiere bzw. ergänze sie. Erzähle dann jemandem, der kein Spanisch versteht, was du alles über Pablo erfahren hast.

118 ciento dieciocho

¡ANÍMATE! 6

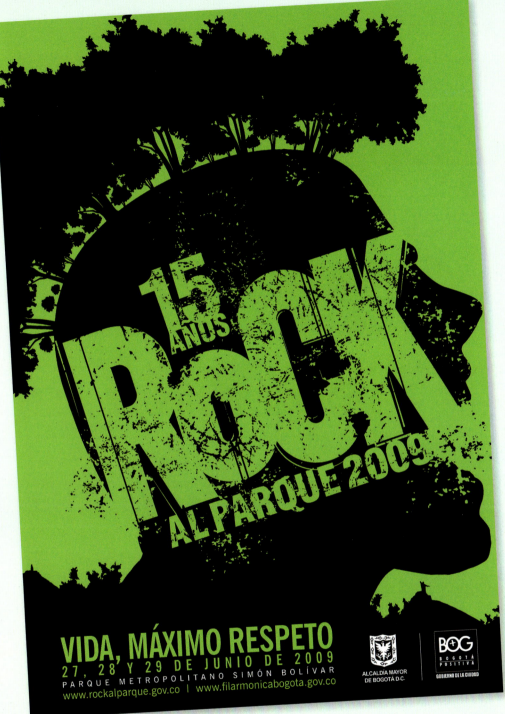

1 a Cuenta: ¿qué ves en el afiche?

b ¿Cuál es el tema de «Rock al Parque 2009»? ¿Qué quiere decir?

7 DE VIAJE POR ESPAÑA

¡ACÉRCATE! ▶ Folie 18

HIER LERNST DU:
▶ einen Weg beschreiben.
▶ nachzufragen, wenn du etwas nicht verstehst.

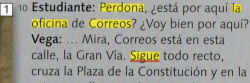

1
10 **Estudiante:** Perdona, ¿está por aquí la oficina de Correos? ¿Voy bien por aquí?
Vega: … Mira, Correos está en esta calle, la Gran Vía. Sigue todo recto, cruza la Plaza de la Constitución y en la
15 primera calle gira a la izquierda.
Estudiante: ¿Cómo? ¿Puedes repetir por favor?
Vega: Sí, tienes que coger la primera calle a la izquierda.

Turista: … Oye, por favor, ¿dónde hay una farmacia por aquí?
Roberto: Hay una cerca de la Universidad Pontificia.
5 **Turista:** ¿Y cómo voy hasta ahí?
Roberto: Pues, … cruza esta calle, ve todo recto. Después tienes que girar a la derecha en la calle Cervantes.
Turista: Gracias.

COMPRENDER EL TEXTO

1 En los diálogos, tres personas preguntan por el camino. ¿Adónde quieren ir? Busca los lugares en el plano.

VOCABULARIO / ESCRIBIR

2 a Relaciona los dibujos con las expresiones.

1. girar a la izquierda
2. coger la primera a la izquierda
3. cruzar la calle
4. ir todo recto
5. coger la segunda a la derecha
6. girar a la derecha

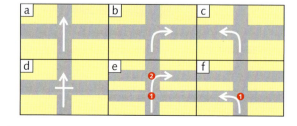

120 ciento veinte

7

20 **Tomás:** ¿Y cómo voy a tu casa? ¿Está lejos del instituto?
Luis: Sí, un poco. Primero ve hasta la Plaza Mayor y luego sigue todo recto por San Pablo, hasta el supermercado. Justo enfrente de la Plaza de Colón vivo yo, en el número 23 … Llama al 5° A.
Tomás: ¿Qué? Más despacio, otra vez. ¿En qué piso? ¿Dónde llamo?
25 **Luis:** Vivo en el quinto. Llama al 5° A.

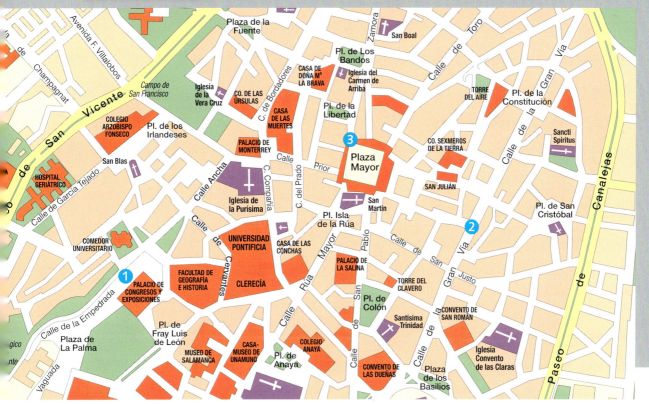

b ¿Cómo lo dices en español? Busca las expresiones en el texto. | Wie fragst du,

1. ob es in der Nähe eine Apotheke gibt?
2. ob du in die richtige Richtung gehst?
3. in welchem Stock jemand wohnt und wo du klingeln sollst?

c Ein spanischer Gastschüler will dich besuchen. Erkläre ihm in einer E-Mail, wie er von der nächsten Haltestelle zu dir kommt. ▶ Resumen 1

COMPRENSIÓN AUDIOVISUAL ▶ DVD-KV 13, 14

3 Mira la escena 7 del DVD.

ciento veintiuno **121**

7

ESCUCHAR

🎧 2|27 **4** Tomás está en la Plaza Isla de la Rúa. ¿Cómo tiene que ir a casa de Luis? ▶ Folie 18
Mira el plano de Salamanca (p. 240) y sigue el camino con el dedo.

🎧 2|28 **5** En la oficina de Turismo de Salamanca te dan información. Pero no entiendes todo. Escucha y reacciona.

> Más despacio por favor.   ¿Cómo? ¿A qué hora abre el museo?
> Perdona, ¿cómo se escribe la calle?   ¿Puedes repetir el número?

APRENDER MEJOR

6 Wörter umschreiben

a Explica a un compañero / una compañera estas palabras.

una tienda de regalos

una oficina de turismo

un lápiz   feo   un turista

Es otra palabra para ___ .
Es algo como ___ .
Es algo que necesitas para ___ .
Es una persona que ___ .
La palabra significa ___ .
El antónimo[1] es ___ .

METHODEN ▶ S. 160 ✓
Fällt dir das richtige Wort auf Spanisch nicht ein, umschreibe es mit anderen Wörtern.

[1] el antónimo *das Gegenteil*

b Explica a un compañero / una compañera cómo va del instituto a tu casa, qué hay cerca de tu casa y en qué piso vives. ▶ Resumen 1

HABLAR

7 ¡Descubrid juntos Salamanca! Mirad el plano de Salamanca (p. 240). **A** está en la Plaza Mayor y quiere ir a los siguientes lugares. **B** explica el camino ...

DELE
74|1

a la Plaza de Anaya.   a la Plaza de la Libertad.   a la Plaza de Fray Luis de León.
a la Universidad.   a la Plaza de Colón.

8 «Perdona, ¿dónde hay una tienda de regalos por aquí?» **A** es un turista en Salamanca y quiere comprar recuerdos. **B** (p. 156) es de Salamanca y explica el camino a **A**. Preparad y presentad el diálogo.

A
Du bist ein/e Tourist/in in Salamanca.
– Du grüßt und fragst, ob **B** aus Salamanca ist.
– Du willst wissen, ob es in der Nähe einen Souvenirladen gibt.
– Du fragst, wie du dorthin kommst.
– Du hast nicht alles verstanden und fragst, ob **B** es wiederholen kann.
– Du bedankst dich und verabschiedest dich.

7A ¡POR FIN VACACIONES!

HIER LERNST DU:
- über Pläne und Vorhaben zu sprechen.
- Vor- und Nachteile abzuwägen.

ACTIVIDAD DE PRELECTURA

1 ¿Dónde os gusta pasar las vacaciones? ¿En el pueblo o en la ciudad? ¿Por qué? | Macht eine Liste mit Vor- und Nachteilen.

El pueblo

La ciudad

Llega el mes de junio y con él, las notas y ¡las vacaciones de verano!
Casi tres meses sin clases y sin estudiar. Todos los chicos hablan sobre sus planes …

Vega: Bueno, tres semanas más … y ¡vacaciones! ¡Yuju! ¿Os vais a quedar en Salamanca?
5 Laura: Pues yo no sé. Mi padre tiene mucho trabajo y a lo mejor este año paso todas las vacaciones aquí. Y vosotros, ¿qué vais a hacer?
Roberto: Yo en julio me voy a ir al pueblo, con mis abuelos.
10 Vega: Uff, ¿otra vez? ¿Y no te vas a aburrir ahí?
Roberto: No, qué va. Todos mis primos van a estar ahí. La Alberca en verano no está mal, hay muchas fiestas … Además, en casa de mis abuelos tengo una habitación PROPIA y ellos me 15 dejan a mi aire.
Vega: Oye, pero es un pueblo muy pequeño y todo el mundo te controla, ¿no?
Roberto: Nooo, no toda la gente es cotilla … Los vecinos de mis abuelos son muy tranquilos, pero 20 olvidan todo. A veces me dicen: «Hola, Adrián, ¡qué tal! ¿y tu hermano?» o «Pero, chaval, sigues igual. ¿Cuándo entras en la ESO? ¡Ah!, ya estás en segundo. Mira, ¡cómo pasa el tiempo!».
Vega: Sí, sí. Con mis abuelos es así también. …
25 A mí no me gusta ir al pueblo porque casi no hay chicas de mi edad … Un fin de semana está bien, pero para las vacaciones prefiero un lugar con un poco de marcha, la verdad.
Laura: Yo también, por eso me gusta Barcelona.
30 Allí puedo hacer muchas cosas: ir a la playa …

ciento veintitrés **123**

7A

salir con amigos … Claro, en verano tengo mis lugares «secretos» porque no me gusta contestar veinte veces lo mismo: «La Sagrada Familia está en … No, no, ese es el Barrio Gótico». En
35 Barcelona a veces hay muchos turistas.
Roberto: Bueno, en agosto el pueblo también está lleno de turistas por las Fiestas de la Virgen de la Asunción … Bueno, no es Barcelona, claro.
Laura: ¿Y vas a estar todo el tiempo en el
40 pueblo?
Roberto: No, después voy a un campamento por allí cerca que es una pasada porque todo el día hacemos deporte: piragüismo, caminatas en la sierra … y también jugamos …
45 Laura y Vega: … «al fútbol».
Laura: ¡Tú y tu fútbol! … ¿Y cuándo vuelves?
Roberto: En septiembre.
Vega: ¡Anda! Entonces, este verano no nos vamos a ver.
50 Roberto: ¿Por qué? ¿Cuándo te vas?

Vega: En agosto me voy a ir con mis padres a Alicante. Vamos a pasar las vacaciones en el chalé de mis tíos. Yo voy a estar todo el tiempo con mis primas. Queremos aprender a patinar.
55 Laura: Ya veo. No me vais a echar de menos, ¿no?
Vega: Pues claro que te vamos a echar de menos…
Laura: Oye Roberto, ¿y en ese pueblo hay cíber?
60 Roberto: Sí, claro, ¿por qué?
Laura: Entonces nos vamos a escribir mucho, ¿no?

LANDESKUNDE
Fiestas de la Virgen de la Asunción
Am 15. August (Mariä Himmelfahrt) finden in ganz Spanien Festumzüge in traditionellen Festtagstrachten statt.

COMPRENDER EL TEXTO

2 a ¿Adónde van a ir de vacaciones Roberto, Vega y Laura? ¿Qué pueden hacer ahí?

b Busca en el texto otras expresiones para las frases 1–4.
1. Mis abuelos no me controlan. (l. 10–15)
2. Todo el mundo quiere saber qué haces, ¿no? (l. 15–20)
3. No todos hablan mucho y mal de los otros. (l. 15–20)
4. Es superdivertido. (l. 40–45)

HABLAR

3 a ¿Qué les gusta a los chicos: el pueblo o la ciudad? ¿Por qué? Copia la tabla en tu cuaderno. Unterstreiche die Aussagen, die auch auf dich zutreffen. ▶ Para comunicarse, p. 222

A Roberto le gusta pasar las vacaciones en ___	A Laura y a Vega les gusta pasar las vacaciones en ___
porque ___	porque ___

b Charla con tu compañero/-a sobre las vacaciones. Usa los argumentos de a.

¿Adónde vas de vacaciones con tu familia? → Siempre ___
Este año ___
Todos los veranos ___

¿Cómo es tu familia cuando sales de vacaciones? → Cuando salgo de vacaciones con mi familia, ___

¿Te gusta pasar las vacaciones en ___? → Sí/No, porque ___

124 ciento veinticuatro

De viaje por España | ¡Por fin vacaciones!

7A

4 ¿Cómo son tus vacaciones? Cuenta qué haces y usa una forma correcta de *todo*. ▶ Resumen 3

En las vacaciones
[¿] las mañanas
[¿] los veranos todos los días
[¿] mis amigos
[¿] la tarde
[¿] el día

▶ GH S.42/67

DESCUBRIR

▶ KV 17 ▶ GH S.42/66.1

5 a Welche der Sätze beziehen sich auf die Zukunft?

b Wie bildet man das *futuro inmediato*? ▶ Resumen 2

1. Roberto va al patio y charla ahí con Laura y Vega.
2. En tres semanas los chicos ya no van a tener clases.
3. Roberto va a la cafetería y vuelve con un zumo.
4. Roberto: «Voy a visitar a mis abuelos en verano».
5. Vega: «Roberto, ¿vas a ir a La Alberca otra vez?».

ESCUCHAR

6 a Escucha: ¿qué van a hacer Roberto, Laura y Vega el viernes y el fin de semana? ¿Cuándo quedan Laura y Vega? ¿Para qué?

b ¿Qué vas a hacer tú el fin de semana / mañana / la semana que viene?

▶ KV 17

ESPAÑA EN DIRECTO

7 Estás de vacaciones con tus padres en Salamanca. Ellos te hacen preguntas sobre la SalamancaCard. Mira el folleto y explícales en alemán.

Was können wir mit der SalamancaCard machen?

Wie funktioniert sie?

YA LO SÉ

8 ¿Adónde preferís ir? ¿Qué lugares os gusta visitar? ¿Por qué? Trabajad en grupos y buscad argumentos.

METHODEN ▶ S. 166
Du kannst die Wendungen zum Diskutieren verwenden.

a la ciudad o al pueblo   a un campamento de verano o a un curso de inglés

la sierra o la playa

Está bien un fin de semana, pero ___.   Yo prefiero ___.
Yo quiero estar en ___ / hacer ___.   (No) me gusta porque (a veces / siempre) ___.

7B BESOS Y RECUERDOS A TODOS

HIER LERNST DU:
- eine Postkarte und einen Brief zu schreiben.
- über das Wetter zu sprechen.

¡Querida familia!

Ahora estoy aquí. La playa es genial para el surf. Hace mucho viento y no hace mucho calor. Hoy está
5 nublado y por eso el sol no quema mucho. Pero ayer sí. Estuve toda la tarde en la playa con dos amigos, Nils y Katja, son de Alemania. Y ahora nos duele mucho la espalda.

10 ¡Besos y recuerdos a todos!

Adrián

Hola, Diego:

Pues, te cuento, al final no me quedé en Salamanca. Aquí hace muy buen tiempo. ¡Hoy estamos a 34°! Ah, ¿qué crees?
15 Vega me visita en septiembre. Voy a subir con ella a la montaña rusa.

También nos van a visitar amigos de mi padre. Y él está dale que dale, que somos de Cataluña y no conocemos nada de aquí, que sus amigos van a preguntar y nosotros no podemos
20 contar nada. Quiere visitar toda la Costa Brava. Vamos a empezar en Cadaqués, un pueblo muy bonito a 170 kilómetros de aquí. Mi padre está muy emocionado porque vamos a pasar mucho tiempo con sus amigos. Pero tú me conoces ... A veces no quiero estar con nadie, ...
25 Y tú, dime, ¿cuándo vuelves? Te echamos de menos.

Un beso y dale recuerdos a tu amiga Sandra :-)
Laura

PD: Te mando fotos de mis lugares favoritos, las hice yo. ¡Míralas!

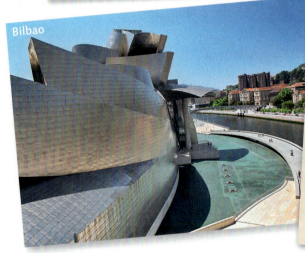

COMPRENDER EL TEXTO

1 ¿De dónde escriben los chicos? Relaciona los mensajes con tres fotos. | Nenne die Sätze, die dir Hinweise geliefert haben. Welche Fotos sind zu viel?

2 ¿De qué temas hablan los chicos? | Suche die Schlüsselwörter im Text und ordne sie.

Adrián	Laura	Roberto

playa — hacer surf — amigos

calor

> Achte auf Begriffe, die besonders wichtig sind oder Textabschnitte zusammenfassen.

126 ciento veintiséis

Formentera

Sierra de Francia

Barcelona

A: Adrián Álvarez; Diego Rodríguez; Vega Martín; Laura Herrero; Cristina Sánchez
Asunto: ¡¡¡Saludos!!!

30 ¡¡Hola, chicos!!

¿Qué tal? Por aquí todo bien, bueno, más o menos … Este verano hay chicos de toda España. Yo comparto habitación con dos, Migueliño de Galicia y Francisco de Andalucía, son muy majos. Este año
35 hace mal tiempo … A veces llueve mucho y hace frío, por eso nos tenemos que quedar aquí como sardinas … ¿No va a dejar de llover nunca? … A Francisco no le gusta nada el tiempo aquí.

Hace una semana fue el campeonato de piragüismo
40 =) y mi equipo ganó. Pero perdí mi móvil … Y yo sin móvil no puedo hacer nada. Tampoco puedo hacer más fotos del campamento (¡todas están en mi blog, vedlas!).

Ya, por favor, ¡escribidme un poco! Sin el móvil me
45 aburro como una ostra por las noches.

¡Un abrazo y recuerdos a todos!
Roberto

VOCABULARIO ▶ KV 19

3 a ¿Qué asocias tú con cada mes (colores, personas, lugares, ropa …)? Haz un asociograma.

[¿]   [¿]   marzo   los meses   octubre   [¿]

hace un poco de frío   [¿]   flores   [¿]   mi cumple   mi chaqueta favorita

[¿]

b ¿Qué mes (no) te gusta? ¿Por qué (no)? Cuenta tú.

Ejemplo: No me gusta noviembre porque llueve mucho.

ciento veintisiete **127**

7B

ESCUCHAR

▶ KV 18

4 Escucha: ¿qué tiempo hace en San Sebastián, los Pirineos, Granada y Extremadura?

 a b c d

5 Escucha a Jordi Carbó en Aragón Radio 2.com y contesta.
1. Worum geht es in dem Gespräch?
2. Was passiert am nächsten Sonntag?

PRACTICAR

▶ GH S.43/68

6 Hace mal tiempo y Roberto no puede hacer nada fuera[1]. Completa su mensaje con nada, nadie o nunca. ▶ Resumen 5

[1] fuera *draußen*

Asunto: ¡¡¡Escribidme!!!

Pues nada, que aquí sigo como una sardina. Ahora sí, no me gusta [¿] este tiempo. No podemos hacer [¿] fuera. Y con los chicos lo mismo. Todos se aburren. Francisco a veces no quiere hablar con [¿] y no deja de decir: ¡No vuelvo [¿] a este lugar!
Pues ya, es todo ... Hoy no tengo [¿] más para contar ... ¡Toc-Toc!
¿No tenéis [¿] de tiempo para mí? ¡Ya, escribidme!
Roberto, el chico que no hace [¿] desde hace una semana

▶ GH S.44/69

7 Por fin deja de llover y todos quieren pasar un buen día. Roberto y Francisco preparan sus cosas para salir. Completa el diálogo. ▶ Resumen 4

> ciérrala   dame *(2x)*   espérame   búscalo
> contéstale   dale   ponlo   ayúdame

Roberto: Aquí tienes la llave[1] de la habitación. [¿]. Yo ya voy con los chicos. ¿Vienes?
Francisco: [¿] un momento, tío. [¿] cinco minutos, ... ¿dónde está mi móvil? ...
Roberto: No sé, [¿] debajo de la cama ... Miguel pregunta si ya vamos.
Franciso: Pues [¿] que ya vamos ... Ah, y [¿] este libro, es de él ... ¿Puedo poner mi jersey en tu mochila? Yo ya no tengo espacio.
Roberto: Sí, claro. [¿] en mi mochila ... Pues ¿qué llevas, tío? Sólo vamos a salir unas horas.
Francisco: Ya, ya ... Mejor [¿]. Así nos vamos pronto.
Roberto: Uf ... [¿] tu mochila, la llevo yo y te espero fuera.

[1] la llave *der Schlüssel*

128 ciento veintiocho

BÚSQUEDA DE INFORMACIÓN

▶ M **8** Estás de vacaciones en España. Busca información sobre Salamanca y sus alrededores[1] en Internet.

1. ¿Qué lugares famosos puedes visitar?
2. ¿Qué pueblos o fiestas hay?
3. ¿Qué rutas puedes hacer en Salamanca?

[1] Salamanca y sus alrededores *Salamanca und Umgebung*

YA LO SÉ / ESCRIBIR

▶ Folie 19

9 Escribe una postal a un/a amigo/-a de Latinoamérica y cuéntale cómo es Salamanca.

Puedes escribir por ejemplo:
– dónde estás y qué estás haciendo,
– cómo está el tiempo,
– qué lugares visitaste,
– si el lugar es divertido o aburrido.

> Im Lektionstext (S. 126–127) findest du verschiedene Begrüßungs- und Abschiedsfloskeln.

7 PUNTO FINAL

▶ Folie 1

Eure Schule nimmt an dem Wettbewerb „Una semana en España. ¿Qué vais a hacer?" teil. Fertigt dafür ein Plakat an und entwerft ein Programm für eine Woche.

a Arbeitet in kleinen Gruppen. Jede Gruppe wählt eine Region Spaniens aus.

– Recherchiert so viele Informationen wie möglich über diese Region.

  la cultura   la historia

– Gestaltet ein Plakat.
– Stellt ein Programm zusammen.

b Präsentiert der Klasse eure Ergebnisse.

▶ KV 20

c Welche Präsentation oder welches Programm hat euch am meisten überzeugt? Begründet eure Entscheidung.

> **METHODEN** ▶ S. 168 ✓
> Beurteilt eure Präsentationen mit Hilfe eines Evaluationsbogens.

RESUMEN

EINEN WEG BESCHREIBEN

1 Tienes que ir hasta la **primera** calle a la derecha.
La Avenida de Italia es la **segunda** calle a la derecha.
Gira en la **tercera** calle a la izquierda.
Carlos vive en el **primer** piso.
Manuel vive en el **segundo** piso, derecha.
Carla vive en el **tercer** piso.
Coge la **cuarta** calle a la izquierda.

DAS BENÖTIGST DU

die Ordnungszahlen ▸ Anexo, p. 179, ▸ GH 41|64

♂	♀
el **primer** piso	la **primera** calle
el **segundo** piso	la **segunda** calle
el **tercer** piso	la **tercera** calle
el **cuarto** piso	la **cuarta** calle

⚠ Vor einem maskulinen Substantiv werden **primero** und **tercero** zu **primer** und **tercer**.

ÜBER PLÄNE UND VORHABEN SPRECHEN

2 ¿Qué vas a hacer en verano?
En julio **voy a ir** a Barcelona.
Se **va a quedar** en casa.
Van a ir a La Alberca.
¿**Vais a estudiar** mañana?
¿Cuándo nos **vamos a ver**?

DAS BENÖTIGST DU

das **futuro inmediato** ▸ GH 42|66

voy		
vas		
va	a	Infinitiv
vamos		
vais		
van		

3 **Todo** el tiempo se queda en Salamanca.
Toda la gente quiere ver esta película.
Todos mis primos van a estar ahí.
Todos jugamos al fútbol.
Me gustan **todas** las canciones de RBD.

den Indefinitbegleiter **todo** ▸ GH 42|67

	♂	♀
Singular	**todo** el grupo **todo** mi grupo	**toda** la clase **toda** tu clase
Plural	**todos** los chicos **todos** mis amigos	**todas** las chicas **todas** mis amigas

EINEN BRIEF ODER EINE E-MAIL SCHREIBEN

4 ¡**Llámame**, por favor!
Dale recuerdos a Diego.
¡**Escribidme**, por favor!

DAS BENÖTIGST DU

den Imperativ mit angehängtem Pronomen
▸ GH 44|69

¡llama! + me → ¡llámame!
¡da! + le → ¡dale!
¡escribe! + nos → ¡escríbenos!

5 **No** conozco a **nadie** aquí.
¿**No** va a acabar de llover **nunca**?
No sé **nada** de ti.

die doppelte Verneinung ▸ GH 43|68
no … nadie
no … nunca
no … nada

TESTE DEINE GRAMMATIKKENNTNISSE ▶ Lösungen, S. 158

1 Vervollständige die Sätze mit einer Ordnungszahl. ▶ GH 41|64

1. Mi (1º) viaje a España fue una pasada.
2. Vivo en el (2º) piso.
3. Gira en la (3º) calle a la izquierda.
4. En el campeonato de piragüismo ganamos el (3º) lugar.

2 Setze die folgenden Sätze ins Futur. ▶ GH 42|66

1. Juego al fútbol. → Esta tarde ___ .
2. Vamos a un campamento cerca de La Alberca. → En julio ___ .
3. ¿Me escribes? → ¿En las vacaciones ___ ?
4. Se quedan en Salamanca. → Todas las vacaciones ___ .
5. ¿Adónde vais? → En agosto ___ .
6. Vega echa de menos a Laura. → Durante las vacaciones ___ .

3 Vervollständige die Sätze mit todo/-a. ▶ GH 42|67

1. Voy de vacaciones con [¿] mi familia.
2. [¿] los veranos visitamos a mi tío Miguel.
3. [¿] las tardes juego al fútbol con mis primas.
4. [¿] los días hacemos mucho deporte.

4 Verwende no … nada, no … nunca oder no … nadie in den Antworten. ▶ GH 43|68

1. – ¿Conoces a alguien aquí? – No, ___ .
2. – ¿Te gustan las canciones de Shakira? – No, ___ .
3. – ¿Sabéis algo de Juan? – No, ___ .
4. – ¿Me escribes algo? – No, ___ .

5 Verwende den Imperativ und ein angehängtes Pronomen wie im Beispiel. ▶ GH 44|69

1. Tienes que escribirles. → ¡Escríbeles!
2. Tenéis que darles recuerdos a Ana y Pablo. → ___ .
3. Tienes que llamarlos (a tus padres). → ___ .
4. Tenéis que escucharlas (las canciones). → ___ .
5. Tienes que cerrarla (la puerta). → ___ .

DAS KANN ICH JETZT! ▶ Para comunicarse, S. 222

▶ Beschreibe, wie du von zu Hause zur Apotheke gelangst.
▶ Berichte, was du am kommenden Wochenende mit deinen Freunden/Freundinnen und/oder deiner Familie machst.
▶ Sage, wie das Wetter gestern war und wie es heute ist.
▶ Nenne je zwei Möglichkeiten, um einen Brief oder eine Postkarte anzufangen oder zu beenden.

REPASO 7

¿TE ACUERDAS?

1 Cuenta: ¿qué (no) les gusta a Vega, Roberto y Laura?

> Barcelona   salir con los amigos   los pueblos pequeños   el pueblo en verano   la Montaña Rusa
> las fiestas del pueblo en verano   tener una habitación propia   visitar catedrales
> la vida en el campamento   estar sin móvil   el mal tiempo   ir al pueblo
> tener tres meses sin clase   ir a la playa   el Parque Güell   la gente en el pueblo

2 Tus amigos alemanes quieren saber muchas cosas, pero no hablan español. Ayúdalos y pregunta a tus amigos españoles.

Quieren saber / Preguntan | si | dónde | cuándo | por qué

VOCABULARIO

3 a Busca un complemento[1] para cada verbo.

> quedar   quedarse
> llevar   llevarse
> poner   ponerse
> pasar
>
> el jersey   los platos en la mesa   bien a alguien   con los amigos
> a la una en la plaza   rojo/-a   en el lugar de ___   la mesa
> como un flan   bien con sus padres   de algo   por casa de ___
> el pan a ___   atención en clase   mucho tiempo con los amigos

[1] el complemento *die Ergänzung*

b Escribe un pequeño texto en tu cuaderno y usa las expresiones de **a**.

4 En un campamento, A perdió tres cosas. A no sabe cómo se llaman en español y explica a B qué son o para qué son (p. 156). | B nennt den gesuchten Gegenstand.

unos auriculares   una guía de España   un despertador

PRACTICAR

5 En el folleto faltan formas de todo el/la/los/las + sustantivo. Complétalo. ▶ Resumen 3

- ¿Pasas ▓▓▓ día en Internet porque tus amigos están de vacaciones?
- ¿Te quedas ▓▓▓ tardes en casa porque no tienes ganas de salir solo?
- ¿Después de las vacaciones ▓▓▓ amigos tienen algo para contar pero tú no?

Pues visita nuestro centro cultural porque tenemos para ti actividades deportivas y culturales ▓▓▓ días. ¿Qué estás esperando?

6 Cuenta: ¿qué están haciendo estas personas? ¿Qué van a hacer? ¿Qué hicieron ayer?

sacar una buena/mala nota   comprar ropa de verano   estudiar para el examen
perder un partido   hablar con ___   llamar a ___   buscar   hacer una caminata
encontrarse con ___   quedar con ___

ciento treinta y tres **133**

¡ANÍMATE! 7

FIESTAS EN ESPAÑA

	Enero	Febrero	Marzo	Abril	Mayo	Junio
1	D	M	M	S	L	J
2	L	J			M	V
3	M	V			M	S
4	M	S			J	D
5	J	D			V	L
6	V Reyes Magos	L			S	M
7					D Día de la madre	M
8					L	J
9					M	V
10			V	L	M	S
11			S			D
12			D			L
13			L			M
14			M			M
15			M Fallas			J
16	L	J	J Fallas			V
17	M	V	V Fallas			S
18	M	S	S Fallas			D
19	J	D	D Fallas / Día del padre	M	V	L
20	V	L		J	S	M Hogueras de San Juan
21	S	M	M	V	D	M Hogueras de San Juan
22	D	M	M	S		J Hogueras de San Juan
23	L	J	J	D Día del libro		V Hogueras de San Juan
24	M			L		S Hogueras de San Juan
25	M			M		D
26	J			M		L
27	V			J		M
28	S			V		M
29	D			S		J
30	L			D		V
31	M					

Los niños españoles sólo reciben el 6 de enero sus regalos de los **Reyes Magos**. El 5 de enero los Reyes Magos entran a la ciudad y regalan caramelos y golosinas.

En **Semana Santa** hay procesiones. La procesión más importante es el Viernes Santo.

Durante las **Fallas**, los valencianos queman en las calles figuras de papel maché y madera.

¡Es **carnaval**! Las calles se llenan de alegría. Hay bailes y la gente lleva disfraces.

A finales de junio muchas ciudades y pueblos españoles hacen las famosas **hogueras de San Juan**.

1 Lee los textos sobre las fiestas en España. ¿Cuáles no conoces tú?

134 ciento treinta y cuatro

Julio	Agosto	Septiembre	Octubre	Noviembre	Diciembre	
				M	V	1
				J	S	2
				V	D	3
				S	L	4
				D	M	5
Sanfermines				L	Día de la Constitución española M	6
Sanfermines				M	J	7
Sanfermines				M	V	8
Sanfermines				J	S	9
Sanfermines				V	D	10
Sanfermines				S	L	11
Sanfermines	M	S	M	Fiesta nacional de España J	D	M 12
Sanfermines	J	D	M		V	L M 13
Sanfermines	V	L	J		S	M J 14
	S	Asunción de la Virgen M	V			
	D		M	S		
	L		J	D		
	M		V	L		
	M		S	M		
	J		D	M		
	V		L	J		
	S		M	V		
	D		M	S		
	L		J	D		
	M		V		Navidad	L 25
	M		S			M 26
	J		D			M 27
	V		L			J 28
	S		M			V 29
	D		M			S 30
	L		J		Nochevieja	D 31

Durante los **Sanfermines** hombres jóvenes corren por las calles de Pamplona y tras ellos corren toros.

Los españoles festejan la **Navidad** en familia. Chicos y grandes comen turrón y cantan juntos villancicos. En muchas casas hay un belén.

En la **Nochevieja**, justo cuando el reloj marca la medianoche, los españoles comen doce uvas para tener buena suerte en el año nuevo.

2 Elige una fiesta y busca más información.

ciento treinta y cinco **135**

BALANCE 2

Hier kannst du überprüfen, was du in den Unidades 4–7 gelernt hast.

COMPRENSIÓN AUDITIVA

1 Los chicos hablan en la radio sobre sus padres. Escucha: ¿qué frases son correctas? Corrige las frases que son falsas.

1. Al padre de Diego le gusta mucho hacer deporte.
2. Cristina va con su madre para comprar ropa.
3. El padre de Roberto siempre le deja ganar a su hijo.
4. Por la noche, Laura ve la tele con su hermano y su madre.

COMPRENSIÓN LECTORA

2 En una encuesta, cuatro chicos hablan sobre la moda y la ropa de marca[1]. | Welcher Satz passt zu wem?

1. Wer ungewöhnliche Kleidung trägt, fällt auf.
2. Markenkleidung ist auch eine Uniform.
3. Schuluniformen sparen Zeit und Geld.
4. Eltern sind oft gegen Markenkleidung.

> Mi madre no me deja tener vaqueros de marca. Dice que las marcas no son importantes en la vida, además son muy caras. Yo la comprendo, pero ¡todos mis amigos tienen vaqueros de marca!
> [Luis, 15 años]

> Las marcas me dan igual, pero me gusta el look hippie. No voy a la moda, pero me gusta llevar por ejemplo una falda junto con pantalones y una gorra. Mis padres me echan la bronca porque la gente me mira cuando voy por la calle.
> [Camila, 15 años]

> A mí no me gusta hacer lo mismo que los demás para dar una buena imagen. En mi clase, todos llevan la misma ropa, es como un uniforme: pantalones vaqueros, zapatillas de deporte, gorras, camisetas … Unos compañeros de clase siempre llevan ropa de marca porque, para ellos, las marcas son un símbolo de calidad y eso les gusta. Para mí, la ropa sirve sobre todo para no tener frío.
> [Tomás, 15 años]

> Desde el año pasado, en nuestro instituto, todos los alumnos llevan uniforme. A mi hermano le gusta, por la mañana se levanta, se ducha, se pone el uniforme y en cinco minutos sale de casa. También mis padres están contentos, dicen que así tienen que comprar menos ropa para nosotros. Pero a mí me gusta estar a la moda, y cuando vuelvo a casa después de las clases, me pongo mi ropa favorita.
> [Julia, 15 años]

[1] la ropa de marca *Markenkleidung*

© Okapi 79, 2008 (texto adaptado)

EXPRESIÓN ORAL

DELE **3** Andrés vive en Bogotá. Está ensayando para el concierto que va a haber la semana que viene en su colegio. Cuenta: ¿qué le pasó la semana pasada?

> la semana pasada   toda la noche
> el domingo   hace tres días   cuando
> de repente   al final

> *ensayar* todo el día   no *ver* a la novia
> no *estudiar*   *estar* nervioso
> no *ir* al instituto   el profesor / *llamar* a casa
> mis padres / *enfadarse* conmigo   ___

EXPRESIÓN ESCRITA

4 Tienes visita de un/a amigo/-a de España. Por la tarde, queréis ir al cine pero tu amigo/-a llega tarde a casa y ya no puedes esperar. Déjale una nota en la mesa:

DELE
- Du musst schon gehen, weil du die Eintrittskarten kaufen willst.
- Das Kino ist in der Nähe und du beschreibst den Weg: Er/Sie muss bis zum Platz gehen, dann geradeaus bis zur Buchhandlung und die zweite Straße rechts. Das Kino ist neben der Apotheke.
- Nach dem Kino könnt ihr noch in der Buchhandlung vorbeigehen und ein Geschenk für seine/ihre Eltern kaufen.

MEDIACIÓN

5 Erkläre einem Freund, der kein Spanisch spricht, wofür dieses Plakat wirbt.

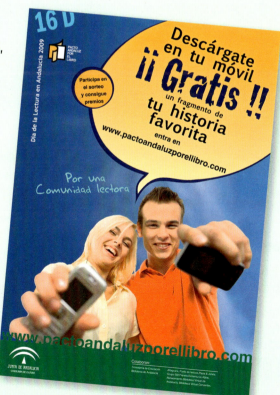

ciento treinta y siete **137**

A SUPLEMENTO CATALUÑA

BARCELONA

▶ Folie 1, 20
▶ KV 21

HIER LERNST DU:
▶ etwas zum Essen und Trinken zu bestellen.
▶ zu erzählen, was du heute gemacht hast.
▶ etwas zu vergleichen.

Laura conoce muy bien Barcelona. <u>Ha estado</u> muchas veces porque su padre es de allí. Esta vez Vega <u>ha ido</u> con ella: <u>¡es la primera vez que</u> va a Cataluña! Hoy se <u>han levantado</u> bastante
5 temprano para poder ir a muchos lugares. Por la tarde <u>han quedado</u> en una cafetería con Francesc, el primo de Laura.

Laura: Mira, allí está Francesc, vamos …

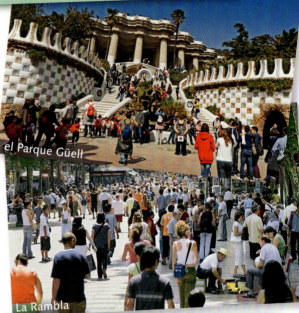
el Parque Güell

La Rambla

Francesc: Oye, Vega ¿y es la primera vez que
10 vienes a Barcelona?
Vega: Sí, sí, y hoy Laura ya me <u>ha enseñado</u> un montón de cosas …
Laura: Sí, ahora te contamos, pero primero vamos a pedir, ¿vale? No <u>hemos comido</u>
15 mucho por la tarde y tengo un hambreeee …
<u>Oiga</u>, por favor …

LANDESKUNDE

Katalanisch ist eine romanische Sprache. Sie wird – neben Spanisch – in den autonomen Gemeinschaften Katalonien und Valencia gesprochen und ist hier häufig Alltags-, Geschäfts- und Unterrichtssprache.

Hola, ¿qué vais a tomar?

Yo, un <u>bocadillo</u> y un zumo de <u>naranja</u> …

Yo, un <u>pan con tomate</u>.

Para mí, también un zumo y para comer … <u>a ver</u> … un <u>pincho</u> de tortilla.

Camarera: ¿Y de <u>beber</u>? ¿Qué te pongo?
Francesc: Un <u>granizado</u>, por favor.

Francesc: ¿Ya <u>has probado</u> el «Pa amb
20 tomàquet»? Está muy bueno. Y en esta cafetería está <u>mejor que</u> en otros <u>sitios</u>.
Vega: Sí, sí, ya lo <u>he probado</u> hoy, <u>hemos estado</u> antes en otra cafetería …

BAR RESTAURANTE
Rda. Sant Antoni, 2 bajos
Tel. 93 443 4111
09001 Barcelona
www.gruporeloj.com

TRES TOMBS

BOCADILLOS

Hamburguesa	2,90 €
Tortilla	3,10 €
Jamón	3,40 €
Queso	3,25 €
Chorizo o Salchichón	3,00 €

TAPAS

Croqueta	1,30 €
Tortilla de Patatas	3,15 €
Pan con tomate	1,30 €
Olivas	2,20 €
Champiñones	3,70 €
Pinchos	3,25 €
Tapa Queso	3,50 €
Tapa Chorizo o Salchichón	3,35 €
Tapa Jamón	4,70 €
Ensalada de verano	3,45 €

REFRESCOS

Zumo naranja natural	2,30 €
Horchata	2,30 €

138 ciento treinta y ocho

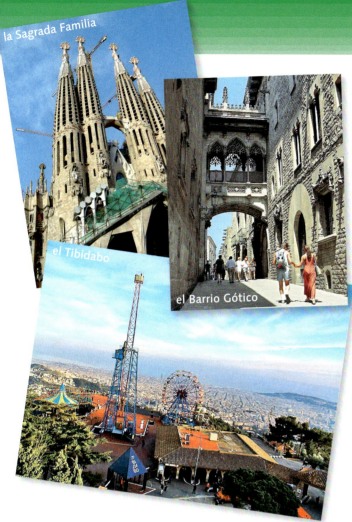

la Sagrada Familia
el Tibidabo
el Barrio Gótico

Laura: Sí, y Vega no ha entendido nada porque
25 el camarero nos ha hablado en catalán …
Vega: Bueno, entiendo un poco, sí, hay cosas que no son difíciles, como «gràcies» y «adéu», pero otras … ¡¡uff!!. Oye, Laura, ¿tú entiendes todo?
30 **Laura:** Sí, y también hablo un poco … Oye Francesc, para ti, el catalán es más fácil que el español, ¿verdad?
Francesc: No, para mí es tan fácil como el español … las dos son mis lenguas maternas …
35 Pero ahora contadme: ¿qué habéis hecho hoy?
Vega: Pues esta mañana hemos dado una vuelta por el Barrio Gótico y la Rambla … ¡Vaya! Hay gente de todo el mundo. Y hemos visto a un montón de músicos…
40 **Laura:** Y claro, hemos hecho miles de fotos … Mira, esta es mi favorita …
Francesc: ¡Anda!, ¡genial! ¿Y habéis subido al Tibidabo? De ahí tienes una vista guay de la ciudad …

45 **Laura:** Sí, es verdad, pero no hemos subido porque es bastante caro, ¿eh? Pero hemos ido a la Sagrada Familia …
Vega: Es una iglesia un poco rara, ¿eh? Todavía no la han terminado, ¿verdad? Para mí no es tan
50 bonita como La Catedral del Barrio Gótico …
Francesc: Bueno, pero La Catedral es menos famosa … ¿Y el Parque Güell, qué tal? Es también de Gaudí, como la Sagrada Familia. ¿Te ha gustado, Vega?
55 **Vega:** Pues, ahí todavía no hemos ido … Hay tantas cosas que ver …
Laura: Sí, Barcelona es más grande que Salamanca, ¿eh?
Francesc: Podemos ir ahora, ¿tenéis ganas?
60 **Laura:** Yo estoy muerta, pero bueno …
Vega: Sí, anda, vamos …
Francesc: Eh, que todavía no hemos pagado …
Vega: Uy, es verdad … ¿Ponemos fondo? ¿diez euros?

Venga … Oiga, ¡la cuenta, por favor!
Sí, un momento … pues son 8 euros.
Aquí tiene.

¡OJO!

en español	en catalán
el pan con tomate	el pa amb tomàquet
gracias	gràcies
adiós	adéu

LANDESKUNDE

In Spanien und Lateinamerika wird bei kleineren Beträgen eine gemeinsame Rechnung bestellt. Alle legen dafür zusammen **(poner fondo)**. Dabei wird nicht darauf geachtet, was jede/r Einzelne zahlen muss, sondern jeder gibt so viel, bis der Rechnungsbetrag erreicht ist. Es gilt als unhöflich, wenn jeder nur für sich zahlt.

ciento treinta y nueve **139**

A

COMPRENDER EL TEXTO
▶ Folie 1, 20

1 ¿Qué información sobre Barcelona hay en el texto? Haz un mapa mental.

- actividades
- lugares
- Barcelona
- comer y beber
- lenguas

DESCUBRIR
▶ GH S.45/70.1

2 a Suche im Text, S. 138/139 die Formen des *pretérito perfecto* und trage sie in eine Tabelle ein. Notiere daneben jeweils den Infinitiv des Verbs.

-ar	-er/-ir	unregelmäßig
(ella) ha enseñado (→ enseñar)	___	(vosotros) habéis hecho (→ hacer)

b Formuliere eine Regel: Wie bildest du das *pretérito perfecto*? ▶ Resumen 1

c ¿Qué dicen los chicos? Usa el pretérito perfecto.

- Hoy (ir / yo) al Parque Güell.
- ¿Ya (probar / tú) un granizado?
- ¿Todavía no (comer / vosotros)?
- Esta tarde Vega (visitar) la Pedrera.
- Hoy Laura y yo (hacer) muchas cosas.
- Esta mañana Laura y Vega (levantarse) temprano.

HABLAR
▶ GH S.45/70.2

3 a Piensa en cuatro actividades que haces todos los días / todas las semanas. Cuenta a tu compañero/-a: ¿Qué ya has hecho? ¿Qué no has hecho todavía? ▶ Resumen 1

tomar el desayuno   *comer*   *hacer* deporte   *jugar* al fútbol / ___   *tocar* la guitarra
ir al cine / al instituto / a casa de ___ / ___   *hacer* los deberes de Mates / ___
no *terminar* los deberes de ___   *llamar* a ___   *hablar* con ___   *ayudar* a ___   *quedar* con ___
escuchar música   *ver* la tele / la película de ___   ___

¿Qué has hecho hoy?

Hoy ya he tomado el desayuno pero todavía no he cenado. Además ya … ¿Y tú? ¿Qué has hecho esta semana?

Esta semana ya he hecho deporte pero todavía no he ido al cine. También ya he …

	lunes	martes
8–10	examen de Inglés	
10–12		examen de Ma
12–14		
14–16		fútbol
16–18	clase de guitarra	
18–20		deberes de Mates con D
20–22	Cena en casa de abuela	

140 ciento cuarenta

Suplemento Cataluña **A**

b Haz entrevistas con cuatro compañeros. Apunta las actividades en una tabla.

	Jonas	Mia	Lena
Hoy ya ____	discutir con la hermana	hacer deporte por la mañana	
Hoy todavía no ____	hacer los deberes de Inglés	hacer los deberes de Mates	
Esta semana ya ____			
Esta semana todavía no ____			

c Cuenta a tu compañero/-a los resultados de **b** con ayuda de la tabla.

> Hoy, Mia ya ha hecho deporte por la mañana. Jonas y Lena ya han discutido con sus hermanos. Mia y Lena todavía no …

4 Laura y Vega buscan un regalo para Francesc, pero no es fácil porque hay muchas cosas y tienen gustos¹ diferentes. Haced el diálogo y usad al menos cinco formas del comparativo.

▶ Folie 21 ▶ GH S.46/71

▶ Resumen 3

¿… y esta peli?

No, esta no. Mira, esa de allí es más interesante …

___ (no) es	más caro/-a / ___	que ___
	menos interesante / ___	
	tan divertido/-a / ___	como ___

¹ el gusto *der Geschmack*

MEDIACIÓN

5 a ¿Qué expresiones usas en una cafetería? Haz una lista con ayuda del texto, p. 138/139.

b Estás con tus padres en una cafetería en España. Ellos no hablan español. Mira el menú en la p. 138/139, escucha a la camarera y contesta sus preguntas.

YA LO SÉ

6 Estáis en una cafetería en Barcelona. **A** es el camarero / la camarera, **B** es un chico alemán / una chica alemana. **A** prepara esta ficha, **B** prepara la ficha de la p. 156. Haced el diálogo.

A (camarero/-a)

fragt,
– was **B** essen und trinken möchte.
– ob **B** schon *pan con tomate* gekostet hat, dass **B** es unbedingt probieren muss und dass es etwas Typisches aus Katalonien ist.
– was **B** bereits in Barcelona besucht hat.
– wo **B** heute hingegangen ist und was **B** heute gemacht hat.
– ob **B** auch Katalanisch versteht.
– ob **B** schon die Sagrada Familia gesehen hat.
– ob **B** zum ersten Mal in Barcelona ist, und ob ihm/ihr die Stadt gefällt.
sagt,
– dass es 4 € kostet.

ciento cuarenta y uno **141**

B SUPLEMENTO CATALUÑA

MI LUGAR FAVORITO

▶ Folie 21
▶ KV 22

HIER LERNST DU:
▶ deine Lieblingsplätze zu beschreiben.
▶ ein Interview zu führen.

🎧 40–41

Laura es reportera del periódico escolar de su instituto y quiere hacer un reportaje sobre los lugares favoritos de los jóvenes en Barcelona.
Por eso hoy se va a las calles y plazas de Barcelona para hacer entrevistas…

Laura: Hola, ¿tú eres de aquí?
5 **Rubén:** No, nací en Ecuador pero ahora vivo aquí. ¿Por qué?
Laura: Porque quiero escribir un reportaje sobre los jóvenes en Barcelona. Oye, ¿y desde cuándo vives aquí?
Rubén: Pues … llegué en octubre del año pasado … Ya ha pasado casi un año.
Laura: ¿Y hasta ahora tu vida ha cambiado mucho?
10 **Rubén:** Sí, claro, … Al principio no fue fácil…pero ya me he acostumbrado …
Laura: Y ¿qué lugar te gusta más de esta ciudad?
Rubén: El lugar que más me gusta es la *Plaça dels Àngels*, voy a menudo cuando no tengo nada que hacer. Está en el barrio del Raval, cerca de la Rambla. Es el mejor sitio para patinar … Ahí hay un museo, creo que se llama MACBA o algo así … nunca he entrado pero
15 siempre me siento en la escalera que hay fuera, para charlar y mirar a la gente … Fui allí hace dos días con dos amigos y la pasamos bomba …

Jordi
¿Mi lugar favorito? ¡El *Parc de la Ciutadella*!
Paso todos los días por aquí cuando salgo del instituto.
Aquí siempre pasa algo: hay gente que hace malabaris-
20 mos o que toca la guitarra o los tambores … Está muy
bien para pasar un rato. Además aprendo un poco a
tocar la guitarra con uno de los músicos que hay por ahí.
Ayer me enseñó a tocar mi canción favorita. ¡Para mí
este parque es el mejor sitio del barrio!

Nuria
25 … ¿Mi lugar favorito? El *Carrer dels Tallers*, por ejemplo. Para mí es la calle más marchosa de Barcelona. Está llena de tiendas pequeñas, sobre todo de música y de ropa … Son las mejores tiendas de la ciudad y además
30 las más baratas … porque hay cosas de segunda mano. Allí encuentras de todo, cedés, DVD, ropa … Pero ropa superguay, ¿eh? … El otro día estuve allí y encontré una camiseta de mi grupo favorito … Mira, me la he puesto hoy …

¡OJO!

en español	en catalán
la plaza	la plaça
la calle	el carrer
el puerto	el port
el parque	el parc

Laia
35 Para mí el sitio más importante es el *Port Olímpic* … A mí me gusta mucho ir allí por las mañanas, recorrer todo el puerto en bici y además hacer deporte … ¡Es el mejor sitio de toda la ciudad! La semana pasada fui tres veces y esta semana ya he ido dos veces, solo hoy todavía no he ido. Bueno, y cuando hace mucho calor, voy con mi peña a la
40 Barceloneta o vengo aquí, es una playa muy animada … ¿No quieres conocer a mis amigos? Mira, están allí …

142 ciento cuarenta y dos

COMPRENDER EL TEXTO

WB 1 ¿Qué es lo más importante para los cuatro chicos? Inventa un título para cada entrevista de la p. 142.

DESCUBRIR
▶ GH S.47/73

WB 2 a Suche die Zeitangaben im Text und notiere sie in einer Liste. Nach welchen steht das *pretérito indefinido*, nach welchen das *pretérito perfecto*? ▶ Resumen 1, 2

nunca   ya   el año pasado   hace dos días
la semana pasada   el otro día
hasta ahora   al principio   hoy   ayer
esta semana   todavía no

pretérito perfecto	pretérito indefinido
nunca	___
___	

b In welchem der beiden Sätze wird das *pretérito perfecto* verwendet, in welchem das *pretérito indefinido*?

1. La semana pasada Francesc (ir) al cine.
2. Esta semana Francesc no (ir) al cine.

c Wähle zu den folgenden Sätzen die jeweils richtige Zeitangabe aus und begründe deine Entscheidung. ▶ Resumen 1, 2

1. Roberto ha llamado a Vega.
   a la semana pasada
   b esta semana

2. Vega se ha levantado bastante temprano.
   a ayer
   b hoy

3. Laura todavía no ha ido a la Villa Olímpica.
   a el año pasado
   b este año

4. Laura conoció a un chico muy majo.
   a ayer
   b esta tarde

5. Vega no fue al Parc de la Ciutadella con Laura.
   a hace dos días
   b nunca

PRACTICAR

3 Francesc está harto: ¡Siempre lo mismo! ¿Qué dice? Usa el pretérito perfecto y el pretérito indefinido. ▶ Resumen 1, 2

¡Siempre lo mismo! Ayer me desperté a las seis y hoy me he despertado a las seis. La semana pasada …

despertarse temprano
tomar el desayuno con mi hermano
ir al instituto   *comer*   *ver* la tele
pasar las vacaciones en el campo
jugar al baloncesto/fútbol   *hacer* los deberes
ayudar en casa   ___

ayer (por la mañana / por la tarde / por la noche)   el año pasado
la semana pasada   el mes pasado   en marzo   hace dos días   hace un año
esta mañana   esta tarde   esta semana   este mes   este año   hoy

B

4 **a** ¿Qué piensas? Apunta en tu cuaderno. ▶ Resumen 4 ▶ GH S.47/72

Para mí
- el libro (+ / – interesante)
- la película (+ / – divertida)
- el grupo (+ / – bueno)
- la asignatura (+ / – difícil)
- la ciudad / la calle (+ / – marchosa)
- el deporte (+ / – importante)
- la actividad (+ / – aburrida)
- el lugar (+ / – tranquilo)
- la cosa (+ / – triste)
- el / la profesor/a (+ / – estricto/-a)

es ___ (porque___).

> Para mí, la asignatura menos difícil es Español.

b Compara tus resultados con cuatro compañeros/-as. | Gibt es Gemeinsamkeiten? Macht eine „Favoritenliste" und stellt sie der Klasse vor.

HABLAR

5 **a** ¿Cuáles son los lugares favoritos de tus compañeros/-as? ¿Por qué? Haz preguntas a cuatro compañeros/-as de tu clase. Apunta la información en una tabla.

b Presenta los resultados a tu compañero/-a.

PUNTO FINAL

a Fertige ein Plakat oder eine Collage zu deinem Lieblingsort an. Sammle dazu verschiedene Materialien (Fotos, Postkarten, Fundstücke, Dinge, die du mit diesem Ort verbindest etc.) und schreibe einen Textentwurf auf Spanisch. Folgende Informationen sollten darin enthalten sein:

– Was ist das Besondere an diesem Ort?
– Was ist interessanter/besser/lustiger/… als an anderen Orten? Warum ist es für dich der beste Ort?
– Was kann man dort machen bzw. was machst du dort?
– Wann warst du zum ersten Mal dort?
– Wann warst du diesen Monat / diese Woche dort? Was hast du dort gemacht?

b Tauscht eure Textentwürfe aus und korrigiert, wenn nötig, eure Fehler.

c Schreibe deinen korrigierten Text noch einmal und gestalte nun dein Plakat oder deine Collage.

d Organisiert eine Ausstellung mit euren Plakaten und Collagen und bewertet sie. Prämiert die drei originellsten Plakate und begründet eure Auswahl.

METHODEN ▶ S. 168 ▶ KV 23

Überlegt euch Kriterien, nach denen ihr eure Plakate und Collagen bewerten wollt.

RESUMEN

ERZÄHLEN, WAS MAN ERLEBT HAT (2)

1 Hoy **hemos pedido** un pan con tomate.
Esta semana **he estudiado** mucho.
Esta mañana Francesc me **ha llamado**.
¿Ya **has comido**?
Todavía no **he comido**.

¿Qué **habéis hecho** esta tarde?
Hemos visto una peli.

2 Ayer **llamé** a Diego.
El año pasado **estuvimos** en España.
Al principio no **fue** fácil.
Hace dos semanas Laura **escribió** un reportaje.

DAS BENÖTIGST DU

das **pretérito perfecto** mit einer der folgenden Zeitangaben: hoy, esta semana, esta mañana, esta tarde, este año oder ya, todavía no ▶ GH 45|70

haber + Partizip	probar	comer	pedir
he has ha hemos habéis han	prob**ado**	com**ido**	ped**ido**

⚠ Die Partizipien von **hacer** und **ver** sind unregelmäßig.

das **pretérito indefinido** mit einer der folgenden Zeitangaben:
ayer, el año pasado, al principio, hace dos semanas / un año etc. ▶ Unidad 6, Resumen, p. 115

ETWAS VERGLEICHEN

3 Barcelona es **más** grande **que** Salamanca.
Albacete es **menos** famosa **que** Barcelona.
El español es **tan** fácil **como** el inglés.
El catalán **no** es **tan** difícil **como** el francés.

Ana es **mejor** en Mates **que** Roberto.
Sergi y Jordi son **mejores** en fútbol **que** yo.
Escribir un examen es **peor que** hacer los deberes.

4 **La** plaza **más bonita** de España es la Plaza Mayor de Salamanca.
Para Sergi el *Port Olímpic* es **el** lugar **más importante**.
Para Jordi **el mejor** sitio es el *Parc de la Ciutadella*.
La *Plaça dels Àngels* es **el** lugar **que más** me **gusta**.
Salamanca y Barcelona son **las** ciudades **que más** me **gustan**.

DAS BENÖTIGST DU

den Komparativ ▶ GH 46|71

más menos	+ Adjektiv	que ___

tan no tan	+ Adjektiv	como ___

Das Adjektiv wird immer dem Bezugswort angepasst.

⚠ Die Komparativformen von **bueno** und **malo** sind unregelmäßig:

mejor peor	que

den Superlativ ▶ GH 47|72

el/la los/las	+ Substantiv	+ más	+ Adjektiv

⚠ + bueno → **el mejor lugar**

oder
eine Konstruktion mit Relativpronomen:

el/la los/las	+ Subst.	que más	me te ...	gusta gustan

TESTE DEINE GRAMMATIKKENNTNISSE ▶ Lösungen, S. 158

1 Bilde Sätze im *pretérito perfecto*. ▶ GH 45|70

1. ¿Ya *(comer / tú)* un pincho de tortilla?
2. Esta tarde *(visitar / nosotros)* el Parque Güell.
3. Esta tarde *(ir / yo)* al Barrio Gótico.
4. Laura todavía no *(subir)* al Tibidabo.
5. Esta semana las chicas *(ver)* un montón de cosas.
6. ¿Qué *(hacer / vosotros)* hoy?

2 Vergleiche (> más ___ que, = tan ___ como, < no tan ___ como/menos ___que). ▶ GH 46|71

1. Madrid / > grande / Barcelona.
2. Leer un libro / = interesante / ver la tele.
3. Para Andrés el catalán / < difícil / el inglés.
4. Un pincho de tortilla / = caro / un bocadillo.
5. Un pan con tomate / > bueno / un sándwich.
6. Ana y Nuria / > bueno en Mates / Tomás y Rubén.

3 Entscheide dich zwischen dem *pretérito perfecto* oder dem *pretérito indefinido*. ▶ GH 47|73

1. Hoy *(hemos ido / fuimos)* a Salamanca.
2. La semana pasada *(he visitado / visité)* Barcelona.
3. ¿Todavía no *(habéis llamado / llamasteis)* a Diego?
4. ¿Ya *(has visto / viste)* la nueva película de Guillermo de Toro?
5. Esta semana Laura y Vega no *(han dormido / durmieron)* mucho.
6. El año pasado Rubén *(ha llegado / llegó)* a Barcelona.

4 Bilde Sätze mit dem Superlativ. ▶ GH 47|72

1. Para mí, la lengua / *fácil* / es el español.
2. ¿Cuáles son los lugares / *importante* / para ti en España?
3. La / *bueno/-a* / ciudad para aprender el español es Salamanca.
4. El parque / *famoso/-a* / en Barcelona es el Parque Güell.

DAS KANN ICH JETZT! ▶ Para comunicarse, p. 225

▶ Erzähle, was du heute / diese Woche gemacht hast.
▶ Erzähle, was du in der letzten Woche gemacht hast.
▶ Vergleiche deinen Wohnort mit einem anderen Ort.
▶ Sage, welche Orte du in deiner Stadt / deinem Dorf am meisten magst und warum.

REPASO

ESCUCHAR

1 Escucha y mira las fotos. ¿Qué lugares no ha visto Vega?

1. El Maremagnum
2. La casa Batlló
3. La Pedrera (Casa Milà)
4. La Boquería
5. La Sagrada Familia
6. La Barceloneta

PRACTICAR

2 Comparad dos asignaturas/comidas/deportes/lugares/películas/___. Usad el comparativo.
▶ Resumen 3

> fácil   difícil   divertido   interesante   grande   pequeño   simpático   aburrido   triste
> importante   típico   bueno   normal   agotador   alegre   feo   bonito

Ejemplo: Para mí, Mates es más fácil que Inglés.

3 ¿Cuál es el lugar más interesante de tu región / de tu ciudad? Cuenta a un turista español / una turista española y usa el superlativo. ▶ Resumen 4

1. La ciudad (+) ___ de mi región es ___.
2. La calle (+) ___ de esta ciudad se llama ___.
3. El barrio / lugar (+) ___ es ___.
4. El lugar (+) ___ es ___.
5. Los (+) ___ lugares para hacer deporte / escuchar música / bailar son ___.
6. La persona (+) ___ de mi región se llama ___.

> grande
> marchoso
> moderno
> interesante
> bonito
> bueno
> famoso

4 ¿Qué contesta Francesc? Usa el pretérito perfecto.

¿Qué has hecho hoy?

> *levantarse* tarde
> *hacer* un poco deporte
> *estudiar* un poco de Inglés
> *llamar* a Jordi
> *ver* una peli con Jordi
> *quedar* con Laura y Vega
> *comer* un bocadillo con ellas en una cafetería
> *enseñar* el Parque Güell a las chicas

ESCRIBIR

5 Escribe una postal desde Barcelona a tu familia / tus amigos. Cuenta: ¿qué hiciste ayer? ¿Qué has hecho hoy? Usa al menos un superlativo. ▶ Resumen 4

ciento cuarenta y siete **147**

ANEXO

DIFFERENZIERUNGSAUFGABEN

UNIDAD 1

4 a Was passt zusammen? Es gibt mehrere Möglichkeiten.
▶ Los verbos, p. 182

1. Vega
2. Diego y Roberto
3. [Yo]
4. [Tú]
5. [Vosotros]
6. Laura, Vega y yo
7. Las amigas
8. Carmen

charlar
buscar
hablar
tomar
estudiar

algo.
en el patio.
con Roberto.
en el instituto.
libros.
algo en la cafetería.
inglés.

5 Mira las fotos de la página 16 y haz preguntas como en el ejemplo.

Ejemplo:
– No es de Salamanca.
  ¿Quién es?
– Es Diego.

No

escuchar en la clase.
ser de Salamanca.
hablar muy bien inglés.
ser alumno/-a.
ser de Colombia.
buscar el libro de Historia.

¿Quién es?
¿Quiénes son?

4 b Practica los nuevos verbos. | Wende die neuen Verbformen korrekt an. ▶ Los verbos, p. 182

1. (rpeandre / yo) inglés en el instituto.
2. ¿Qué (eler / tú)?
3. Carlitos (perander) a tocar la guitarra.
4. Hoy en la clase (lree / nosotros) el libro de Historia.
5. ¿(ocemeprndr / vosotros) el vídeo?
6. Los chicos (erel) páginas y páginas.
7. (iivvr / yo) en Bogotá.
8. ¿(parcomtir / tú) vídeos y fotos?
9. Laura (ecribisr) mensajes en clase.
10. (criesbir / nosotros) mensajes de chat.
11. ¿(riviv / vosotras) en Salamanca?
12. (cirebir / ellos) mensajes.

UNIDAD 2

5 b Completa las frases con las formas correctas de ser y estar.

1. Adrián [¿] el hermano de Roberto. [¿] en su habitación con Carla.
2. Adrián: «Diego, no [¿] de aquí, ¿verdad?» – Diego: «No, [¿] de Bogotá.»
3. Roberto: «Chicos, ¿dónde [¿]?» – Vega: «[¿] en la cafetería Sol.»
4. Roberto: «La cafetería Sol [¿] en la Avenida de Portugal, ¿verdad?»

4 b Completa con las formas correctas de querer, pensar y preferir. ▶ Los verbos, p. 182

1. Laura [¿] ver una peli y habla por teléfono[1] con Vega. «Oye, Vega, ¿[¿] hacer algo? ¿Por qué no quedamos con Roberto en el cine? ¿Qué [¿]?»
2. **Vega:** «Pues no sé. Mis abuelos están en casa y no [¿] problemas con mis padres. [¿] ver una peli aquí.
3. **Laura:** «Hola, Roberto, ¿está Diego contigo? ¿No [¿] ver una peli con nosotras? Quedo con Vega en su casa.»
4. **Roberto:** «Hmm … no. Ya quedamos con mis primos[2] en su casa. Es el cumple de un amigo. [¿] hacer una fiesta sorpresa para él.»

1 hablar por teléfono *telefonieren* 2 el/la primo/-a *der/die Cousin/e*

5 ¿Qué cuenta Alba? Usa las formas correctas de ser o estar. ▶ Los verbos, p. 181

1. Adrián *(ser)* mi hermano. Siempre *(estar)* con su novia.
2. Ella se llama Carla y *(ser)* de Madrid.
3. Hoy, los dos *(estar)* en casa de sus padres.
4. Roberto también *(ser)* mi hermano. Ahora *(estar)* en el instituto.
5. ¿Y dónde *(estar)* mis padres? Hoy *(estar)* con los abuelos.
6. ¡*(estar / yo)* sola en casa!
7. Quiero ver mi película favorita. La tele *(estar)* en el salón.
8. La película *(ser)* genial y *(ser)* muy divertida.
9. De repente llegan mis padres: «Alba, ¿dónde *(estar)*?»
10. «¿Haces tus deberes? Mira, aquí *(estar / nosotros)*, con los abuelos.»

UNIDAD 3

4 Completa el diálogo con las formas correctas de poder, volver y contar. ▶ Los verbos, p. 183

Diego: Hola, ¿[¿] quedar hoy a las seis? Tengo que mandar un regalo a Sandra.
Roberto: No, no [¿]. Estoy solo con Alba. Y mis padres [¿] a casa a las 8.
Diego: ¿Y no [¿] venir con ella?
Roberto: ¿Qué? No, no. Paso. ¿Y Vega no [¿] ir contigo?
Diego: No, está con una amiga. Ellas no [¿] quedar hoy conmigo.
Roberto: ¿Y tus hermanas?
Diego: No están. [¿] a las diez de la noche.
Roberto: ¿No [¿] mandar un mensaje de cumpleaños y ya?
Diego: ¡No! La fiesta de quince es muy importante en Colombia. Las chicas [¿] de la fiesta porque es muuuy grande y …
Roberto: ¿Todos [¿] hacer fiestas grandes para sus hijas?
Diego: No siempre.

3 Practicad los verbos reflexivos. | A wählt ein Verb aus und nennt ein Personalpronomen. B bildet die passende Verbform. Korrigiert euch gegenseitig. ▶ Resumen 6

ducharse   quedarse   acordarse   despertarse
levantarse   ponerse rojo/-a   irse

[yo]   [tú]   [él/ella]   [nosotros]
[vosotros]   [ellos]

ciento cuarenta y nueve **149**

UNIDAD 4

4 Ahora cuenta tú: ¿cómo estás hoy? ▶ Resumen 4

| Hoy | estar | super
muy
bastante
un poco | contento/-a
feliz
nervioso/-a
harto/-a de ___ | porque | *tener* un sobresaliente en ___.
poder salir con los amigos el viernes ___.
mi familia no *estar* en casa.
tener que sacar una buena nota en ___.
siempre *estudiar* mucho.
tener un examen mañana.
por la tarde *ir* al cine con mis amigos.
quedar con los amigos/-as por la tarde.
hoy *poder* escuchar música a todo volumen.
odiar ___.
___. |

5 ¿Qué le gusta a Diego? Completa las frases con gusta (5x) und gustan (2x).
▶ Resumen 5

La peña busca un regalo para Diego. ¿Le [¿] el pop de España? Los amigos preguntan a Diego: «Oye Diego, te [¿] la música de Colombia, ¿verdad? ¿También te [¿] los grupos de España?» Diego les contesta: «Claro que sí. ¡Me [¿] muchos grupos!» Así los amigos le compran el nuevo cedé de Chambao. También les [¿] mucho a ellos. A Diego le [¿] mucho su regalo. En su fiesta a todos les [¿] bailar con la música de Chambao.

UNIDAD 5

7 a Describe tu prenda[1] favorita y una que no te gusta.

> Mi prenda favorita es una camiseta negra porque es nueva y muy ancha. /
> Me gusta mucho porque el negro es mi color favorito.

Mi prenda favorita es ___ Una prenda que no me gusta es ___	porque	estar	muy bastante demasiado	viejo/-a. roto/-a.
		ser		nuevo/-a. muy de fiesta. bonito/-a / feo/-a. estrecho/-a / ancho/-a. claro/-a / oscuro/-a. rojo/-a / azul / amarillo/-a ___.

[1] la prenda *das Kleidungsstück*

3 Escribe un pequeño texto en tu cuaderno y cuenta: ¿qué piensa Laura de Tomás y de su hermano Manuel?

Manuel Tomás	es	simpático. curioso. alegre.	Pero a veces ___.
	siempre	*tomar* mis cosas / mi diario / ___. ___ juntos.	
A Manuel A Tomás	le gusta (mucho)	leer mis mensajes. pasar tiempo conmigo. ir a ___. ___.	

UNIDAD 6

3 b Escucha y mira tu lista de **a**. | Wie reagierst du in diesen Gesprächssituationen?

> ¡Disculpa!   ¿Por qué?   ¡Cuéntame!   ¡Vaya sorpresa!   ¡No me digas!   ¿Cómo que ___?

7 ¿Qué pasó ayer?

Ayer:
- Sandra
- Sandra y Andrés
- Diego
- Diego y Sandra
- Carlitos

> se encontró con Diego   se encontraron
> tomaron el bus   contó cosas de Salamanca
> hablaron un poco   pasó el día fuera   se calló
> se callaron   llegó muy tarde a casa
> buscaron a Manuela   casi se perdieron

UNIDAD 7

3 b Charla con tu compañero/-a sobre las vacaciones. Usa los argumentos de **a**.

¿Adónde vas de vacaciones con tu familia? →	Siempre Este año Todos los veranos	vamos a ___ porque ___	es muy divertido. hay mucha marcha. es muy tranquilo. hay fiestas. podemos ___. hacemos ___ visitamos ___.
¿Cómo es tu familia cuando sales de vacaciones? →	Cuando salgo de vacaciones con mi familia ___	estoy a mi aire. mis padres me controlan mucho. (no) puedo ___. siempre tengo que ___. hago mucho ___.
¿Te gusta pasar las vacaciones en ___? →	Sí/No, porque ___	la gente es muy cotilla ___. siempre está lleno de ___. (no) hay mucha / poca marcha ___. (no) puedo ___. (no) tengo habitación propia.

4 ¿Cómo son tus vacaciones? Cuenta qué haces.   ▶ Resumen 3

En las vacaciones:
- [¿] las mañanas
- [¿] los veranos
- todos los días
- [¿] mis amigos
- [¿] la tarde
- [¿] el día

- *hacer* deporte ___
- *dormir* tarde ___
- *ver* la tele
- *quedar* con los amigos
- *visitarme*
- *ir* a
- ___

ciento cincuenta y uno **151**

6 Hace mal tiempo y Roberto no puede hacer nada fuera[1]. Completa el mensaje con las frases adecuadas.

▶ Resumen 5

[1] fuera *draußen*

Asunto: ¡¡¡Escribidme!!!

Pues nada, que aquí sigo como una sardina. Ahora sí, [¿] este tiempo. [¿] fuera. Y con los chicos lo mismo. Todos estamos aburridos. Francisco a veces [¿] y no deja de decir: ¡[¿] a este lugar! Pues ya, es todo … Hoy [¿] más para contar … ¡Toc-Toc! ¿[¿] de tiempo para mí? ¡Ya, escribidme!
Roberto, el chico que [¿] desde hace una semana

> no hace nada   no quiere hablar con nadie   no podemos hacer nada   no me gusta nada
> no tengo nada   no vuelvo nunca   no tenéis nada

1 Cuenta: ¿qué (no) les gusta a los chicos?

▶ Unidad 4, Resumen 5 (p. 81)

A | Vega / Roberto / Laura | (no) le gusta / (no) le gustan | —

> Barcelona   salir con los amigos   los pueblos pequeños   el pueblo en verano   la Montaña Rusa
> las fiestas del pueblo en verano   tener una habitación propia   visitar catedrales
> la vida en el campamento   estar sin móvil   el mal tiempo   ir al pueblo   tres meses sin clase
> ir a la playa   el Parque Güell   la gente del pueblo

SUPLEMENTO CATALUÑA

2 c ¿Qué dicen los chicos? Cuenta y usa el pretérito perfecto.

- Hoy he *ir* al Parque Güell.
- ¿Ya has *probar* un granizado?
- Esta tarde Vega ha *visitar* la Pedrera.
- Hoy Laura y yo hemos *hacer* muchas cosas.
- ¿Todavía no habéis *comer*?
- Esta mañana Laura y Vega han *levantarse* temprano.

152 ciento cincuenta y dos

PARTNERAUFGABEN

UNIDAD 1

10 a Preparad el diálogo. | Du bist B, bereite deine Rollenkarte vor.
S. 25

> **B**
> - Du begrüßt den Jungen / das Mädchen und fragst, wie es ihm/ihr geht.
> - Du stellst dich vor und fragst ebenfalls nach dem Namen.
> - Du fragst, woher er/sie kommt.
> - Du bist (= estudiar) auch im Gymnasium Lope de Vega!
> - Du sagst, wie du das Gymnasium findest. Aber heute ist der erste Schultag, ihr redet mit den Lehrern und den Freunden und arbeitet (= estudiar) nicht viel.

UNIDAD 2

5 a ¿Qué hay en las habitaciones? | B describe la habitación de Laura.
S. 36
▶ Resumen 2, 3, 4

la habitación de Laura

3 b A liest drei Sätze vor, B kontrolliert die Aussprache. Dann tauscht ihr die Rollen.
S. 39

I. Ana ve_el_libro de_Inglés en la mesa.
II. Jaime_esconde_el DVD_en_el_armario.
III. ¿Dónde_estudia_Antonio?

1. Míriam mira a su amiga.
2. Miguel busca a su amigo Óscar.
3. Irene escucha a su madre.

UNIDAD 3

9 Mañana es el cumpleaños de un amigo. Queréis quedar esta tarde para buscar un regalo. ¿A qué hora tenéis tiempo? B prepara esta ficha. | Verabredet eine Zeit, die euch beiden passt, und einen Ort.
S. 54
▶ Resumen 4

> **B**
> Mis planes para esta tarde:
> – 16:30 Clase de Inglés en el instituto (45 minutos)
> – 19:00 Ir con mis amigos/-as al cine (3 horas)

ciento cincuenta y tres **153**

BALANCE 1

5 Por la mañana, A y B se encuentran en el instituto antes de las clases. Preparad vuestros roles y presentad el diálogo.

B
- Du begrüßt A und erzählst, dass du heute schlecht gelaunt bist.
- Du hast wenig Lust, am Nachmittag etwas zu unternehmen, und bist von As Vorschlägen nicht sonderlich begeistert.
- Schließlich willigst du aber doch in ein Treffen ein.

UNIDAD 4

2 Diego hace propuestas para quedar con Roberto, pero él no puede. A formula las propuestas de Diego, B las respuestas de Roberto.

| ¿Podemos quedar hoy a las tres en la plaza? | No | puedo, tengo ganas, | tengo que prefiero quiero | ir a casa de mi abuela. |

tener clase de guitarra no *tener* tiempo/ganas *estar* en casa a las diez
tener que preparar las cosas para el cumple de mi madre *querer* ir a la bolera
tener que ir a casa de mi abuela *tener* que estudiar mucho *preferir* ver una peli en casa
preferir escuchar un poco de música en casa *querer* ir a casa de Roberto

UNIDAD 5

6 Estáis en una tienda de ropa. Haced diálogos como en el ejemplo. Tú eres el vendedor y ayudas al cliente.

Ejemplo:
– Y esos pantalones, ¿cuánto cuestan?
+ Cuestan ___.
– Ah, pues (no) son muy caros.
+ ¿Qué talla necesitas?
– ___.

Colores: rojo, negro, verde
Tallas: 36–50
Precio: 35 EUR

Colores: azul, amarillo, gris, verde
Números: 36–40
Precio: 77 EUR

Colores: azul
Tallas: 44
Precio: 25 EUR

Colores: blanco/azul, blanco/verde, blanco/amarillo
Tallas: 36, 40, 44-48
Precio: 100 EUR

Colores: azul, negro
Tallas: 42
Precio: 20 EUR

11 Vais de compras. Preparad las fichas y haced el diálogo.

B

Ein Freund / eine Freundin möchte sich in einem Geschäft etwas zum Anziehen kaufen. Du berätst ihn/sie.
1. Das Teil gefällt dir, aber die Farbe nicht. Du schlägst eine andere Farbe vor.
2. Du findest, dass das Teil zu groß/klein/eng ist. Du fragst, welche Größe das Teil ist.
3. Du bringst deinem Freund / deiner Freundin die andere Größe.
4. Du findest, dass das Teil deinem Freund / deiner Freundin gut steht. Es passt sehr gut zu einem anderen Kleidungsstück, das er/sie trägt.

9 a Tomás llama a Diego. Elegid un rol, preparad la llamada telefónica y presentadla en clase.

A (Mutter/Vater von Diego)
– nimmt den Hörer ab und meldet sich.
– sagt, dass er da ist und möchte wissen, wer am Apparat ist.
– sagt, dass es noch einen Moment dauert und dass Diego gleich am Apparat ist.

B (Tomás)
– begrüßt die Person und fragt nach Diego.
– sagt seinen Namen.
– begrüßt Diego und sagt, wer am Apparat ist. Er sagt, dass er mit Laura auf eine Party geht und fragt, ob Diego mitkommen will.
– verabschiedet sich.

C (Diego)
– meldet sich.
– antwortet, dass er gerade den Tisch decken muss. Seine Eltern sind gerade angekommen und wollen mit ihm zusammen essen.
– verabschiedet sich.

7 Eine Familie (Bruder, Vater, Schwester) sitzt beim Abendessen. Verteilt die drei Rollen, bereitet die Dialoge vor und spielt die Szene dann vor.

B (der Vater)
Du stellst deinem Sohn viele Fragen. Du willst wissen, wie es in der Schule läuft, wie es seinen Freunden geht und ob er eine Freundin hat.

C (die Schwester)
Du mischst dich in das Gespräch ein. Du machst dich über deinen Bruder lustig und sagst, dass er schlechte Noten hat, dass er sehr viel mit einer „Freundin" telefoniert etc.

ciento cincuenta y cinco **155**

UNIDAD 7

8 «Perdona, ¿dónde hay una tienda de regalos por aquí?» | A ist Tourist in Salamanca und möchte Souvenirs kaufen. B ist aus Salamanca und informiert A. Bereitet den Dialog vor.

B

Du bist aus Salamanca und hilfst A.
- Du bejahst und fragst, ob du A helfen kannst.
- Du sagst, dass es einen Souvenirladen gibt. Der Laden ist in der Straße „Gran Vía" und nicht sehr weit weg.
- Du antwortest, dass A geradeaus gehen muss. Dann muss A die dritte Straße nach rechts abbiegen. Das ist die „Gran Vía". Da wird A einen Laden finden. (Sprich sehr schnell dabei.)
- Du wiederholst die Ortsangabe.
- Du verabschiedest dich ebenfalls.

4 En un campamento, A perdió tres cosas. A no sabe cómo se llaman en español y explica a B qué son o para qué son. | B nennt den gesuchten Gegenstand.

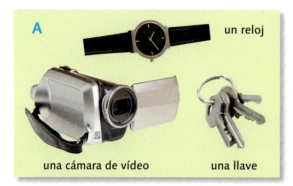

A un reloj

una cámara de vídeo   una llave

B

SUPLEMENTO CATALUÑA

6 Estáis en una cafetería en Barcelona. A es el camarero / la camarera, B es un chico alemán / una chica alemana. A prepara la ficha de la p. 141, B prepara esta ficha. Haced el diálogo.

B

- Du bestellst ein belegtes Brötchen und einen Orangensaft.
- Du sagst, dass
  ¬ du es noch nicht probiert hast, es jedoch probieren möchtest, und bestellst eins.
  ¬ du schon eine Menge gesehen hast, und nennst drei Orte aus Barcelona.
  ¬ dass du früh aufgestanden und in den Parque Güell gegangen bist. Danach bist du auf der Rambla umhergelaufen und hast ein T-Shirt gekauft. Später hast du in einem Laden Musik gehört.
- Du verneinst und sagst, dass in dem Musikladen fast alle Katalanisch gesprochen haben, du aber nichts vestanden hast.
- Du bejahst und sagst, dass sie dir nicht sehr gefallen hat.
- Du sagst, dass dir Barcelona sehr gefällt, aber dass die Stadt sehr groß ist, viel größer als deine Heimatstadt, aber auch viel interessanter. Du verlangst dann nach der Rechnung.
- Du zahlst und verabschiedest dich.

LÖSUNGEN:
TESTE DEINE GRAMMATIKKENNTNISSE

UNIDAD 1

1 1. las clases; 2. los alumnos; 3. la amiga; 4. las ciudades; 5. el libro; 6. el mensaje; 7. las plazas; 8. los institutos; 9. las páginas; 10. la guitarra; 11. las profesoras; 12. el parque; 13. la fiesta; 14. la alumna

2 a 1. contestáis; 2. charlas; 3. hablo; 4. buscamos; 5. escucha; 6. toman; 7. estudiamos; 8. practicáis; 9. miras

b 1. aprendes; 2. comprendemos; 3. lee; 4. escriben; 5. compartís; 6. recibo; 7. vivimos; 8. comprendéis

3 1. ¿De dónde eres?; 2. ¿Dónde vivís?; 3. ¿Quién es ella / la chica?; 4. ¿Hablas inglés/francés?; 5. ¿Quiénes son?; 6. ¿Cómo se llama (ella / la chica)?; 7. ¿Cómo se escribe «hola»?; 8. ¿Qué significa «Gymnasium»?

4 1. Diego no contesta los mensajes de Sandra. 2. Los chicos no escuchan.
3. Laura no es de Salamanca.

UNIDAD 2

1 1. tienes; 2. queréis; 3. preferimos; 4. pensáis; 5. tengo; 6. pensamos; 7. quieren; 8. hago; 9. quiere; 10. pienso; 11. prefieren; 12. tienen

2 1. nuestros; 2. nuestros; 3. nuestra; 4. vuestro; 5. nuestra; 6. nuestros; 7. nuestras; 8. vuestra

3 1. pequeñas; 2. difíciles; 3. grande; 4. pequeña; 5. divertida; 6. aburrido; 7. fáciles; 8. bonitos; 9. egoísta

UNIDAD 3

1 1. trece; 2. quince; 3. diecinueve; 4. veinte; 5. cuatro; 6. cuarenta; 7. cinco; 8. cincuenta

2 1. ¿Adónde …?; 2. ¿A qué hora …?; 3. ¿Cuándo …?; 4. ¿Por qué …?; 5. ¿Cuándo …?

3 1. puedo; 2. podemos; 3. vamos; 4. voy; 5. pueden; 6. vas
ir: [él/ella] va – [vosotros/-as] vais – [ellos/ellas] van
poder: [tú] puedes – [él/ella] puede – [vosotros/-as] podéis

4 1. te duchas; 2. se despierta; 3. nos acordamos; 4. os levantáis; 5. me despierto; 6. se acuestan; 7. se levantan; 8. te acuerdas; 9. me ducho; 10. nos vamos; 11. se van; 12. se duchan

UNIDAD 4

1 1. buen; 2. buena; 3. buen; 4. buenos

2 1. nos – os; 2. Le; 3. les; 4. os

3 1. gusta; 2. gustan; 3. gusta; 4. gustan

4 1. ¡Cantad!; 2. ¡Sube!; 3. ¡Ven!; 4. ¡Juega!; 5. ¡Leed!; 6. ¡Venid!; 7. ¡Levántate!; 8. ¡Ten cuidado!

UNIDAD 5

1 1. Estoy hablando por teléfono. 2. Estoy leyendo un libro muy interesante. 3. Estamos viendo una peli en la tele. 4. ¿Qué estás haciendo? 5. Diego está escribiendo un mensaje a Sandra.

2 1. la; 2. las; 3. te; 4. os; 5. Me; 6. la

UNIDAD 6

1 1. llegó; 2. fuimos; 3. se acostó; 4. se perdieron; 5. me encontré; 6. participaron; 7. fueron; 8. empecé

2 1. viniste; 2. quiso; 3. estuvimos; 4. pude, tuve; 5. hicisteis; 6. estuve, fue

3 2. Cuando llegaron los amigos, empezó el concierto. 3. Cuando llegué a casa, empezamos a cenar. 4. Cuando Diego salió a la calle, se encontró con Carlitos.

4 2. Después de llegar a la playa, las chicas empezaron a jugar al fútbol. 3. Antes de acostarme, hice mis deberes. 4. Antes de entrar al cine, yo compré las entradas en Internet. 5. Después de salir del concierto, fuimos a comer algo.

UNIDAD 7

1 1. primer; 2. segundo; 3. tercera; 4. tercer

2 1. Esta tarde voy a jugar al fútbol. 2. En julio vamos a ir a un campamento cerca de La Alberca. 3. ¿En las vacaciones me vas a escribir? 4. Todas las vacaciones se van a quedar en Salamanca. 5. En agosto, ¿adónde vais a ir? 6. Durante las vacaciones Vega va a echar de menos a Laura.

3 1. toda; 2. Todos; 3. Todas; 4. Todos

4 1. No, no conozco a nadie aquí. 2. No, no me gustan nada las canciones de Shakira. 3. No, no sé nada de Juan. 4. No, no te escribo nada.

5 1. ¡Escríbeles! 2. ¡Dadles recuerdos! 3. ¡Llámalos! 4. ¡Escuchadlas! 5. ¡Ciérrala!

SUPLEMENTO CATALUÑA

1 1. ¿Ya has comido un pincho de tortilla? 2. Esta tarde hemos visitado el Parque Güell. 3. Esta tarde he ido al Barrio Gótico. 4. Laura todavía no ha subido al Tibidabo. 5. Esta semana las chicas han visto un montón de cosas. 6. ¿Qué habéis hecho hoy?

2 1. Madrid es más grande que Barcelona. 2. Leer un libro es tan interesante como ver la tele. 3. Para Andrés el catalán es menos difícil que el inglés. 4. Un pincho de tortilla es tan caro como un bocadillo. 5. Un pan con tomate es mejor que un sándwich. 6. Ana y Nuria son mejores en Mates que Tomás y Rubén.

3 1. hemos ido; 2. visité; 3. habéis llamado; 4. has visto; 5. han dormido; 6. llegó

4 1. Para mí, la lengua más fácil es el español. 2. ¿Cuáles son los lugares más importantes para ti en España? 3. La mejor ciudad para aprender español es Salamanca. 4. El parque más famoso en Barcelona es el Parque Güell.

METHODEN

Auf den folgenden Seiten findest du eine Zusammenstellung der wichtigsten Lern- und Arbeitstechniken. Viele sind dir schon aus anderen Fremdsprachen sowie aus dem Deutschunterricht vertraut.

WORTSCHATZ

1 Wörter erschließen

Wenn du ein neues Wort entdeckst, musst du nicht gleich im Wörterbuch nachschlagen. Mit ein paar einfachen Tricks kannst du die Bedeutung vieler spanischer Wörter herausfinden. Du kannst unbekannte Wörter erschließen …

… mit Hilfe anderer Sprachen ▶ S. 11/1, S. 96/1, S. 112/3b

Viele spanische Wörter sind verwandt mit Wörtern aus Sprachen, die du schon kennst. Oft haben sie dieselbe oder eine ähnliche Bedeutung.

Spanisch	Englisch	Latein	Französisch	Deutsch
universidad	university	universitas	université	Universität

▸ Was bedeuten die folgenden Wörter? Welche Wörter aus anderen Sprachen haben dir geholfen?
la explicación, la opinión, el error, útil, increíble, romper, el campeón, paciente, violento, nacional

Merke: Trotz dieser Verwandtschaften kann es Unterschiede in Aussprache, Schreibung, im Genus und manchmal auch in der Bedeutung geben!

⚠ Achte auf so genannte „falsche Freunde" („falsos amigos").

la carta (= *der Brief*)   die Karte (= *la tarjeta*)

… über Wortfamilien ▶ S. 117/2

Manchmal kennst du ein anderes Wort derselben Familie. An typischen Endungen kannst du außerdem die Wortart des unbekannten Wortes erkennen. Beides hilft dir, seine Bedeutung zu erschließen.

mirar → la mirada (= *der Blick*)
oscuro/-a → la oscuridad (= *die Dunkelheit*)

▸ *Finde die Bedeutung der folgenden Wörter und erkläre, wie du darauf gekommen bist:*
chatear, la alegría, la timidez, sorprender, desayunar, la salida, la comida.

… mit Hilfe des Kontextes ▶ S. 18/7, S. 27/2, S. 70/1, S. 91/8

Die Bedeutung vieler Wörter kannst du aus dem Kontext erschließen. Auch Abbildungen oder die Gestaltung des Textes können dir dabei helfen.

▸ *Lies den Text auf S. 92 (ZZ. 1–6, 55–57) und erkläre die Bedeutung der folgenden Wörter mit Hilfe des Kontextes:* ¿Diga?, el recado, más tarde, ¿De parte de quién?, Ahora se pone.

2 Die Bildung von Wörtern erkennen

Präfixe und Suffixe

Oft geben dir die Präfixe und Suffixe Auskunft über die Bedeutung des Wortes sowie über die Wortart und das Genus.

Präfixe	a-	nicht, un- (atípico/-a)
	anti-	gegen, un- (antipático/-a)
	contra-	gegen (contradecir)
	e-/es-/ex-/extra-	hinaus, außer (enorme)
	i-/ir- *oder* im-/in-	gegensätzlich (irresponsable, imposible, independiente)

Suffixe	-dad/-tad/-tud	*feminine Nomen* (la ciudad, la mitad, la juventud)
	-ción/-sión	*feminine Nomen* (la habitación, la decisión)
	-able/-ible	*Adjektive* (responsable, posible)

▶ *Leite die Bedeutung der folgenden Wörter ab:* dependiente, la preparación, atípico/-a, la altitud, la comprensión.

Zusammengesetzte Substantive

Es gibt Substantive, die aus mehreren Wörtern zusammengesetzt sind.

⚠ Zusammengesetzte Substantive werden im Spanischen häufig nach dem Muster Substantiv + *de* + Substantiv gebildet. Im Deutschen entspricht dem meist ein Wort (z. B. *la profesora de Historia* – die Geschichtslehrerin).

el cuarto de baño	(= das Badezimmer)
el fin de semana	(= das Wochenende)
el libro de Inglés	(= das Englischbuch)
la fiesta sorpresa	(= die Überraschungsparty)

▶ *Finde die spanische Entsprechung für „der Englischlehrer" und „das Monatsende".*

3 Wörter umschreiben

▶ S. 122/6, S. 133/4

Wenn dir ein Wort nicht einfällt, versuche, das fehlende Wort zu umschreiben oder zu erklären, was es bedeutet.
Hier findest du einige Möglichkeiten zur Umschreibung:

> Es una persona / alguien que ___.
> Es una cosa / algo que ___.
> Lo usas para ___.
> La palabra significa ___.
> Es otra palabra para / un sinónimo[1] de ___.
> Es un antónimo[2] de ___.

[1] el sinónimo *Synonym*
[2] el antónimo *Gegenteil*

4 Wortschatz lernen

Um dir Wörter besser zu merken, solltest du sie in Gruppen anordnen und dann lernen bzw. wiederholen. Diese Strukturierung des Wortschatzes kannst du nach verschiedenen Kriterien vornehmen:

Nach Sachgruppen/Themen ordnen ▶ S. 17/2, S. 21/6, S. 74/3, S. 75/6, S. 86/1, S. 95/8

Lege zu einem Oberbegriff, z. B. *los deportes*, eine Vokabelkarte *(ficha de vocabulario)* an, auf der du alle Wörter und Ausdrücke zu einem Thema zusammenträgst.

Es ist sinnvoll, eine *ficha de vocabulario* nicht nur als Liste zu führen, sondern sie zu **strukturieren**, z. B. nach Unterthemen, nach Wortarten, (Gegensatz-)Paaren, Wörtern derselben Wortfamilie etc. Es kann auch nützlich sein, Kollokationen (= ganze Wendungen) zu notieren, in denen ein Wort häufig verwendet wird.

> *Los deportes*
> *jugar al* | fútbol
> | baloncesto
> | ping-pong
> | voleibol
> *correr*
> *ir en bicicleta*
> *esquiar*
> *patinar*

▸ *Sammle alle Wörter und Ausdrücke, die zu den folgenden Oberbegriffen gehören:* el instituto, la familia, los pasatiempos, la ropa, el tiempo.

Nach Wortarten ordnen ▶ S. 25/7, S. 112/3

Du kannst alle Verben, Substantive oder Adjektive als Untergruppen einer *ficha de vocabulario* zusammenfassen.

Zu Wortfamilien ordnen ▶ S. 117/2

Fasse die Wörter, die zur selben Familie gehören, zusammen.

| la cena – cenar | aburrido/-a – aburrirse |
| entrar – la entrada | el trabajo – trabajar |

▸ *Finde Wörter derselben Wortfamilie:* el comedor, doler, el libro, el secreto, la vida, el juego.

Wortpaare bilden ▶ S. 37/7

Bei manchen Wörtern bietet es sich an, sie paarweise zu ordnen. Diese Wortpaare können auch Gegensatzpaare sein.

| hablar – charlar | el alumno ≠ el profesor |
| nacer ≠ morir | ganar ≠ perder |

▸ *Bilde Gegensatzpaare mit den folgenden Wörtern:* la noche, bonito/-a, acostarse, temprano, mucho/-a.

Kollokationen / Ganze Wendungen lernen ▶ S. 21/6, S. 24/2, S. 44/4, S. 132/3

Damit du Wörter im Kontext richtig verwendest, lerne den ganzen Ausdruck (= Kollokation), in dem ein Wort verwendet wird.

| sacar una buena nota | jugar al fútbol | llegar a casa | ir de compras | estar en casa |

DAS WÖRTERBUCH BENUTZEN

1 Spanisch – Deutsch ▶ S. 76/10

Ein Wörterbucheintrag enthält verschiedene Informationen, die man entschlüsseln muss, um das Wörterbuch sinnvoll zu nutzen. Dazu muss man auch einige Abkürzungen kennen. Ihre Bedeutung findest du im Abkürzungsverzeichnis am Anfang/Ende deines Wörterbuchs.

Aussprache — **hora** ['ora] *f* **1.** *(de un día)* Stunde — Bedeutung
Genus — ~ **de consulta** Sprechstunde **2.** *(del reloj)* Uhrzeit; ¿qué ~ es? wie viel Uhr ist es? **3.** *(tiempo)* Zeit; **tener horas de vuelo** sehr erfahren sein — verschiedene Bedeutungen des Wortes
(wenn es sich um ein Substantiv handelt)
— Tilde (Dieses Zeichen ersetzt das Wort, um das es geht.)

ciento sesenta y uno **161**

Weitere Hinweise für das Nachschlagen in einem spanisch-deutschen Wörterbuch:
- Finde zunächst die Wortart des unbekannten Wortes heraus (Substantiv? Verb? Adjektiv?). Konjugierte Verbformen (z. B. *juegan, entendí*), musst du auf den Infinitiv *(jugar, entender)* zurückführen, damit du sie im Wörterbuch findest.
- Beachte, dass das „ñ" im spanischen Alphabet ein eigener Buchstabe ist, der in Wörterbüchern an unterschiedlichen Stellen steht, z. B. nach „nz" oder hinter dem „n" und vor dem „o". Weitere Extrabuchstaben sind manchmal das „ch" (nach „cz" und vor „d") und das „ll" (nach „lz" und vor „m").
- Wenn du Zweifel bei der Aussprache hast, achte auf die Lautschrift in eckigen Klammern.

Tipps:
- Ein Wort kann mehrere Bedeutungen haben. Deshalb solltest du immer den ganzen Eintrag lesen, um die Bedeutung zu finden, die in „deinen" Kontext passt.
- Mehrteilige Ausdrücke sind manchmal nur unter einem der Teile eingetragen. Wenn du z. B. *el grupo de música* nicht unter „grupo" findest, dann schaue unter „música" nach.

▶ *Schlage in deinem Wörterbuch diese Wörter nach. Wo findest du die Extrabuchstaben?*
año, llegar, estrella, chico, noche.

▶ *Finde mit Hilfe des Wörterbuchs heraus, welche Bedeutung* pasar *jeweils hat:*
1. ¡Qué aburrido! En esta película no pasa nada.
2. ¿Podrías pasarme el pan, por favor?
3. Ayer vi a Miguel, pero imagínate, pasó sin decir nada.
4. Los fines de semana siempre paso mucho tiempo con mi familia.

2 Deutsch – Spanisch ▶ S. 32/4

verschiedene Übersetzungen ——— **Uhr** ① *(Gerät)* reloj *m* [re'lox]; **die ~ aufziehen** dar cuerda al reloj ② *(bei Zeitangabe)* hora *f* ['ora]; **es ist genau acht ~** son las ocho en punto; **neun ~ drei** las nueve y tres minutos

——— Genus
——— Aussprache
——— Tilde (Dieses Zeichen ersetzt das Wort, um das es geht.)

spanische Entsprechung

Wenn du für ein deutsches Wort die spanische Entsprechung nachschlägst, gelten folgende Regeln:
- Lies dir den Wörterbucheintrag so weit durch, bis du das passende spanische Wort gefunden hast. Beachte dabei Angaben wie *fam. (= familiar)*; das bedeutet „umgangssprachlich".
- Ist in deinem Wörterbuch die Aussprache des spanischen Wortes nicht angegeben, nimm die Lautschrift im spanisch-deutschen Teil des Wörterbuchs zu Hilfe.
- Passe das ausgewählte spanische Wort in den Satz, den du formulieren möchtest, ein, d. h.:
  ¬ bei Substantiven: Bilde, wenn nötig, den Plural.
  ¬ bei Verben: Bilde die passende Verbform.
  ¬ bei Adjektiven: Gleiche sie dem Substantiv an.

Tipps:
- So kannst du überprüfen, ob du die passende spanische Entsprechung für ein deutsches Wort ausgewählt hast: Schlage einfach das spanische Wort im spanisch-deutschen Teil deines Wörterbuchs nach. Findest du dort das deutsche Wort, von dem du ausgegangen bist, wieder?
- Findest du ein zusammengesetztes Wort (z. B. Apfelsaft) nicht im Wörterbuch, suche unter den beiden Bestandteilen und bilde dann ein zusammengesetztes spanisches Substantiv (s. S. 160).

▶ Welche spanischen Wörter entsprechen den unterstrichenen deutschen Wörtern? Suche im Wörterbuch.

Marie schießt ein Tor.   Schreibst du mir eine Karte aus Spanien?
Mach bitte das Tor zu!   Hier ist deine Karte für das Konzert.

HÖREN

1 Globales Hörverstehen ▶ S. 18/6, S. 25/8, S. 64/1, S. 128/5

Beim Hören eines spanischen Textes brauchst du nicht immer jedes Wort zu verstehen. Wichtig ist, den Text in seiner Gesamtheit zu erfassen.

– **Vor dem Hören:**
  Beachte die Aufgabenstellung. Manchmal wird die Gesprächssituation bereits angegeben. Mache dir klar,
  ¬ worum es in dem Gespräch gehen könnte,
  ¬ wer spricht,
  ¬ was die Personen in dieser Situation sagen könnten.
  ¬ Falls es eine bildgestützte Hörverstehensübung ist, nutze auch die Bildinformationen.
– **Achte beim Hören:**
  ¬ auf Hintergrundgeräusche (z. B. Verkehrslärm …),
  ¬ auf den Tonfall der Sprecher (z. B. aufgeregt, erfreut, verärgert),
  ¬ nur auf die Abschnitte, die wichtig sind, um die Aufgabenstellung zu bearbeiten. Die W-Fragen (Was?, Wer?, Wo[hin]?, Wann?, Wie?) helfen dir, die wichtigsten Informationen aus dem Hörtext zu entnehmen.
– Notiere die wichtigen Informationen in Stichpunkten. Am besten trägst du sie in eine Tabelle ein.
– Wenn du den Text mehrmals anhören kannst, konzentriere dich beim ersten Hören auf die Wörter, die du verstehst. Versuche beim nächsten Hören, auf diesen „Verstehensinseln" aufzubauen und weitere Informationen zu entschlüsseln.

> **Notizen machen**
> – Notiere nur Stichwörter, schreibe keine ganzen Sätze.
> – Notiere jede neue Information in eine neue Zeile. Benutze dabei Spiegelstriche.
> – Kürze lange Wörter ab, lasse Artikel und Konjunktionen weg.
> – Benutze Abkürzungen und Symbole: p. ej. (por ejemplo), etc. (etcétera), –, +, =, ≠, → (für eine Folgerung). Du kannst dir auch eigene Abkürzungen ausdenken.

2 Selektives Hörverstehen ▶ S. 9/2, S. 40/6, S. 57/5, S. 61/2, S. 98/6, S. 112/4

Oft geht es darum, einem Hörtext nur ganz bestimmte Informationen zu entnehmen.

Vor dem Hören:
– Lies dir die Fragestellung genau durch. Welche Informationen sollst du heraushören? Wenn die Fragestellung es nahelegt, bereite eine Tabelle vor, in die du die gesuchten Informationen später eintragen kannst.

Tabelle zu S. 57:

¿Quién?	¿Qué hace por la tarde?	¿A qué hora?
Sandra	—	—
Daniel	—	—

Beim Hören:
– Konzentriere dich vor allem auf die für dich wichtigen Passagen.
– Mache dir, wenn nötig, Notizen oder trage die gesuchten Informationen in die Tabelle ein.

ciento sesenta y tres **163**

3 Detailgenaues Hörverstehen ▶ S. 98/6, S. 128/4

Manchmal ist es wichtig, alle Einzelheiten zu verstehen (z. B. bei einer Bahnhofsdurchsage oder bei der Angabe einer Adresse).
– Versuche beim ersten Hören, den Text global zu verstehen.
– Konzentriere dich bei jedem weiteren Anhören auf weitere Details.
– Notiere dir alle wichtigen Informationen, die du verstanden hast.

4 Hör-Sehverstehen ▶ S. 18/6, S. 26/1, S. 43/2, S. 78/2, S. 87/3, S. 94/6

Wenn dir beim Hören zusätzlich Bilder zur Verfügung stehen oder wenn du einen Filmausschnitt siehst, erhältst du gleichzeitig mehrere Informationen: das Bild, die Sprache und die Geräusche bzw. Musik. Bilder ersetzen hier oft Worte; sie können die sprachlich dargebotenen Informationen stützen, ergänzen oder ihnen auch widersprechen.
Folgende Fragestellungen helfen beim Verstehen:
– Welche Figuren oder Gegenstände sind im Vordergrund, welche im Hintergrund? Was sagt dies über ihre Bedeutung aus?
– Welche Mimik, Gestik, Bewegungen weisen die Figuren auf? Was sagen sie über deren Gefühle oder Charakter aus?
– Welchen Ort/Hintergrund, welche Lichteffekte gibt es?
– Welche Funktion hat ggf. der Ton?

LESEN

1 Texte über ihre Gestaltung erschließen ▶ S. 19/1, S. 62/7, S. 70/1

Bevor du einen Text liest, stelle erste Vermutungen über seinen Inhalt an.
– Verrät dir das Druckbild etwas über die Textsorte (E-Mail, Zeitungsbericht, Gedicht, Dialog etc.)?
– Welche Informationen geben dir Fotos oder Illustrationen (evtl. mit Bildunterschriften)?
– Was sagen Überschrift(en) und Zwischenüberschriften aus?

2 Globales Leseverstehen (Skimming) ▶ S. 19/1

Beim ersten Lesen genügt es, den Text im Großen und Ganzen zu verstehen, ohne sich auf Einzelheiten zu konzentrieren.
– Überlege schon vor dem Lesen, was du bereits zum Thema des Textes weißt.
– Um nach der Lektüre zu überprüfen, ob du den Textinhalt global verstanden hast, können dir die „W-Fragen" helfen.

Die W-Fragen
Wer?	¿Quién(es)?
Was?	¿Qué?
Wo(hin/her)?	¿Adonde? / ¿De dónde?
Wann?	¿Cuándo?
Wie?	¿Cómo?
Warum?	¿Por qué?

3 Selektives Leseverstehen (Scanning) ▶ S. 70/1, S. 73/1, S. 80/7, S. 112/2

Manchmal genügt es, einem Text nur bestimmte Informationen zu entnehmen.
Das erreichst du durch zielgerichtetes Lesen:
– Lies dir vor der Textlektüre die Fragestellung genau durch.
– Überlege dir, nach welchen Schlüsselbegriffen (s. S. 165) du im Text suchen kannst.
– Konzentriere dich beim Lesen nur auf die für dich wichtigen Passagen.

4   Detailgenaues Leseverstehen   ▶ S. 124/3, S. 125/7

Manche Texte musst du in jedem Detail verstehen (z. B. eine Gebrauchsanweisung).
– Gehe dabei von den Abschnitten aus, die du gut verstehst („Verstehensinseln").
– Kläre dann Schritt für Schritt die Bedeutung der noch fehlenden Teile. Versuche dabei, die Bedeutung jedes Satzes genau zu erschließen. Nutze dabei den Kontext oder eventuelle zusätzliche Informationsquellen (z. B. Illustrationen, Zwischenüberschriften o. Ä.). Zur Überprüfung kannst du versuchen, den Satz mit eigenen Worten auf Spanisch auszudrücken. Bei besonders komplizierten Sätzen hilft es dir, den Satz ins Deutsche zu übersetzen.
– Eventuell musst du ein Wörterbuch benutzen (s. S. 161).

5   Texte über Schlüsselbegriffe erschließen   ▶ S. 126/2

Finde im Text Schlüsselbegriffe oder -sätze für die wesentliche(n) Aussage(n) des Textes. Überprüfe:
– Gibt es Begriffe, die besonders wichtig sind (Schlüsselbegriffe)?
– Gibt es Sätze, die Textabschnitte zusammenfassen (oft am Anfang und am Ende eines Absatzes)?
– Notiere sie in dein Heft. Wenn du Kopien benutzt, kannst du sie auch farbig markieren.

6   Texte gliedern   ▶ S. 35/1, S. 143/1

Für das Verständnis ist es hilfreich, wenn du dir klar machst, in welche inhaltlichen Abschnitte (Sinnabschnitte) sich der Text gliedern lässt. Gib dazu den einzelnen Abschnitten Überschriften. Du verdeutlichst dir damit zugleich, welche Themen oder Einzelaspekte jeweils angesprochen werden.

DIALOGISCHES SPRECHEN

1   Gespräche   ▶ S. 50/7, S. 53/5, S. 54/9, S. 91/11, S. 95/9, S. 110/10, S. 122/6, S. 125/8, S. 141/6

Um in Gesprächssituationen gut klarzukommen, helfen dir die *Para-comunicarse*-Kästen in der chronologischen Liste (ab S. 191).

Hier findest du eine Zusammenstellung wichtiger Ausdrücke für häufige Gesprächssituationen:

nachfragen und um Erklärungen bitten
No entiendo la pregunta / la palabra / la frase.
Más despacio, por favor.
¿Puede/s repetirlo, por favor?
«___», ¿qué significa?
¿Cómo se dice «___» en inglés/alemán/francés?
¿Puede/s ayudarme?

sich entschuldigen
¡Perdona!
¡Disculpa!
Lo siento.[1]

Zeit gewinnen
Pues ___.
Bueno ___.
Espera (un momento).

jemanden beglückwünschen
¡Felicidades!
¡Feliz cumpleaños!

Freude/Begeisterung zeigen
¡Qué genial!
¡Es una pasada!

Einverständnis erklären
¡De acuerdo!
¡Vale!
¡Claro que sí!

1 Lo siento. *Es tut mir Leid.*

2 Diskutieren ▶ S. 125/8

- Notiere auf einem Zettel: Was fällt dir spontan zum Thema ein (Denke dabei an die W-Fragen, s. S. 164)? Was ist deine eigene Meinung dazu?
- Bereite Argumente für deine Position vor. Kannst du konkrete Beispiele nennen?
- Während der Diskussion: Sprich klar und deutlich. Formuliere gut verständliche Sätze. Lass die anderen ausreden; bleibe höflich und sachlich.

Hier findest du wichtige Redemittel, die du in einer Diskussion verwenden kannst:

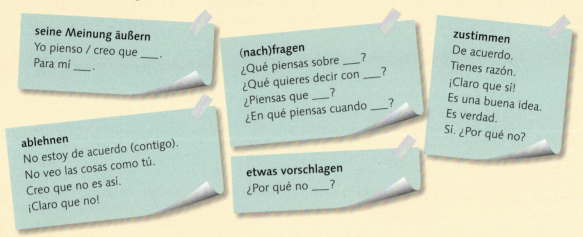

seine Meinung äußern
Yo pienso / creo que ___.
Para mí ___.

(nach)fragen
¿Qué piensas sobre ___?
¿Qué quieres decir con ___?
¿Piensas que ___?
¿En qué piensas cuando ___?

zustimmen
De acuerdo.
Tienes razón.
¡Claro que sí!
Es una buena idea.
Es verdad.
Sí. ¿Por qué no?

ablehnen
No estoy de acuerdo (contigo).
No veo las cosas como tú.
Creo que no es así.
¡Claro que no!

etwas vorschlagen
¿Por qué no ___?

3 Rollenspiele ▶ S. 25/10, S. 54/9, S. 65/5, S. 90/6, S. 91/11, S. 95/9, S. 103/7, S. 108/1b, S. 122/8

- Überlege: Wen stellst du dar und was verlangt deine Rolle von dir? In welcher Stimmung bist du?
- Mache dir einen Stichwortzettel bzw. notiere in kurzen Sätzen, was du sagen möchtest.
- Überlege dir, was dein/e Dialogpartner/in antworten könnte/n und bereite mögliche Antworten darauf vor.
- Übe das Rollenspiel mehrmals mit deiner Gruppe. Versuche dabei, deinen Stichpunktzettel so wenig wie möglich zu benutzen.

Tipp: Stehe nie mit dem Rücken zum Publikum.

MONOLOGISCHES SPRECHEN

1 Ein Bild/Foto beschreiben ▶ S. 55/1, S. 119/1

- Sage zunächst, worum es auf dem Bild geht.
- Wähle für deine Beschreibung eine sinnvolle Reihenfolge, um die abgebildeten Elemente zu nennen: z. B. von der Mitte nach außen oder von oben nach unten oder umgekehrt.
- Versuche dabei, sinnvolle Zusammenhänge zu schaffen und „springe" nicht bei der Beschreibung im Bild hin- und her.
- Achte bei deinen Formulierungen auf den Gebrauch von *estar* (sich befinden) und *hay* (es gibt).
- Wenn auf dem Bild Personen sind, beschreibe ihr Aussehen. Willst du deren Handlungen beschreiben, verwende *estar + gerundio*.

Beispiel: En la foto hay dos personas. Una está leyendo, la otra está hablando con la primera persona.

166 ciento sesenta y seis

Este/-a es un dibujo[1] / una foto / un cuadro[2] de ___.

A la izquierda/derecha	
En el centro	hay ___.
En el primer plano[3]	puedes ver ___.
Al fondo[4]	

Cerca (de) ___	
Detrás (de) / Delante (de) ___	hay un/a ___.
Al lado del / de la ___	está el / la ___.

[1] el dibujo *die Zeichnung* [2] el cuadro *das Gemälde* [3] en el primer plano *im Vordergrund* [4] al fondo *im Hintergrund*

2 Einen Kurzvortrag halten *(charla de un/dos minuto/s)* ▶ S. 106/2

Vorbereitung

- Sammle die für das Thema nötigen Ausdrücke und Redewendungen (evtl. mit Hilfe eines Mind-Maps oder einer Tabelle).
- Formuliere deinen Text zunächst aus. Denke dabei an deine Zuhörer/innen:
  ¬ Was ist für sie interessant?
  ¬ Welche Reihenfolge bietet sich für die Darstellung der Informationen an?
  ¬ Falls du unbekanntes Vokabular verwenden möchtest, bereite Erklärungen für deine Mitschüler/innen vor.
- Fertige anschließend einen Stichwortzettel an, so dass du deinen Vortrag möglichst frei, am besten auswendig, halten kannst.
- Bietet sich als visuelle Unterstützung z. B. ein Plakat, eine Collage, ein kleines Handout oder eine Mini-Präsentation mit dem Computer an? So können dir deine Mitschüler/innen besser folgen.

Durchführung

- Sprich laut, langsam, deutlich und so frei wie möglich.
- Halte Blickkontakt mit deinen Zuhörern/-innen.

Folgende Formulierungen können Dir helfen:

Einführung des Themas
Hoy voy a hablar sobre (mi casa / mis amigos / mi instituto ___).
El tema de mi charla es ___.
Quiero presentar (a) mi grupo de música/artista favorito ___.
¿Ya sabéis algo sobre ___?

Strukturierung des Kurzvortrags
Primero os quiero hablar/presentar ___.
Después os voy a dar más información sobre ___.
Para terminar / Al final ___.
Para preguntar algo, levantad[1] la mano, por favor.

[1] levantar *heben*

Bewertung

Bei der Beurteilung einer *charla* eines/-r Mitschülers/-in kann ein **Evaluationsbogen** helfen. Beispiel:

	sí	no	más o menos
La charla es interesante.	☐	☐	☐
La charla tiene una estructura clara.	☐	☐	☐
El/La compañero/-a da la información importante.	☐	☐	☐
Usa frases cortas y claras.	☐	☐	☐
Explica las palabras nuevas.	☐	☐	☐
Habla despacio.	☐	☐	☐
Mira a la clase y contesta las preguntas.	☐	☐	☐

3 Informationen sammeln und auswerten
▶ S. 91/8, S. 106/3, S. 114/11, S. 129/8

Informationen sammeln

Grenze das Thema genau ein. Welche Informationen brauchst du unbedingt?

Benutze mehrere Quellen für deine Informationssuche:
- das Lehrbuch (z. B. Lektionstexte oder Anhang),
- Nachschlagewerke (z. B. Enzyklopädien, Geschichtsbücher, Atlanten …) oder das Internet.

Recherche im Internet
- Welche Suchbegriffe führen dich zu den für dich wichtigen Informationen?
- Sind die Seiten, die du gefunden hast, verlässliche Quellen? (Überprüfe Informationen, die du z. B. in Wikipedia gefunden hast, mit Hilfe einer weiteren Quelle.)

Informationen auswerten

- Überlege dir vor dem Lesen, welche Informationen du benötigst (denke an die W-Fragen, S. 164).
- Mache dir Notizen zu deinem Thema.
- Notiere dir immer, wo du die Informationen gefunden hast.
- Ordne deine Notizen so, dass du sie weiterverwenden kannst – z. B. als Basis für eine *charla*.

SCHREIBEN

- Sammle Ideen für deinen Text (W-Fragen, s. S. 164) und ordne sie (Mind-map, Tabelle, Schlüsselbegriffe).
- Schreibe einen ersten Entwurf:
  ¬ Verwende Redewendungen aus den Lehrbuchtexten und den *Para comunicarse*-Kästen der chronologischen Liste (ab S. 191).
  ¬ Variiere den Satzbau, um den Text interessanter zu gestalten. Verwende dafür Konnektoren *(enlaces)*.
- Überarbeite deinen Text: Wo ist er zu kurz / zu ausführlich? Korrigiere dich auch sprachlich, z. B. mit der Fehlercheckliste auf S. 170.

Konnektoren
pero	además
porque	por eso
cuando	al final
primero	por fin
después	después de ___
luego	antes de ___

1 Einen Text bewerten ▶ Punto final: S. 99, S. 129, S. 144

Bei der Beurteilung eines Texts eines/-r Mitschülers/-in hilft dir ein **Evaluationsbogen**. Beispiel:

	sí	no	más o menos
El contenido[1]:			
El texto / La historia / El folleto / ___ es interesante.	☐	☐	☐
Están todas las informaciones importantes.	☐	☐	☐
La presentación[2] es adecuada[3]/original.	☐	☐	☐
La forma es creativa.	☐	☐	☐
La lengua:			
Tiene una estructura clara.	☐	☐	☐
Hay enlaces adecuados.	☐	☐	☐
(Casi) no hay errores.	☐	☐	☐

1 el contenido *der Inhalt* **2** la presentación *die Gestaltung* **3** adecuado/-a *angemessen*

2 Eine Postkarte / Einen Brief / Eine E-Mail schreiben ▶ S. 21/7, S. 129/9

	Barcelona, 21 de diciembre de 2012 — *Ort und Datum*
Anrede für eine/n Freund/in / oder eine/n Bekannte/n	Hola, Adrián: Querido Jaime / Querida Ana:
formelle Anrede	Estimados señores y señoras[1]:
Beispiel für einen Brief an eine/n Freund/in oder eine/n Bekannte/n	¿Qué tal? Voy a pasar las vacaciones en casa de mi tía. Estoy muy contento/-a porque me gusta mucho estar con mis primos. Y tú, ¿qué vas a hacer en las vacaciones?
Beispiel für einen Brief zur Anforderung von Informationsmaterial	Mi familia y yo vamos a pasar las vacaciones de verano en La Habana / Cuba. ¿Podrían[2] mandarme folletos[3] sobre la ciudad / el país?
Du beendest den Brief an eine/n Freund/in	Besos / Un abrazo
an eine/n Bekannte/n	(Muchos) saludos
an einen Unbekannten	(Muy) atentamente[4]
Du lässt Grüße an jemanden ausrichten	Muchos saludos a tus padres / a Isabel Dale recuerdos a tu amiga Sandra

1 Estimados señores y señoras *Sehr geehrte Damen und Herren* **2** podrían *könnten Sie* **3** el folleto *die Broschüre* **4** Atentamente *Mit freundlichen Grüßen*

Abkürzungen bei der Adresse

C/	Calle	Straße
Avda.	Avenida	Allee
Pza.	Plaza	Platz
2º	segundo	zweiter Stock
pta. bja.	planta baja	Erdgeschoss
3ª	tercera puerta	dritte Tür

3 Kreatives Schreiben ▶ S. 37/8, S. 50/8, S. 76/9, S. 79/6, S. 110/9, S. 113/9

Beim kreativen Schreiben kannst du häufig vorgegebene Texte umschreiben. Du kannst z. B. einen Dialog zu einer Geschichte erfinden, den Text aus der Perspektive einer bestimmten Person erzählen oder einen Schluss für eine Geschichte schreiben.
– Nutze die Informationen des Ausgangstextes.
– Wenn du die Perspektive einer bestimmten Person schilderst, überlege, wie diese sich fühlt, was sie denkt, wie sie reagieren könnte.
– Mache dir Notizen (s. S. 163). Ordne sie dann und überlege dir, wie du deinen Text aufbaust.
– Beachte auch die Schreibregeln von S. 168.

ciento sesenta y nueve **169**

4 Fehler selbst korrigieren

▶ S. 50/8, S. 72/10, S. 99/7, S. 110/9; Punto final: S. 80, S. 114, S. 144

Um die Anzahl deiner Fehler zu verringern, stelle dir eine eigene Fehlersuchliste aus den folgenden Vorschlägen zusammen.

Tipp: Achte bei jedem Lesen jeweils nur auf eine bestimmte Fehlerquelle. So findest du mehr Fehler.

1. Hast du auf die Rechtschreibung geachtet?	intere**s**ante el **t**ema ¿Qui**é**nes?
2. Sind die Artikel, Begleiter und Adjektive dem Genus und dem Numerus des Nomens angepasst?	l**o**s problemas much**as** ide**as** los zapato**s** bonito**s**
3. Hast du an die Verschmelzung von Präposition und Artikel gedacht?	Es el libro **del** profe. Dale la cazadora **al** chico.
4. Stimmen die Verbformen mit ihren Subjekten überein?	La **gente** canta. **Los padres creen** que no.
5. Hast du dich vergewissert, dass du „ser", „estar" und „hay" richtig verwendet hast?	José **es** estudiante. **Es** de Vigo. **Está** en Madrid. **Está** enfermo. En la mesa **hay** un mensaje.
6. Hast du auf die Unregelmäßigkeiten bestimmter Verben/Verbformen geachtet?	¿Qui**e**res ir al cine? S**i**gue esta calle todo recto. Lo **hice** yo.
7. Hast du an die richtige Stellung der Adjektive gedacht?	un jersey **verde** una **mala** idea
8. Hast du an die Verkürzung mancher Adjektive vor Sustantiven gedacht?	un **buen** ejemplo un **mal** día el **tercer** piso
9. Stimmen die Pronomen in Genus und Numerus mit den Wörtern überein, die sie ersetzen?	Conozco a **Miguel**. **Le** gusta mucho bailar. ¿**Fernanda y Sofía**? **Las** vi ayer.
10. Hast du die richtige Vergangenheitsform verwendet?	**Ayer fui** al cine. **Esta mañana** me **he levantado** temprano.

KOOPERATIVES LERNEN

1 ¡Piensa, discute y comparte! („Think – pair – share") ▶ S. 39/4, S. 123/1

¡Piensa, discute y comparte! ist eine Arbeitsform in drei Schritten:
1. ¡*Piensa!*: Bearbeite die Aufgabe zunächst alleine und mache dir, wenn nötig, Notizen (s. S. 163).
2. ¡*Discute!*: Besprecht zu zweit, was ihr euch überlegt habt bzw. was ihr vorbereitet habt. Korrigiert euch dabei gegenseitig.
3. ¡*Comparte!*: Tragt anschließend eure Ergebnisse eurer Gruppe bzw. der Klasse vor.

2 Arbeiten in der Gruppe ▶ S. 103/7, S. 106/5, S. 113/8, S. 125/8; Punto final 1–7

Gutes Arbeiten in der Gruppe bedeutet, dass jede/r so viel wie möglich zu einem gemeinsamen Ergebnis beiträgt. Achtet darauf, dass alle aus der Gruppe in die Arbeit eingebunden sind. Mögliche Aufgaben sind z. B.:
– Notizen mit den Ergebnissen der Gruppenarbeit anfertigen,
– auf das Zeitlimit achten,
– die sprachliche Korrektheit der Notizen (Vokabular, Grammatik) überprüfen,
– sicherstellen, dass alle in der Gruppe ihre Aufgabe so gut wie möglich ausführen.
Am Ende soll jedes Gruppenmitglied die Ergebnisse vor der Klasse vortragen können.

3 Kugellager ▶ S. 28/3, S. 29/5, S. 40 / Punto final 1, S. 47/4, S. 49/4, S. 140/3

Ein Kugellager ist sinnvoll, um gemeinsam Dialoge zu üben oder um sich mündlich über ein bestimmtes Thema auszutauschen:
1. Euer Lehrer/Eure Lehrerin bespricht als erstes mit euch die Aufgabenstellung.
2. Stellt euch dann in einem Kreis auf: Jede/r zweite tritt nach innen, so dass sich ein äußerer und ein innerer Kreis bildet.
3. Die sich jeweils gegenüber stehenden Schüler/innen beginnen nun ihren Dialog.
4. Auf ein Signal eures Lehrers / eurer Lehrerin hin bewegt sich der äußere Kreis um eine Person weiter, so dass sich neue Gesprächspaare finden.
5. Das könnt ihr so oft wiederholen, bis ihr wieder eurem/-r Ausgangspartner/in gegenüber steht.

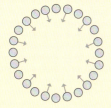 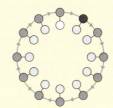

SPRACHMITTLUNG

In den Übungen zur Sprachmittlung *(Mediación)* übst du Situationen, die dir im Alltag häufig begegnen, z. B. wenn du mit deiner Klasse oder deinen Eltern ins spanischsprachige Ausland fährst.

1 Wiedergeben von Inhalten in der jeweils anderen Sprache
▶ S. 18/7, S. 33/7, S. 62/7, S. 76/8, S. 80/7, S. 95/7, S. 106/4, S. 125/7

– Überlege dir, welche Informationen für deine/n Gesprächspartner/in von Bedeutung sind.
– Schaue dir das Ausgangsmaterial an, lies den Text durch bzw. höre ihn an. Es können auch unbekannte Wörter vorkommen. Mache dir mit Hilfe der W-Fragen (s. S. 164) klar, worauf es ankommt.
– Du kannst dir die wichtigsten Aussagen stichpunktartig notieren.
– Gib diese Informationen sinngemäß wieder.
– Überlege dir, ob deine Äußerungen für deine/n Gesprächspartner/in verständlich sind bzw. ob eventuell eine kurze Erklärung hilfreich sein könnte.

2 Dolmetschen ▶ S. 132/2, S. 141/5

– Mache dir klar, was die Person, für die du dolmetschst, sagen möchte.
– Übertrage dies sinngemäß ins Spanische bzw. ins Deutsche.
– Umschreibe Wörter, die du nicht kennst, mit einfachen Wörtern (s. S. 160).
– Wenn dir Wörter nicht einfallen, nenne Beispiele.

ciento setenta y uno **171**

PEQUEÑO DICCIONARIO DE CULTURA Y CIVILIZACIÓN

SPANIEN

Geographisches / Orte, Plätze, Museen

Baqueira (auf ca. 1500–2510 m Höhe)
Größtes Skigebiet Spaniens, in den Pyrenäen (→ los Pirineos) in der katalanischen Provinz Lleida (sp. Lérida) gelegen. Außerdem ist die Gegend für ihre typischen Natursteinhäuser und sehr alten romanischen Kirchen bekannt. ▶ U4/C

Barcelona (ca. 1,6 Mio. Einwohner)
Hauptstadt der Autonomen Gemeinschaft Katalonien (→ Cataluña) und zweitgrößte Stadt Spaniens, am Mittelmeer gelegen. Amtssprachen sind Spanisch und Katalanisch (→ el catalán). Neben den Museen Joan Miró und Picasso sind auch die Bauwerke → Antoni Gaudís weltberühmt. ▶ ¡Hola!

Cadaqués (ca. 2600 Einwohner)
Abgelegenes Fischerdorf an der Mittelmeerküste Kataloniens (→ Cataluña), auf der Halbinsel Cabo de Creus gelegen. Bekannt v. a. als Anziehungspunkt vieler Künstler in den 1930er Jahren, wie z. B. Pablo Picasso und Salvador Dalí. ▶ U7/B

(las Islas) Canarias (dt. Kanarische Inseln, ca. 2,1 Mio. Einwohner)
Inselgruppe vulkanischen Ursprungs im Atlantik und eine der 17 Autonomen Gemeinschaften Spaniens. Zu den Hauptinseln gehören Teneriffa, Fuerteventura, Gran Canaria, Lanzarote, El Hierro und La Palma. Durch das ganzjährig milde Klima sind sie bei Touristen sehr beliebt. ▶ U3/Ac

Cataluña (dt. Katalonien, ca. 7,5 Mio. Einwohner)
Autonome Gemeinschaft im Nordosten Spaniens. Hauptstadt: → Barcelona. Amtssprachen sind u. a. Spanisch und Katalanisch (→ el catalán). Katalonien ist das bedeutendste Industriegebiet und eine der dichtbesiedeltsten und wohlhabendsten Regionen Spaniens. ▶ U7/B

Formentera (ca. 9500 Einwohner)
Zweitkleinste bewohnte Insel der Balearen im Mittelmeer, die nur mit dem Schiff von Ibiza oder → Barcelona erreicht werden kann. Die Überfahrt nach Ibiza-Stadt dauert ca. 30 Minuten. ▶ U7/B

Galicia (dt. Galicien, ca. 2,8 Mio. Einwohner)
Autonome Gemeinschaft im Nordwesten Spaniens, die im Süden an Portugal grenzt. Hauptstadt: Santiago de Compostela, Amtssprachen: Spanisch und Galicisch. Bekannt geworden ist die Region v. a. durch den Jakobsweg, einen historisch bedeutenden Pilgerweg, den jährlich Tausende von Menschen aller Nationalitäten – unter ihnen auch viele Jugendliche – bewandern. ▶ U7/B

la Alberca (ca. 1200 Einwohner)
Kleine Gemeinde in der Provinz Salamanca im Herzen des Naturschutzgebietes Las Batuecas – Sierra de Francia. Berühmt für ihre traditionellen religiösen Feste, die häufig mit Umzügen in lokalen Trachten gefeiert werden. ▶ U7/A

Madrid (ca. 3,2 Mio. Einwohner)
Seit 1561 Hauptstadt Spaniens mit Regierungs- und Königssitz. Eine der größten Metropolen Europas, in der kastilischen Hochebene in Zentralspanien gelegen. Bekannt v. a. für ihre kulturellen Attraktionen (z. B. *Museo del Prado*) und den Fußballverein *Real Madrid*. Gleichzeitig ist Madrid der Name der Autonomen Gemeinschaft, die mit ca. 6,4 Mio. Einwohnern den Ballungsraum der Hauptstadt umfasst. ▶ U2/A

los Pirineos (dt. die Pyrenäen)
Etwa 440 km lange Gebirgskette zwischen der Iberischen Halbinsel und Frankreich, in der auch der Zwergstaat Andorra liegt. Höchster Berg ist der *Pico de Aneto* (3400 m). Die Pyrenäen sind ein beliebtes Urlaubsziel von Spaniern und Franzosen. ▶ U4/C

Salamanca (ca. 156 000 Einwohner)
Hauptstadt der Provinz Salamanca in der Autonomen Gemeinschaft Kastilien-León und beliebte Universitätsstadt, am Fluss → Tormes gelegen. ▶ ¡Hola!

Sevilla (ca. 703 000 Einwohner)
Hauptstadt der Autonomen Gemeinschaft Andalusien und viertgrößte Stadt Spaniens, am Fluss Guadalquivir gelegen. Sevilla gilt als die Wiege des → *flamenco* und ist u. a. für die aufwändigen Umzüge zur *Semana Santa* (dt. Karwoche) und zur *Feria de Abril* (dt. Aprilfest) berühmt. ▶ U7/B

la Sierra de Francia
Naturschutzgebiet und beliebte Urlaubsregion südlich von → Salamanca in der gleichnamigen Provinz. Dort liegt auch der Ort → La Alberca. In der gebirgigen Gegend kann man u.a. wandern und Mountainbike oder Kanu fahren. ▶ U7/B

el (Río) Tormes (ca. 247 km lang)
Fluss, der in den Duero mündet. Er teilt → Salamanca in das rechte und linke Flussufer, welche u.a. durch den → *Puente Romano* (dt. römische Brücke) miteinander verbunden werden. ▶ U1/Ac

Personen

Cristóbal Colón (dt. Christoph Kolumbus, 1451–1506)
Seefahrer unter der spanischen Krone. Entdeckte 1492 Amerika auf der Suche nach einem neuen Seeweg nach Indien. Er nahm mehrere karibische Inseln für Spanien in Besitz und legte so den Grundstein für das spanische Kolonialreich. ▶ U6/Ac

Antoni Gaudí (1852–1926)
Katalanischer Architekt, dessen Bauwerke (z.B. → *Sagrada Familia*, → *Parque Güell*) in Barcelona weltberühmt sind. Typische Gestaltungselemente seiner Bauwerke sind u.a. naturnahe Formen mit Blumen- und Tiermotiven sowie die Verwendung von Bruchsteinen und bunten Keramikfliesen. Nach seinem Tod wurde er in der Krypta der bis heute noch unvollendeten → *Sagrada Familia* beigesetzt. ▶ Supl./A

Alejandro Sanz (geb. 1968)
Spanischer Popmusiker, der mit internationalen Preisen wie dem Grammy ausgezeichnet wurde. ▶ U6/Ac

Sonstiges

el catalán (dt. Katalanisch)
Romanische Sprache, die wie Spanisch oder Französisch aus dem Latein entstanden ist. Wird von ca. 11 Mio. Menschen u.a. in Katalonien (→ Cataluña), Valencia, Andorra und auf den Balearen gesprochen. In → Barcelona wird seit 1997 auch offiziell in allen öffentlichen Einrichtungen, also auch in Schulen, Katalanisch gesprochen. ▶ ¡Hola!

Chambao
2001 gegründete Flamenco-Band aus Málaga (Andalusien), die in ihrer Musik Flamenco-Klänge (→ *el flamenco*) mit Elektrorhythmen verbindet. Mit ihrer Frontsängerin La Mari hat die Band international bereits mehr als 1 Mio. Platten verkauft. ▶ U2/Ac

la ESO
Abkürzung für *Educación Secundaria Obligatoria*. Grundstufe der Oberschule in Spanien. Diese Phase dauert 4 Jahre und bereitet die 12- bis 16jährigen Schülerinnen und Schüler auf eine Berufsausbildung oder auf den *bachillerato* (dt. Abitur) vor. ▶ U1/B

el flamenco
Andalusischer Musik- und Tanzstil, im 18. Jahrhundert von *gitanos* (dt. Sinti und Roma) begründet, zeigt auch arabische Einflüsse. Der traditionelle Tanz zu Gitarre und Kastagnetten ist in seinen modernen Varianten, z.B. mit elektronischen Rhythmen, auch bei Jugendlichen beliebt. ▶ U2/Ac

el granizado
In Spanien und vielen Ländern Lateinamerikas verbreitetes Erfrischungsgetränk aus zerstoßenem Eis mit Fruchtsaft bzw. Sirup. ▶ Supl./A

el pan con tomate
Katalanische Spezialität: getoastete Brotscheibe, die mit Knoblauch, einer reifen Tomate und Olivenöl bestrichen und mit Salz bestreut wird. Wird in ganz Spanien gern als Beilage gegessen. ▶ Supl./A

el pincho
Ursprünglich baskisches Appetithäppchen, für das eine kleine Portion Schinken, Käse etc. mit einem Spießchen (sp. *el pincho*) auf einer Brotscheibe fixiert wird. *Pinchos* werden oft an der Bar verzehrt. Bezahlt wird am Ende entsprechend der Anzahl der Spießchen, die man gesammelt hat. ▶ Supl./A

la tortilla
Die in ganz Spanien beliebte *tortilla española* ist ein Omelette aus Ei, Kartoffeln und Zwiebeln, das auch als → *pincho* gereicht oder mit Gemüse, Fisch oder Wurst variiert wird. ▶ U5/B

el vasco (offiziell *el Euskera* / dt. Baskisch)
Sprache in Spanien, die sich anders als Spanisch und Katalanisch (→ el catalán) nicht aus dem Latein entwickelt hat. Baskisch wird im Baskenland, der spanisch-französischen Grenzregion an der Atlantikküste, von ca. 700 000 Menschen gesprochen. Im restlichen Spanien leben ca. 500 000 Sprecher. Geographische Namen werden im Baskenland immer auf Spanisch und auf Baskisch angegeben. ▶ ¡Hola!

Sehenswürdigkeiten von Salamanca

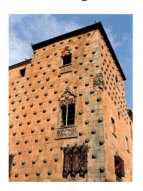

la Casa de las Conchas
Gotischer Stadtpalast aus dem 15. Jahrhundert. Die Fassade wird von mehr als 300 Jakobsmuscheln geschmückt, weswegen der Palast *Casa de las Conchas* (dt. Haus der Muscheln) genannt wird. ▶ U7/Ac

el Helmántico
1970 erbautes Fußballstadion in Villares de la Reina, einem Vorort von → Salamanca. ▶ U1/Ac

el Huerto de Calixto y Melibea
Botanische Gartenanlage bei den Kathedralen, als Treffpunkt für Verliebte bekannt. ▶ U1/Ac

la Plaza Mayor
Zentraler Platz in vielen Städten Spaniens und Lateinamerikas, an dem sich gewöhnlich das Rathaus befindet. In → Salamanca diente der Platz früher als Marktplatz, für Stierkämpfe und alle denkbaren Spektakel. Heute ist er Mittelpunkt des städtischen und studentischen Lebens und gilt als der schönste Platz Spaniens. ▶ U1/Ac

el Puente Romano
Im 1. Jahrhundert n. Chr. von den Römern erbaute Brücke über den Fluss → Tormes. War als römischer Handelsweg durch Spanien von zentraler Bedeutung. ▶ U1/Ac

la rana
Fassadendetail des Hauptportals der Universität: ein Frosch (sp. *la rana*) bzw. eigentlich eine Kröte auf einem Totenschädel. Die Kröte, Symbol eines ausschweifenden Lebens, soll die Studierenden ermahnen, sich gewissenhaft auf das Studium zu konzentrieren. Wenn man die Kröte auf der Fassade findet, kehrt man der Legende nach irgendwann nach → Salamanca zurück. ▶ U3/B

Sehenswürdigkeiten von Barcelona

la Barceloneta
Fischerviertel im Südosten von → Barcelona. Wegen der langen Hafen- und Standpromenade beliebter Anziehungspunkt für Spaziergänger, Freizeitsportler, Touristen und Straßenverkäufer. ▶ Supl./B

el Barrio Gótico
Stadtviertel im Zentrum von → Barcelona mit der mittelalterlichen Kathedrale, dem Königspalast und dem Rathaus. In den vielen verwinkelten Gassen befinden sich zahlreiche Museen und Geschäfte. Dort sind auch viele Straßenmusiker und Akrobaten anzutreffen. ▶ U7/A

el Carrer dels Tallers (katalanisch)
Im Künstlerviertel El Raval gelegene Einkaufsstraße mit zahlreichen kleinen Läden, in denen man CDs und (Second-Hand-)Kleidung kaufen kann. ▶ Supl./B

el Parc de la Ciutadella (katalanisch)
Anlässlich der Weltausstellung von 1888 angelegter Park in Zentrumsnähe. Neben dem olympischen Dorf auf dem Gelände der ehemaligen Stadtfestung (sp. *la ciudadela*) gelegen. Im Park befinden sich auch der Zoo und ein kleiner Teich. ▶ Supl./B

el Parque Güell
Der ab 1900 von → Antoni Gaudí angelegte Park gehört zu den bekanntesten Sehenswürdigkeiten Barcelonas. Gaudí passte seine Pläne dem hügeligen Gelände an und integrierte zahlreiche phantasievolle Gebäude und Figuren in die Natur. ▶ Supl./A

la Plaça dels Àngels (katalanisch)
An diesem zentralen Platz im Viertel El Raval liegen das Museo de Arte Contemporáneo (MACBA) und das Centro de Cultura Contemporánea (CCCB), zwei zeitgenössische Museen Barcelonas. Auf den Stufen vor dem Museum sitzen häufig Jugendliche und Touristen aus aller Welt und sehen dem Treiben auf dem Platz zu. ▶ Supl./B

el Port Olímpic (katalanisch)
Für die olympischen Segelmeisterschaften 1992 erbauter Sporthafen. Heute beliebter Anziehungspunkt für Spaziergänger. Der glänzende Stahlfisch zwischen den Zwillingshochhäusern am Strand ist zum Wahrzeichen Barcelonas geworden. ▶ Supl./B

la Rambla (ca. 1,3 km lang)
Bekannteste Promenade im Zentrum, die die *Plaza de Cataluña* und den Hafen verbindet und an die Viertel → *Barrio Gótico* und *El Raval* grenzt. Auf der Rambla finden sich neben Cafés und Geschäften viele Blumenhändler, Vogelverkäufer und Straßenkünstler. ▶ Supl./A

la Sagrada Familia
Große, bis heute nicht vollendete Basilika und ein Wahrzeichen der Stadt. Der Bau begann 1882 nach dem Entwurf des Architekten → Antoni Gaudí. In vollendetem Zustand soll die Kirche einmal 18 Türme besitzen, von denen einer der höchste Kirchturm der Welt wäre. ▶ U7/A

LATEINAMERIKA

Orte

Bogotá (ca. 6,8 Mio. Einwohner)
Hauptstadt Kolumbiens, auf etwa 2600 m Höhe gelegen. Vollständiger Name: Santa Fé de Bogotá. Der Name geht auf das indianische Wort *bacatá* (dt. Raum für die gemeinschaftliche Arbeit) zurück. Bogotá ist eine der am schnellsten wachsenden Städte Südamerikas. ▶ U1/C

Cartagena de Indias (ca. 952 036 Einwohner)
Hafenstadt in Kolumbien, an der Karibikküste im Norden des Landes gelegen. Sie gilt als eine der ersten spanischen Stadtgründungen im Norden Südamerikas und erlebte ein schnelles Wachstum als wichtiger Hafen für die Schifffahrt Südamerikas. ▶ U6/B

Colombia (dt. Kolumbien, ca. 46,3 Mio. Einwohner)
Staat im Norden Südamerikas, am Pazifik und Karibischen Meer gelegen. Hauptstadt: Bogotá, Amtssprache: Spanisch. Der Name des Landes ist von Christoph Kolumbus (sp. → Cristóbal Colón) abgeleitet. Kolumbien ist viertgrößter Kaffeeproduzent der Welt. International bekannte Musikgrößen sind z. B. die Sänger → Shakira und → Juanes. Bekannt ist das Land auch für seinen Fußball und Radsport. ▶ U1/A

la Cordillera de los Andes (dt. Andenkordillere, ca. 7240 km lang)
Gebirgskette im Westen Südamerikas, die sich von Venezuela und Kolumbien (→ Colombia) im Norden durch Ecuador, Peru und Bolivien bis nach Chile und Argentinien im Süden zieht. Der höchste Gipfel ist mit ca. 6960 m Höhe der *Cerro Aconcagua* in Argentinien. ▶ U6/Ac

Cuzco (dt. Cusco, ca. 320 000 Einwohner)
Hauptstadt der Provinz Cusco in Peru und ehemalige Hauptstadt des Inkareiches. Cusco wurde 1200 n. Chr. in 3414 m Höhe gegründet und dient heute vielen Touristen als Ausgangspunkt auf ihrem Weg zur Inkastadt Machu Picchu. ▶ ¡Hola!

Medellín (ca. 2,2 Mio. Einwohner)
Zweitgrößte Stadt Kolumbiens (→ Colombia), auf 1480 m Höhe gelegen. Wird auch als die „Hauptstadt der Berge" bezeichnet. Medellín ist berühmt für seine Feste, z. B. die *Feria de Flores* (dt. Blumenfest), das *Festival de la Poesía* (dt. Poesie-Festival) und die *Fiesta de Luz* (dt. Lichterfest), bei der an Weihnachten der Fluss Medellín in hellem Licht erstrahlt. ▶ U6/B

el Parque (Simón) Bolívar (Bogotá)
Einer der größten städtischen Parks der Welt im Zentrum von → Bogotá. Er besteht aus vielen kleineren Anlagen wie Sportplätzen, Vergnügungsparks, einem Aquapark, einer Bibliothek und einem botanischen Garten. An Sonn- und Feiertagen werden hier u. a. Stationen der → *ciclovía* aufgebaut. ▶ U6/A

el (Río) Magdalena (ca. 1538 km lang)
Fluss im Westen Kolumbiens. In seinem Einzugsgebiet leben ca. 80 % der kolumbianischen Bevölkerung. ▶ U6/Ac

el Pico Simón Bolívar (ca. 5775 m hoch)
Zusammen mit dem *Pico Cristóbal Colón* höchster Berg Kolumbiens (→ Colombia), nur 46 km vom Karibischen Meer entfernt. Sein Gipfel ist ganzjährig mit Schnee bedeckt. Der Berg erhielt seinen Namen zu Ehren des Freiheitskämpfers Simón Bolívar. ▶ U6/Ac

San Diego (ca. 1,3 Mio. Einwohner)
Zweitgrößte Stadt im US-Bundesstaat Kalifornien, nahe der mexikanischen Grenze. Über ein Viertel der Bevölkerung sind so genannte *hispanos*, d. h. sie kommen aus einem spanischsprachigen Land, über 80 % davon aus Mexiko. 21 % der Einwohner San Diegos sprechen Spanisch. ▶ ¡Hola!

Personen

Juanes (geb. 1972)
Kolumbianischer Popsänger, geboren in → Medellín. Wurde 2005 mit dem Hit „La camisa negra" im deutschsprachigen Raum bekannt. Er engagiert sich für Kinder in Kolumbien und setzt sich mit seinen *Conciertos por la paz* (dt. Konzerte für den Frieden) für die Völkerverständigung in Amerika ein. ▶ U6/Ac

Shakira (geb. 1977)
Kolumbianische Pop- und Rocksängerin. Nach ersten Erfolgen mit spanischsprachigen Alben gelang ihr 2001 der internationale Durchbruch mit englischsprachiger Musik. Neben ihrer Musikkarriere engagiert sich Shakira für Straßenkinder in Kolumbien (→ Colombia). ▶ U6/Ac

Sonstiges

la arepa (de queso)
Aus Maismehl bestehender runder Teigfladen, der in vielen Ländern Lateinamerikas gegrillt oder gebraten als Hauptgericht oder Beilage gegessen wird. Der Fladen wird gern zum Frühstück gegessen, z. B. mit Käse gefüllt. ▶ U3/C

el quechua
Sprache der Ureinwohner im Andenraum Südamerikas. Quechua wird in Chile, Kolumbien (→ Colombia), Brasilien, Argentinien, Bolivien, Peru und Ecuador gesprochen, wobei es in den drei letztgenannten Ländern den Status einer Amtssprache hat. Mit über 7 Mio. Sprechern ist Quechua die meistgesprochene indigene Sprache Südamerikas. ▶ ¡Hola!

BETONUNG, ZEICHEN, ZAHLEN

EL ALFABETO   Das Alphabet

a	[a]	f	[efe]	k	[ka]	o	[o]	t	[te]	y	[je]
b	[βe]	g	[xe]	l	[ele]	p	[pe]	u	[u]	z	[θeta]
c	[θe]	h	[atʃe]	m	[eme]	q	[ku]	v	[uβe]		
d	[de]	i	[i]	n	[ene]	r	[ere]	w	[doβle uβe]		
e	[e]	j	[xota]	ñ	[eɲe]	s	[ese]	x	[ekis]		

LOS SIGNOS DE PUNTUACIÓN   Die Satzzeichen

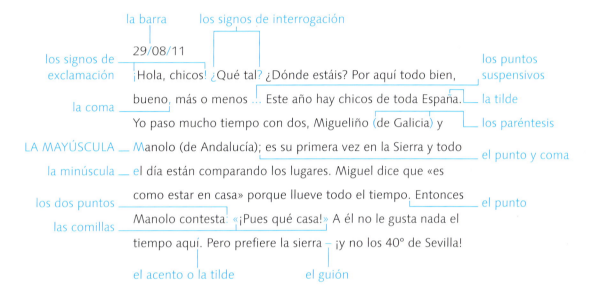

LA PRONUNCIACIÓN   Die Aussprache

Las consonantes | Die Konsonanten

[β]	nuevo, deberes		[l]	libro, hola
[b]	vecino, vasco, Barcelona, también		[m]	monumento, también
[θ]	centro, ciudad, zapato, feliz		[n]	no, son
[tʃ]	chico		[ŋ]	inglés, lengua, encuentro
[d]	deporte		[ɲ]	español, mañana
[ð]	estudiar		[p]	padre, página
[f]	foto		[ɾ]	pero, centro
[x]	gente, hijo		[r]	río, gorra, guitarra
[g]	gorra, inglés, alegre		[s]	salmantino, clase
[ɣ]	regalo, amiga		[t]	fatal, tú
[ʎ]	llamar, allí, apellido (oft wie [j])		[ks]	examen
[k]	calle, querer, kilómetro		[j]	yoga
			[w]	windsurf

ciento setenta y siete **177**

Las vocales | Die Vokale

[a] aquí
[e] edad
[i] instituto, muy
[o] hola, ¿cómo?
[u] universidad, estudiante

Der Vokal u wird in folgenden Fällen nicht ausgesprochen:
– *nach q, z. B. ¿qué?, ¿quién?*
– *zwischen g und e bzw. i, z. B. guitarra, Miguel.*
In Ausnahmefällen wird das u ausgesprochen. Dann steht ein ü anstelle von u.

Los diptongos | Die Diphthonge

[ai] hay, bailar
[au] aula, Laura
[ei] seis, veinte, voleibol
[eu] euro
[oi] voy, hoy
[j] bien, siempre, ciudad, estudiante
[w] lengua, bueno, cuidado

Reglas de acento | Betonungsregeln

1. Wörter, die auf n, s oder Vokal enden, werden auf der vorletzten Silbe betont.

   chi | co   tu | ris | ta
   pla | za   ve | ci | no
   bue | no   mo | nu | men | to
   len | gua

2. Wörter, die auf Konsonant (außer n, s) enden, werden auf der letzten Silbe betont.

   ver | dad   re | gu | lar
   ge | nial   ca | te | dral
   ha | blar   u | ni | ver | si | dad

3. Wörter, deren Betonung von dieser Regel abweicht, haben einen Akzent auf der betonten Silbe.

   también   fútbol
   vivís   página
   allí   ¡levántate!

LOS NÚMEROS — Die Zahlen

Los números cardinales | Die Kardinalzahlen

0 cero	18 dieciocho	101	ciento uno/-a, un
1 uno, una, un	19 diecinueve	135	ciento treinta y cinco
2 dos	20 veinte	200	doscientos/-as
3 tres	21 veintiuno/-a, -ún	300	trescientos/-as
4 cuatro	22 veintidós	400	cuatrocientos/-as
5 cinco	23 veintitrés	500	quinientos/-as
6 seis	26 veintiséis	600	seiscientos/-as
7 siete	30 treinta	700	setecientos/-as
8 ocho	31 treinta y uno/-a, y un	800	ochocientos/-as
9 nueve	32 treinta y dos	900	novecientos/-as
10 diez	33 treinta y tres	1 000	mil
11 once	40 cuarenta	2 000	dos mil
12 doce	50 cincuenta	10 000	diez mil
13 trece	60 sesenta	100 000	cien mil
14 catorce	70 setenta	200 000	doscientos/-as mil
15 quince	80 ochenta	500 000	quinientos/-as mil
16 dieciséis	90 noventa	1 000 000	un millón
17 diecisiete	100 cien, ciento	2 000 000	dos millones

Los números ordinales | Die Ordnungszahlen

1º	el primero	1ª	la primera	⚠	el **primer** piso
2º	el segundo	2ª	la segunda		
3º	el tercero	3ª	la tercera	⚠	el **tercer** piso
4º	el cuarto	4ª	la cuarta		
5º	el quinto	5ª	la quinta		
6º	el sexto	6ª	la sexta		
7º	el séptimo	7ª	la séptima		
8º	el octavo	8ª	la octava		
9º	el noveno	9ª	la novena		
10º	el décimo	10ª	la décima		

LOS DÍAS DE LA SEMANA   Die Wochentage

lunes   viernes
martes   sábado
miércoles   domingo
jueves   el fin de semana

LOS MESES DEL AÑO   Die Monate des Jahres

enero   abril   julio   octubre
febrero   mayo   agosto   noviembre
marzo   junio   septiembre   diciembre

EL ESPAÑOL EN LA CLASE

Hilfe erbitten/anbieten:

¿Puedes ayudarme?	Kannst du mir helfen?
¿Puedo ayudarte?	Kann ich dir helfen?
Tengo problemas con ___. ¿Me ayudas?	Ich habe Probleme mit ___. Hilfst du mir?
¿Tienes un boli/lápiz?	Hast du einen Kuli/Bleistift?

Um Wiederholung bitten:

¿Podría repetirlo, por favor?	Könnten Sie das bitte wiederholen?
¿Podría explicarlo otra vez?	Könnten Sie das noch einmal erklären?
(Yo) No lo entiendo.	Ich verstehe das nicht.
¿Podría hablar más despacio, por favor?	Könnten Sie bitte langsamer sprechen?

Um Erklärungen oder Hinweise bitten:

¿Podría explicar ___?	Könnten Sie ___ erklären?
Tengo una pregunta.	Ich habe eine Frage.
¿Cómo?	Wie bitte?
¿Qué es eso?	Was ist das?
(Yo) No he entendido el ejercicio.	Ich habe die Aufgabe nicht verstanden.
No entiendo la palabra/frase ___.	Ich verstehe das Wort/den Satz ___ nicht.
¿Qué significa ___ en alemán?	Was bedeutet ___ auf Deutsch?

ciento setenta y nueve

¿Cómo se dice ___ en español?	Was heißt ___ auf Spanisch?
¿Se puede decir también ___?	Kann man auch ___ sagen?
¿Cómo se escribe ___?	Wie schreibt man ___?
¿Se escribe ___ con/sin «s»?	Schreibt man ___ mit/ohne „s"?
¿Cómo se pronuncia ___?	Wie spricht man ___ aus?
¿Podría poner un ejemplo, por favor?	Könnten Sie bitte ein Beispiel nennen?
¿En qué página está?	Auf welcher Seite steht das?
¿Es correcto/incorrecto?	Ist das richtig/falsch?
¿Cuánto tiempo tenemos?	Wie viel Zeit haben wir?

Vorschläge erbitten/machen:

¿Qué hacemos ahora?	Was machen wir jetzt?
¿Sigo?	Soll ich weitermachen?
Empezamos desde el principio.	Wir fangen von vorne an.
Ahora te toca a ti. Después le toca a él/ella.	Jetzt bist du dran. Danach ist er/sie dran.

Sich entschuldigen:

Lo siento, no lo he hecho a propósito.	Tut mir leid, das habe ich nicht mit Absicht getan.
Lo siento, (no) es culpa mía.	Tut mir leid, das ist (nicht) meine Schuld.
Disculpa./Perdona.	Entschuldige.

INDICACIONES PARA LOS EJERCICIOS

Apunta las palabras / las respuestas.	Notiere die Wörter / die Antworten.
Busca ejemplos / en el texto las partes que van juntas.	Suche Beispiele / im Text die Teile, die zusammengehören.
Compara ___.	Vergleiche ___.
Completa la red de palabras / la tabla.	Vervollständige das Wortnetz / die Tabelle.
Contesta las preguntas.	Beantworte die Fragen.
Copia la tabla en tu cuaderno.	Übertrage die Tabelle in dein Heft.
Corrige las frases falsas / los errores.	Korrigiere die falschen Sätze / die Fehler.
Da ejemplos.	Nenne Beispiele.
Describe el dibujo / a un personaje del texto.	Beschreibe die Zeichnung / eine Figur aus dem Text.
Discutid en grupos de cuatro.	Diskutiert in Vierergruppen.
Elige una situación / el resumen correcto.	Wähle eine Situation / die richtige Zusammenfassung aus.
Encuentra los intrusos / los lugares.	Finde die falschen Wörter / die Orte.
Escribe el final / tu poema.	Schreibe das Ende / dein Gedicht.
Escucha otra vez / y repite.	Höre es dir noch einmal an / und wiederhole.
Explica a un/a compañero/-a ___.	Erkläre einem/-r Mitschüler/in ___.
Formad grupos de tres/cuatro/cinco.	Bildet Dreier-/Vierer-/Fünfer-Gruppen.
Haced preguntas / diálogos / el juego de rol.	Bereitet Fragen / Dialoge / das Rollenspiel vor.
Haz un asociograma / mapa mental / una red de palabras / un folleto / una encuesta.	Erstelle ein Assoziogramm / ein Mindmap / ein Wortnetz / eine Broschüre / eine Umfrage.
Inventa adivinanzas / una pequeña historia.	Erfinde Rätsel / eine kurze Geschichte.
Jugad con un dado.	Spielt mit einem Würfel.

Lee el texto / el cómic / el programa.		Lies den Text / den Comic / das Programm.
Mira el plano / la escena en el DVD.		Sieh dir den Plan / die Szene auf der DVD an.
Ordena las frases.		Bringe die Sätze in die richtige Reihenfolge.
Pon los dibujos en el orden cronológico correcto.		Bringe die Zeichnungen in die richtige Reihenfolge.
Practica las formas de ___ .		Übe die Formen von ___ .
Prepara una ficha / preguntas sobre ___ .		Bereite einen Steckbrief / Fragen über ___ vor.
Presenta a los chicos / los resultados a tu grupo.		Stelle die Jugendlichen / die Ergebnisse deiner Gruppe vor.
Relaciona los dibujos con ___ .		Verbinde die Zeichnungen mit ___ .
Presentad la escena.		Spielt die Szene vor.
Subraya ___ .		Unterstreiche ___ .
Toma apuntes.		Mache dir Notizen.
Trabajad en parejas / en grupos.		Arbeitet zu zweit / in Gruppen.
Usa ___ .		Verwende ___ .

LOS VERBOS

VERBOS AUXILIARES   Hilfsverben

	ser	estar	haber	¡OJO!
infinitivo				
presente	soy	estoy	he	
	eres	estás	has	
	es	está	ha	hay
	somos	estamos	hemos	
	sois	estáis	habéis	
	son	están	han	
imperativo	sé	está		
	sed	estad		
gerundio	siendo	estando	habiendo	
participio	sido	estado	habido	
pretérito indefinido	fui	estuve	hube	
	fuiste	estuviste	hubiste	
	fue	estuvo	hubo	hubo
	fuimos	estuvimos	hubimos	
	fuisteis	estuvisteis	hubisteis	
	fueron	estuvieron	hubieron	

LOS VERBOS REGULARES EN -AR/-ER/-IR   Regelmäßige Verben auf *-ar/-er/-ir*

infinitivo	**charlar**	**comprender**	**compartir**	**¡OJO!**
presente	charl**o** charl**as** charl**a** charl**amos** charl**áis** charl**an**	comprend**o** comprend**es** comprend**e** comprend**emos** comprend**éis** comprend**en**	compart**o** compart**es** compart**e** compart**imos** compart**ís** compart**en**	coger: co**j**o, co**g**es, ___ salir: sal**g**o, sales, ___ caerse: me ca**ig**o, te caes, ___
imperativo	charl**a** charl**ad**	comprend**e** comprend**ed**	compart**e** compart**id**	salir: sal
gerundio	charl**ando**	comprend**iendo**	compart**iendo**	leer: le**y**endo, creer: cre**y**endo
participio	charl**ado**	comprend**ido**	compart**ido**	abrir: **abierto** escribir: **escrito** descubrir: **descubierto**
pretérito indefinido	charl**é** charl**aste** charl**ó** charl**amos** charl**asteis** charl**aron**	comprend**í** comprend**iste** comprend**ió** comprend**imos** comprend**isteis** comprend**ieron**	compart**í** compart**iste** compart**ió** compart**imos** compart**isteis** compart**ieron**	-car: bus**qu**é, buscaste, ___ -gar: lle**gu**é, llegaste, ___ -zar: organi**c**é, organizaste, ___ leer: le**y**ó, le**y**eron creer: cre**y**ó, cre**y**eron

GRUPOS DE VERBOS   Verbgruppen

1. Verbos con diptongación: *e → ie*

infinitivo	**pensar**	**entender**	**preferir**	**¡OJO!**
presente	p**ie**nso p**ie**nsas p**ie**nsa pensamos pensáis p**ie**nsan	ent**ie**ndo ent**ie**ndes ent**ie**nde entendemos entendéis ent**ie**nden	pref**ie**ro pref**ie**res pref**ie**re preferimos preferís pref**ie**ren	tener: **tengo**, tienes, ___
imperativo	p**ie**nsa pensad	ent**ie**nde entended	pref**ie**re preferid	tener: **ten**, tened
gerundio	pensando	entendiendo	prefiriendo	
participio	pensado	entendido	preferido	
pretérito indefinido	pensé pensaste pensó pensamos pensasteis pensaron	entendí entendiste entendió entendimos entendisteis entendieron	preferí preferiste prefirió preferimos preferisteis prefirieron	empezar: empe**c**é, empezaste, ___ querer: **quise**, **quis**iste, ___ tener: **tuve**, **tuv**iste, ___
	ebenso: cerrar, empezar, despertarse	*ebenso:* querer, tener, perder(se)		

2. Verbos con diptongación: o → ue

infinitivo	contar	volver	¡OJO!
presente	cuento cuentas cuenta contamos contáis cuentan	vuelvo vuelves vuelve volvemos volvéis vuelven	jugar: juego, juegas, ___
imperativo	cuenta contad	vuelve volved	
gerundio	contando	volviendo	morirse: muriendo poder: pudiendo
participio	contado	**vuelto**	morirse: **muerto**
pretérito indefinido	conté	volví	jugar: ju**gu**é, jugaste, ___ poder: **pude**, **pud**iste, ___ dormir: d**u**rmió, d**u**rmieron
	ebenso: acordarse, costar, jugar, encontrar(se), soñar, acostarse	ebenso: poder, dormir, morirse, doler, llover	

3. Verbos con debilitación vocálica: e → i

infinitivo	pedir	seguir
presente	pido pides pide pedimos pedís piden	sigo sigues sigue seguimos seguís siguen
imperativo	pide pedid	sigue seguid
gerundio	pidiendo	siguiendo
participio	pedido	seguido
pretérito indefinido	pedí pediste pidió pedimos pedisteis pidieron	seguí seguiste siguió seguimos seguisteis siguieron
	ebenso: repetir	

4. Verbos del tipo conocer: c → zc

infinitivo	conocer
presente	cono**zc**o conoces conoce conocemos conocéis conocen
imperativo	conoce conoced
gerundio	conociendo
participio	conocido
pretérito indefinido	conocí conociste conoció conocimos conocisteis conocieron
	ebenso: nacer

VERBOS IRREGULARES — Unregelmäßige Verben

infinitivo	dar	decir	hacer	ir	poner
presente	doy das da damos dais dan	digo dices dice decimos decís dicen	hago haces hace hacemos hacéis hacen	voy vas va vamos vais van	pongo pones pone ponemos ponéis ponen
imperativo	da dad	di decid	haz haced	ve id	pon poned
gerundio	dando	diciendo	haciendo	yendo	poniendo
participio	dado	dicho	hecho	ido	puesto
pretérito indefinido	di diste dio dimos disteis dieron	dije dijiste dijo dijimos dijisteis dijeron	hice hiciste ⚠ hizo hicimos hicisteis hicieron	fui fuiste fue fuimos fuisteis fueron	puse pusiste puso pusimos pusisteis pusieron
				ebenso: irse	ebenso: ponerse

infinitivo	querer	saber	tener	venir	ver
presente	quiero quieres quiere queremos queréis quieren	sé sabes sabe sabemos sabéis saben	tengo tienes tiene tenemos tenéis tienen	vengo vienes viene venimos venís vienen	veo ves ve vemos veis ven
imperativo	quiere quered	sabe sabed	ten tened	ven venid	ve ved
gerundio	queriendo	sabiendo	teniendo	viniendo	viendo
participio	querido	sabido	tenido	venido	visto
pretérito indefinido	quise quisiste quiso quisimos quisisteis quisieron	supe supiste supo supimos supisteis supieron	tuve tuviste tuvo tuvimos tuvisteis tuvieron	vine viniste vino vinimos vinisteis vinieron	vi viste vio vimos visteis vieron

LISTA CRONOLÓGICA

Symbole und Abkürzungen

~	bezeichnet die Lücke, in die du das neue Wort einsetzt.
¹	bezeichnet ein Wort, das du angleichen musst. Die richtige Form steht am Ende des Teilkapitels.
abc	Bei Verben in blauer Schrift musst du auf unregelmäßige Formen achten.
▶	bezeichnet spanische Wörter derselben Wortfamilie.
=	bezeichnet Wörter und Wendungen mit gleicher Bedeutung.
≠	bezeichnet Wörter und Wendungen mit gegensätzlicher Bedeutung.
◆	bezeichnet Wörter, die zu ähnlichen Kontexten gehören (Sachgruppen).
E	Englisch
F	Französisch
L	Latein
⚠	bezeichnet eine sprachliche Besonderheit.

Grundschrift	obligatorischer Wortschatz	*inv.*	invariable (invariabel)
kursiv	fakultativer Wortschatz	*jd*	jemand
adj.	adjetivo (Adjektiv, Adj.)	*jdm*	jemandem
adv.	adverbio (Adverb)	*jdn*	jemanden
cat.	catalán (Katalanisch)	*lat. am.*	latinoamericano (lateinamerikanisch)
conj.	conjunción (Konjunktion)	*m.*	masculino (Maskulinum)
etw.	etwas	*pl.*	plural (Plural, Pl.)
f.	femenino (Femininum)	*prep.*	preposición (Präposition, P.)
fam.	familiar (umgangssprachlich, ugs.)	*sg.*	singular (Singular, Sg.)
inf.	infinitivo (Infinitiv, Inf.)	*sust.*	sustantivo (Substantiv, S.)

¡HOLA!

Informationen über Orte in Spanien und Lateinamerika findest du im Landeskundlichen Wörterbuch ab S. 172.

¡Hola!	Hallo!	
¿Qué tal?	Wie geht's?	Hola, ¿~?
yo	ich	
soy	(ich) bin	
de	aus, von, über, *hier:* aus	Soy ~ Salamanca. F/L de
hablo	ich spreche	
el vasco	*Baskisch, hier: Sprache*	
y	und	
el español	Spanisch, *hier:* Sprache	Hablo ~. F l'espagnol *m.*
bueno	na gut, o.k.	
un poco (de)	ein bisschen	Hablo ~ de español. F un peu de
el inglés	Englisch	E English
también	auch	~ hablo inglés.
me llamo	ich heiße	Hola, ~ Roberto.
el catalán	*Katalanisch, hier: Sprache*	
California	*Kalifornien*	
el quechua	*Quechua (indigene Sprache)*	

ciento ochenta y cinco **185**

tú	du	Yo hablo español. ¿Y ~? F/ L tu
¿Cómo?	Wie?	F comment
¿Cómo te llamas?	Wie heißt du?	– ¿~? – Me llamo Laura.
¿De dónde?	Woher?	
¿De dónde eres?	Woher kommst du?	– ¿~? – Soy de Barcelona.
¿Qué?	Was (für)?, *hier:* Welche/r, Welches + S.?	
la lengua	die Sprache	E language F la langue L lingua
hablas	du sprichst	
¿Qué lenguas hablas?	Welche Sprachen sprichst du?	– ¿~? – Inglés y español.

Las lenguas	el alemán	Deutsch	el polaco	Polnisch	el chino	Chinesisch
	el francés	Französisch	el italiano	Italienisch	el checo	Tchechisch
	el turco	Türkisch	el portugués	Portugiesisch	el holandés	Niederländisch
	el ruso	Russisch	el danés	Dänisch		

1 BIENVENIDO A SALAMANCA

¡ACÉRCATE!

bienvenido/-a a …	willkommen in …	Hola, ~ a Ulm. F bienvenu/e à …
es	(er/sie/es) ist	
la plaza	der Platz	F la place
el centro	das Zentrum	E center F le centre
la ciudad	die Stadt	E city L civitas
el centro de la ciudad	das Stadtzentrum	La Plaza Mayor es el ~.
el río	der Fluss	
el puente	die Brücke	F le pont L pons
el parque	der Park	E park F le parc
el estadio	das Stadion	
el fútbol	der Fußball *Sportart*	E football
el estadio de fútbol	das Fußballstadion	
el gol	das Tor *Sport*	E goal
la universidad	die Universität	E university F l'université *f.*
el monumento	das Denkmal, die Sehenswürdigkeit	E monument F le monument L monumentum
son	(sie) sind	
dos	zwei	
la catedral	die Kathedrale, der Dom	
claro *adv.*	(na) klar, natürlich	
la fiesta	das Fest, die Party	F la fête

UNIDAD 1A

la gente ⚠ *sg.*	die Leute	F les gens *f. pl.* L gens
el salmantino, la salmantina	der/die Salmantiner/in *Einwohner/in Salamancas*	
el/la estudiante	der/die Student/in	E student F l'étudiant/e *m./f.*
el profesor, la profesora (= el/la profe *fam.*)	der/die Lehrer/in	F le/la professeur *m./f.*
el/la turista *inv.*	der/die Tourist/in	
para	für	
para mí	für mich, meiner Meinung nach	
el amigo, la amiga	der/die Freund/in	F l'ami/e *m./f.* L amicus/-a
el encuentro	das Treffen, die Begegnung	F la rencontre

1A EL CHICO DE COLOMBIA

el chico, la chica	der Junge, das Mädchen	Hola ~[1], ¿qué tal?
Colombia	Kolumbien	
¿Quién? *sg.*	Wer? *Sg.*	– Laura, ¿~ es él? – Es Diego.
ser (yo soy)	sein	Vega y Laura ~[2] amigas.
¡Oye! *fam.*	Hey!, Hör mal.	~, Lukas, ¿quién es la chica?
mi	mein/e	~ amiga Laura es de Barcelona.

⚠ Unterscheide:	**mi** amiga meine Freundin	**para mí** für mich

el vecino, la vecina	der/die Nachbar/in	Diego es el ~ de Laura. F le/la voisin/e
se llama	(er/sie/es) heißt	Mi vecino ~ Roberto.
pues	also	
No sé.	Ich weiß (es) nicht.	– Oye, ¿cómo se llama el chico? – Pues, ~.
¡Mira!	Schau mal!	◆ ¡Oye!
tu	dein/e	¿De dónde es ~ vecino?

⚠ Unterscheide:	**tu** vecino dein Nachbar	¿Y **tú**? Und du?

allí	dort (drüben)	
con	mit	L cum
sí	ja, doch	
¡Qué casualidad!	Was für ein Zufall!	¿También te llamas Sandra? ¡~!
muy	sehr	
bien	gut	F bien L bene
este/-a es …	das ist …	L iste/-a
nuevo/-a	neu	F neuf/-ve L novus/-a/-um
en (+ *sust.*)	in, an, auf (+ S.)	Diego es nuevo ~ la ciudad. F en L in

ciento ochenta y siete **187**

UNIDAD 1B

la verdad	die Wahrheit	F la vérité L veritas
¿verdad?	nicht wahr?	Tú eres de Colombia, ¿~?
¡Imagínate!	Stell dir vor!	
usted/es	Sie Höflichkeitsform, im Plural in Lateinamerika: ihr	
todos/-as pron.	alle m./f.	– ¿Sois ~³ de Salamanca? – Sí.
aquí	hier	≠ allí
pero	aber	
¿Qué tal (+ sust.)?	Wie ist/sind/war/en (+ S.)?	– ¿~ tu ciudad? – Pues, ¡muy bien!
las vacaciones pl.	die Ferien	E vacation F les vacances f. pl.
genial adv./adj.	genial	= muy bien
fenomenal adv./adj.	fabelhaft, großartig	= genial
estupendo/-a adv./adj.	hervorragend, super	
super(bien)	super(gut)	
regular adv./adj.	gewöhnlich, hier: es geht so	
como siempre	wie immer	
más o menos	mehr oder weniger, hier: naja	
¡Bah!	Naja …	
mal adv.	schlecht	≠ bien F mal
fatal adv./adj.	mies, furchtbar	

1 chicos 2 son 3 todos

1B EN EL INSTITUTO

el instituto	das Gymnasium Sp. Schultyp	Mi ~ se llama Lucía de Medrano.
hoy	heute	
el día	der Tag	E day L dies
la clase	der Unterricht, die Klasse, das Klassenzimmer	E class F la classe
el primer día de clase	der erste Schultag	Hoy es el ~ de los chicos.
charlar	plaudern, sich unterhalten	Vega y Laura ~¹ y ~¹.
el patio	der Hof	Los chicos charlan en el ~.
como	wie	F comme
siempre	immer	L semper

⚠ Unterscheide: **Como** siempre Vega busca algo. **Wie** immer sucht Vega etwas.
¿**Cómo** te llamas? **Wie** heißt du?

buscar algo	etw. suchen	Los turistas ~² la catedral.
algo	etwas	

188 ciento ochenta y ocho

el libro	das Buch	**F** le livre
el boli *fam.* (= el bolígrafo)	der Kuli (= Kugelschreiber)	Busco mi ~.
la historia	die Geschichte	**E** history **F** l'histoire *f.*
el libro de Historia	das Geschichtsbuch	

⚠ Wenn das Schulfach gemeint ist, schreibst du **Historia** und **Inglés** *groß.*

estudiar ▸ el/la estudiante	lernen, studieren, *hier:* in die … Klasse gehen	**E** to study **F** étudier **L** studere
el segundo de ESO	*hier:* die achte Klasse	Los chicos estudian ~.
ahora	jetzt, gleich	~ hablo también un poco de español.
con ellos	mit ihnen	
Buenos días.	Guten Tag!	
¿Quiénes? *pl.*	Wer? *bei mehreren Personen*	Oye, Stephan, ¿~ son ellas?

⚠ **Wer** hat auf Spanisch sowohl eine Singular- als auch eine Pluralform: ¿**Quién** es el chico? **Wer** ist der Junge? ¿**Quiénes** son los nuevos? **Wer** sind die Neuen?

hablar (de *algo*)	(von *etw.*) sprechen	Los chicos ~³ de las vacaciones. ◆ charlar
España	Spanien	**E** Spain **F** l'Espagne *f.*
el alumno, la alumna	der/die Schüler/in	◆ el/la estudiante
no	nein, nicht	– ¿Eres de Valencia? – ~, soy de Sevilla. ≠ sí
escuchar *algo*	*etw.* hören, zuhören	Hoy Roberto no ~⁴ en la clase. **F** écouter
todavía	noch (immer)	
o	oder	Vega siempre busca algo: libros ~ bolis.
el recreo	die Pause	**F** la récréation
ser la estrella	*hier:* sehr gut/begabt sein	
menos mal	zum Glück, umso besser	Todavía es el recreo. ~ para los alumnos.
¿Cómo se dice … ?	Wie sagt man … ?	
la mochila	der Rucksack	– ¿Qué buscas? – Mi ~ .
Se dice …	Man sagt (dazu) …, Das heißt …	– ¿Cómo se dice «Schüler»? – ~ «alumno».
¿Cómo se escribe?	Wie schreibt man das?	
gracias	danke	– Aquí, tu boli. – ~. **L** gratia
¿Qué significa …?	Was bedeutet …?	– ¿~ «vecino»? – Significa «Nachbar».
mirar *algo* ▸ ¡Mira!	*etw.* ansehen	
tomar *algo*	*etw.* nehmen, *hier:* essen, trinken	En el recreo los chicos ~⁵ algo.
la cafetería	die Cafeteria	
el francés	Französisch, *hier:* Sprache	

1 charlan **2** buscan **3** hablan **4** escucha **5** toman

1C EN INTERNET

el/la Internet	das Internet	Los chicos buscan fotos en ~.
pasar (mucho tiempo en + *sust.*)	(viel Zeit in + S.) verbringen	Los alumnos ~¹ mucho tiempo en el instituto. F passer
el tiempo	die Zeit, das Wetter	F le temps
compartir *algo*	etw. (miteinander) teilen, etw. tauschen	Yo ~² el libro con Vega.
la foto *fam.* (= la fotografía)	die Fotografie, das Foto	Y esta es mi ~ .
el vídeo	das Video	Laura mira el ~ de Shakira.
preparar *algo*	etw. vorbereiten, *hier:* machen	E to prepare F préparer
los deberes *pl.*	die Hausaufgaben	Las alumnas preparan los ~ de Inglés. F les devoirs *m. pl.*
la información	die Information	Busco ~ en Internet.

⚠ Anders als im Deutschen verwendest du **la información** im Spanischen meist nur im Singular.

leer *algo*	etw. lesen	Roberto no escucha, ~³ algo. F lire L legere
la página	die Seite	E page F la page
de repente	plötzlich, auf einmal	L repente
recibir *algo*	etw. bekommen, erhalten	Diego ~⁴ fotos de los amigos de Colombia. E to receive F recevoir
el mensaje	die Nachricht	E message F le message
el chat	der Chat	Charlo en el ~ con amigos.
el mensaje de chat	die Chatnachricht	Diego recibe el ~ de Carlitos.
escribir *algo*	etw. schreiben	F écrire L scribere
el parcero, la parcera *lat. am. fam.*	der/die Freund/in	= el amigo / la amiga
mañana	morgen	Preparo los deberes para ~. ≠ hoy
preguntar *algo*	etw. fragen	
contestar *algo*	etw. antworten, etw. beantworten	≠ preguntar
Es verdad.	Das stimmt.	◆ ¿Verdad?
aprender (a + *inf.*)	lernen (etw. zu tun)	◆ estudiar F apprendre
tocar *algo*	etw. spielen *Instrument*	
la guitarra	die Gitarre	
¡Qué bacano! *fam.*	Großartig!	= ¡Fenomenal!
¿Dónde?	Wo?	◆ ¿De dónde?
en casa (de *alguien*)	(bei *jdm*) zu Hause	Paso mucho tiempo ~ de mi amiga.
la casa	das Haus, die Wohnung	L casa
fácil	einfach	F facile L facilis/-e
vivir (en + *sust.*)	(in + S.) leben, wohnen	F vivre L vivere

Londres	*London*	
comprender *algo*	*etw.* verstehen	Ahora ~⁵ un poco el español.
mucho *adv.*	viel	En clase Vega no habla ~.
¡Adiós!	Tschüß!, Auf Wiedersehen!	≠ ¡Hola!
¡Hasta pronto!	Bis bald!	
pronto	bald, gleich	

1 pasan **2** comparto **3** lee **4** recibe **5** comprendo

PARA COMUNICARSE UNIDAD 1

jdn begrüßen / sich verabschieden
¡Hola! / Buenos días.
Bienvenido a (Salamanca).
¡Adiós! / ¡Hasta pronto!

sagen, wie es jdm geht / wie jdm etw. gefallen hat
¿Qué tal (las vacaciones / en Salamanca)?
(muy) bien/regular/fenomenal/estupendo
como siempre / más o menos
¡bah!/mal/fatal

die Aufmerksamkeit von jdm erregen
¡Mira!/¡Oye!

eine Stadt vorstellen
Para mí, (Salamanca) es/son …

sich vergewissern
¿Verdad? / ¿No es …?

sich bedanken
Gracias.

sich oder jdn vorstellen
Me llamo (Diego).
Soy de (Bogotá).
Vivo en (Salamanca).
Hablo (español) y un poco de (inglés).
Este es (Roberto). / Esta es (Vega).

Fragen stellen und beantworten
¿Cómo te llamas?
¿De dónde eres?
¿Dónde vives?
¿Qué lenguas hablas?
¿Quién es? / ¿Quiénes son?

nach der Bedeutung von Wörtern fragen
¿Qué significa …?
¿Cómo se dice («Rucksack») en español?
Se dice («mochila»).
¿Cómo se escribe?

Das Alphabet auf Spanisch findest du auf S. 177.

2 MI MUNDO

¡ACÉRCATE!

el mundo	die Welt	**F** le monde **L** mundus
el nombre	der Vorname, der Name	**F** le nom **L** nomen
mis	meine *Possessivbegleiter*	~ amigos son Tarkan y Linh.
el apellido	der Nachname	Mi ~ es Müller. ◆ el nombre
la edad	das Alter	
Tengo (14) años.	Ich bin (14) Jahre alt.	**F** J'ai (14) ans.

Die Zahlen findest du auf S. 178.

el año	das Jahr	**F** l'an *m.* **L** annus
la dirección	die Adresse, die Richtung	Mi ~ es Goethestraße, 19.
la avenida	die Allee, der Boulevard	**E** avenue **F** l'avenue *f.*

ciento noventa y uno **191**

el número	die (An-) Zahl, die Nummer	F le numéro
el teléfono	das Telefon	
el número de teléfono	die Telefonnummer	Mi ~ es el 61278377.
la música	die Musik	Comparto ~ en Internet.
favorito/-a	Lieblings…	Mi música ~[1] es el pop. E favourite
la música favorita	die Lieblingsmusik	

Mi música favorita	el pop el rock	el flamenco el rap	el heavy metal el hip-hop	el soul la música clásica[1]	[1] klassische Musik

el grupo	die Band, die Gruppe	Mi ~ favorito es Chambao.
la calle	die Straße	Vivo en la ~ Mallorca, 16.
¿Cuántos años tienes?	Wie alt bist du?	– ¿~? – Tengo 15 años.
¿Cuál es tu número de teléfono?	Wie ist deine Telefonnummer?	– ¿~? – Es el 692761179.

[1] favorita

2A EN EL PISO DE ROBERTO

el piso	die Wohnung, das Stockwerk	Roberto vive en el primer ~.
esperar *algo* / a *alguien*	auf *etw./jdn* warten; *etw.* hoffen	
la visita	der Besuch	Roberto espera ~ de Diego. E visit F la visite
tener *algo* (yo tengo)	*etw.* haben	– ¿~[1] mi libro de Español? – Sí, aquí ~[1].
los padres *pl.*	die Eltern	Los ~ de Roberto preguntan mucho.
estar (estoy)	(da) sein, sich befinden	¿Dónde ~[2] Vega? No ~[2] en casa.
los abuelos *pl.*	die Großeltern	
el abuelo, la abuela	der Großvater, die Großmutter	Mi ~ se llama Hugo García.
¡Pasa!	Komm rein!	
la peli *fam.* (= la película)	der Film	
la tele *fam.* (= la televisión)	der Fernseher	E television F la télé(vision)
el salón	das Wohnzimmer	– ¿Dónde estás? – En el ~.
el cuarto de baño	das Badezimmer	– ¿Dónde está ~? – Allí está.
la familia	die Familie	
el padre	der Vater	F le père L pater
la madre	die Mutter	F la mère L mater
el hermano, la hermana	der Bruder, die Schwester	
los hermanos *pl.*	die Geschwister	Alba y Adrián son los ~ de Roberto.

UNIDAD 2A

estos/-as son ...	das sind ...	~ son mis padres.
la mamá fam.	die Mama	= la madre
estar con *alguien*	bei jdm sein, mit jdm unterwegs sein	Diego ~² con Roberto.
el papá fam.	der Papa	≠ la mamá = el padre
llegar	kommen, ankommen	Laura espera visita, pero la amiga no ~³.
(llegar) a casa	nach Hause (kommen)	Mis abuelos llegan ~ mañana.

⚠ Unterscheide: Estoy **en** casa. Ich bin **zu** Hause.
                Llego **a** casa.   Ich komme **nach** Hause.

el hijo, la hija	der Sohn, die Tochter	Mi madre es la ~ de mis abuelos.

La familia	los padres el padre la madre	*el papá* *la mamá* el hijo, la hija	el hermano, la hermana los hermanos	el abuelo, la abuela los abuelos

la cena	das Abendessen	Diego y su padre preparan la ~ .
la cocina	die Küche	**F** la cuisine
¿Por qué no ...?	Warum ... nicht ...?	Diego, ¿~ estudias ahora?
ver *algo*	etw. sehen, etw. ansehen	= mirar algo **F** voir **L** videre
la habitación, las habitaciones *pl.*	das Zimmer	¡Mis hermanos siempre están en mi ~!

Mi piso — la habitación — la tele — el cuarto de baño — el dormitorio — el salón — la cocina — el pasillo

Claro que (+ *Satz*).	Natürlich (+ *Satz*).	¡~ tengo ganas de ver la peli!
tener ganas de *algo* / + *inf.* (yo tengo)	Lust auf etw. haben, Lust haben, etw. zu tun	Vega hoy no ~⁴ de preparar los deberes.
vale	o.k., in Ordnung	= Bueno ...
el novio, la novia	der/die (feste) Freund/in	– Vega, tienes ~, ¿verdad? – Eh, mamá ...
¡Qué rollo! *fam.*	Wie nervig!	Los padres siempre preguntan mucho. ¡~!

1 tienes **2** está **3** llega **4** tiene ganas

ciento noventa y tres **193**

2B Y TÚ, ¿TIENES TU ESPACIO?

el espacio	der Raum, Platz	E space F l'espace m.
a veces	manchmal	– ¿Escuchas rap? – ~ sí.
difícil	schwierig	≠ fácil E difficult F difficile L difficilis/-e
necesitar *algo*	*etw.* brauchen	Vega ~¹ mucho tiempo para los deberes.
posible	möglich	E/F possible
grande	groß	Mi habitación es ~. ≠ pequeño/-a F grand/e
pequeño/-a	klein	Vega no tiene hermanos ~².
la lámpara	die Lampe	
la silla	der Stuhl	
el ordenador	der Computer	F l'ordinateur m.
propio/-a	eigener, eigene, eigenes	Lucía no tiene una habitación ~³.
(super)interesante	(super)interessant	¿Vemos la peli con Penélope Cruz? Es ~.
la pared	die Wand	Tengo mis fotos de Bogotá en la ~.
hay	es gibt	En mi clase ~ 13 chicas y 17 chicos.

⚠ **Hay** kannst du auch mit sein, liegen oder stehen übersetzen. En la habitación **hay** una mesa. In dem Zimmer **steht** ein Tisch. **Hay** dos chicos en la habitación. Es **sind** zwei Jugendliche in dem Zimmer.

la estantería	das Regal	Los vídeos están en la ~.
el DVD, los DVD *pl.*	die DVD	
el lado	die Seite	◆ al lado (de)
al lado (de)	neben	
el póster	das Poster	
encima (de) *prep.*	auf	
la mesa	der Tisch	La cena está en la ~. L mensa
la gorra	die Mütze	Mamá, ¿dónde está mi ~?
bastante	ziemlich, genug	La habitación de Diego es ~ pequeña.
el problema ⚠ *m.*	das Problem	
divertido/-a	lustig	
a todo volumen	in voller Lautstärke	Yo siempre escucho música ~.
aburrido/-a	langweilig	≠ divertido/-a, interesante
a la derecha (de)	rechts (von)	
a la izquierda (de)	links (von)	≠ a la derecha (de)
la cama	das Bett	
debajo (de)	(dar)unter	≠ encima (de)
diferente	unterschiedlich	E different F différent/e
para + *inf.*	um zu + Inf.	F pour + Inf.
(estar) solo/-a	allein (sein)	Estoy ~ en casa. F seul/e L solus/-a/-um

194 ciento noventa y cuatro

compartido/-a ▶ compartir	gemeinsam	Tengo una habitación ~4.
¡Tortura segura!	hier: Der Ärger ist vorprogrammiert!	
el diario	das Tagebuch	Escribo mis problemas en mi ~. E diary
curioso/-a	neugierig	E curious F curieux/-se L curiosus/-a/-um
esconder *algo*	etw. verstecken	Yo ~5 mis DVD favoritos debajo de la cama.
detrás (de)	(da)hinter	

¿Dónde está?	a la derecha (de) a la izquierda (de)	al lado (de) encima (de)	debajo (de) detrás (de)	*delante (de)*[1] *entre*[2]	**1** (da)vor **2** zwischen

el armario	der Schrank	F l'armoire f.
el balcón	der Balkon	Nuestro piso no tiene ~.

Mi habitación

la mesa · la cama · el armario · la estantería · la pared · el póster · la lámpara

el ordenador · la silla · el sofá-cama · el escritorio · la puerta · la ventana

1 necesita **2** pequeños **3** propia **4** compartida **5** escondo

2C ¿AMIGO DE TUS AMIGOS?

importante	wichtig	Los amigos son ~1. E important
querer *algo* / + *inf.* (e → ie, yo quiero)	etw. wollen / etw. + Inf. + wollen	Vega ~2 ver una peli.
hacer *algo* (yo hago)	etw. tun	Los chicos ~3 los deberes. L facere
todo *adv.*	alles	Siempre yo hago ~. ¡Qué rollo! F tout
quedar (con *alguien*)	sich (mit *jdm*) treffen	Hoy Vega ~4 con Diego en la cafetería.
contigo	mit dir	Oye, Diego, quiero quedar ~.
el momento	der Moment, der Augenblick	Este es el ~ para hablar con Diego.
bueno/-a	gut	F bon/ne L bonus/-a/-um
malo/-a	schlecht	– ¿Qué tal la peli? – Es muy ~5. ≠ bueno/-a
pensar *algo*, en *algo*/ *alguien* (e → ie, yo pienso)	etw. denken, an etw./jdn denken	Y tú, ¿qué ~6? F penser L pensare
el cumpleaños (= el cumple *fam.*)	der Geburtstag	Hay una fiesta. Es el ~ de Roberto.
preferir *algo* (a *algo*) / + *inf.* (e → ie, yo prefiero)	etw. lieber (+ Inf.) wollen, etw. (einer Sache) vorziehen, vorziehen + Inf.	– ¿Vemos una peli? – No, hoy ~7 hacer deporte. E to prefer F préférer

ciento noventa y cinco **195**

mandar *algo*	etw. schicken	≠ recibir algo **L** mandare
el SMS ⚠ *m.*	die SMS	
el móvil	das Handy, Mobiltelefon	**E** mobile
el regalo	das Geschenk	Todavía necesito un ~ para su cumple.
bonito/-a	schön, hübsch	Salamanca es una ciudad muy ~.[8]
la sorpresa	die Überraschung	**E** surprise **F** la surprise
la fiesta sorpresa	die Überraschungsparty	¿Por qué no hacemos una ~ para Vega?
la peña *fam.*	die Clique	Vega y la ~ preparan una fiesta.
el mejor amigo, la mejor amiga	der/die (beste) Freund/in	Laura es la ~[9] de Vega. **F** le/la meilleur/e ami/e
Qué + *adj./adv.*!	Das ist ja + *Adj./Adv.*!	¿Tú hablas catalán? ¡~ interesante!
el deporte	der Sport	Mi ~ favorito es el fútbol.
después	danach, später	Ahora tenemos Inglés y ~ Español.
ya no	nicht mehr	– Tú tocas la guitarra, ¿verdad? – No, ~ .
la semana	die Woche	Siete días son una ~. **F** la semaine
conmigo	mit mir	– ¿Ya no quieres hablar ~? – ¡Sí! ◆ contigo
el resultado	das Ergebnis, Resultat	**E** result **F** le résultat
la mayoría (de *algo*)	die Mehrzahl (von *etw.*), die meisten	**E** majority of **F** la majorité de
la suerte	das Glück	Hoy no tenemos clase. ¡Qué ~! **L** sors
egoísta *inv.*	egoistisch	Él no quiere compartir. Es muy ~.

1 importantes **2** quiere **3** hacen **4** queda **5** mala **6** piensas **7** prefiero **8** bonita **9** mejor amiga

PARA COMUNICARSE UNIDAD 2

Alter, Telefonnummer und Adresse angeben
Vivo en la Calle … / en la Avenida … / en la Plaza … 13.
¿Cuántos años tienes?
Tengo (14) años.
¿Cuál es tu número de teléfono/móvil?
Mi número de teléfono es el …

über Familie und Freunde sprechen
Estos son (mis abuelos).
Vivir con mi familia es (divertido).
Quiero quedar (contigo).
¿Hacemos una fiesta con la peña?
Veo a (vuestra amiga Carmen).

sagen, wo jd oder etw. ist
¿Dónde estás?
Estoy (en casa de mi amigo Javi / en el instituto).
El boli está encima / detrás / al lado / a la derecha / a la izquierda de (los libros).

eine Wohnung / ein Zimmer beschreiben
Comparto mi habitación con mi hermano/-a.
Tengo mi espacio / una habitación propia.
En mi habitación hay una cama, una mesa y un armario.
Mi habitación es superinteresante / un poco aburrida.

fragen und sagen, was du (lieber) tun willst
Quiero (ver una peli).
– Y tú, ¿qué piensas/prefieres? – Para mí …
Tengo ganas de (escuchar música).
Prefiero (hacer deporte).

UNIDAD 3

3 ¿QUÉ HORA ES?

¡ACÉRCATE!

¿Qué hora es?	Wie viel Uhr ist es?	– ¿~? – Son las siete.
la hora	die Uhrzeit, die Stunde	Una ~ son sesenta (60) minutos.
Es la una. / Son las (diez).	Es ist ein Uhr./Es ist (zehn) Uhr.	~¹ dos.
la mañana	der Morgen	◆ mañana *adv.*
(las diez) de la mañana	(zehn Uhr) morgens	Son las ocho ~. Tengo clase de Inglés.
(las Islas) Canarias *pl.*	die Kanaren	
¿Y qué? *fam.*	Na und?	– Hijo, ¡¡¡son las 10!!! – ~
temprano	früh	Son las seis de la mañana. Es muy ~.
la librería	die Buchhandlung	◆ el libro F la librairie
cerrar (e → ie, yo cierro)	schließen	Es la una. La librería Nebrija ~² pronto.
a la una	um ein Uhr	
a las (dos)	um (zwei) Uhr	El instituto cierra ~ seis.
a la (una) y media	um halb (zwei)	Mi padre llega ~.
Es la una y cuarto.	Es ist Viertel nach (eins).	
el minuto	die Minute	Una hora son sesenta (60) ~³.
¿A qué hora …?	Um wie viel Uhr…?	¿~ llegas a casa?

⚠ – ¿A qué hora llegas a casa? – **A la** una. / **A las** nueve.

el bus	der Bus	
la noche	die Nacht, der Abend	≠ el día ◆ la mañana L nox
(las once) de la noche	(elf Uhr) abends	¿Ahora llegas? ¡Son las diez ~!
¡Vaya…! *fam.*	Was für ein/e…!	
empezar (*algo*/a + *inf.*, e → ie, yo empiezo)	*etw.* anfangen / anfangen, *etw.* zu tun	– ¿A qué hora ~⁴ la clase? – A las ocho.
(las ocho) en punto	(um) Punkt (acht Uhr)	– ¿A qué hora quedamos? – A las cinco ~.
Son las (dos) menos …	Es ist … vor (zwei Uhr).	Son las once ~ veinticinco.
correr	rennen, laufen	F courir
¡Corre!	*hier:* Beeil dich!	– Tenemos un minuto – ¡~!

¿Qué hora es?

Es la una.   Son las (dos).   … (las ocho) y cuarto   … (las ocho) y media

… (las nueve) menos cuarto   … (las nueve) en punto   … (las diez) de la mañana   … (las diez) de la noche

1 Son las **2** cierra **3** minutos **4** empieza

ciento noventa y siete **197**

UNIDAD 3A

3A ¿QUÉ HACEMOS?

ir (a + *sust.*, yo voy)	(nach ..., zu ...) gehen, fahren	Yo ~¹ a la plaza. **L** ire
a	nach + *Stadt/Land*, zu + *Richtung*	
el centro comercial	das Einkaufszentrum	**F** le centre commercial
el cedé, los cedés *pl.*	die CD	
por favor	bitte	¿Haces los deberes conmigo, ~? ◆ gracias
¿Por qué?	Warum?	– No quiero. – ¿~?
porque	weil, da	Él no está allí ~ no quiere esperar.
la cola	die Schlange	En el recreo, siempre hay ~ en la cafetería.
tener que + *inf.*	etw. tun müssen	Yo todavía ~² hacer los deberes.
el cine	das Kino	◆ la película **E** cinema **F** le cinéma
el dinero	das Geld	¿Tenemos ~ para tomar algo?
el centro cultural	das Kulturzentrum	Hay fiesta en el ~.
esta tarde	heute Nachmittag	
la tarde	der Nachmittag	◆ la mañana, la noche
la entrada	die Eintrittskarte, der Eingang	¿Vas al cine conmigo? Tengo dos ~³.
gratis	gratis	
bailar	tanzen	
pasar de *algo*	keine Lust (auf *etw.*) haben, (auf *etw.*) verzichten können	Tus amigos son aburridos. ~⁴ de tu fiesta.
la bolera	die Bowlingbahn	**E** bowling alley
¿Adónde?	Wohin?	– ¿Vamos? – ¿~? ≠ ¿de dónde?
venir (e → ie, yo vengo)	kommen	≠ ir **F** venir **L** venire

> ⚠ Das deutsche Verb **kommen** entspricht in einem Fall dem spanischen Verb **ir**:
> – ¿**Vienes**? – **Kommst** du?
> – **Voy**. – Ich **komme**.

1 voy 2 tengo que 3 entradas 4 Paso

3B UN REGALO PARA SANDRA

el mes, los meses *pl.*	der Monat	Enero es un ~ del año. **F** le mois **L** mensis

> Die Monate auf Spanisch findest du auf Seite 179.

echar de menos *algo / a alguien*	etw./jdn vermissen	Yo ~¹ a mi novio porque él ya no vive aquí.
sobre todo	vor allem	Escucho pop, ~ los grupos de España.
comprar *algo*	etw. kaufen	Mi padre ~² la mochila para mí. ◆ el dinero
llamar a *alguien* (por teléfono)	jdn (an)rufen	– ¿Quedamos hoy? – Vale, yo ~³ a la peña. **L** clamare

> ⚠ Unterscheide: **Me llamo** David. **Ich heiße** David. **Llamo a** Ana. **Ich rufe** Ana **an**.

198 ciento noventa y ocho

UNIDAD 3B

poder (o → ue, yo puedo)	können	– ¿Vamos al cine? – No, no ~⁴. **F** pouvoir
el final	das Ende	El ~ de la peli es aburrido. **L** finalis
al final	am Ende, schließlich	~ yo tengo que hacer todo.
¿Qué pasa?	Was ist los?	¿No quieres ir al cine? ¿~?
cumplir ... años ▶ el cumple(años)	... Jahre alt werden	Mañana hago una fiesta porque ~⁵.
juntos/-as	gemeinsam, zusammen	¿Hacemos los deberes ~?
ya	schon, bereits, *hier*: jetzt sofort	¡Tienes que preparar los deberes ~!
volver (o→ ue, yo vuelvo)	zurückkehren	Roberto ~⁶ a casa a las once de la noche.
volver a casa	nach Hause kommen	= llegar a casa
por fin	endlich	Roberto, ¡~ llegas!
tranquilo/-a	ruhig, *hier*: immer mit der Ruhe	**F** tranquille
¿Cuándo?	Wann?	¿~ es tu cumple? **F** quand
el (27) de (enero)	am (27. Januar)	
tímido/-a	schüchtern	**E** timid **F** timide
alegre	fröhlich, lustig	Vega es una chica muy ~.
contar *algo* (o → ue, yo cuento)	*etw.* erzählen, zählen	Vega ~⁷ una historia divertida.
la cosa	die Sache, das Ding	Alba siempre busca sus ~⁸. **F** la chose
deportista *inv.*	sportlich	Roberto es bastante ~.
la bici *fam.* (= la bicicleta)	das Fahrrad	**E** bicycle **F** la bicyclette
ir en bici(cleta)	(mit dem) Fahrrad fahren	Sandra siempre ~⁹.
el fin de semana	das Wochenende	El ~ siempre estoy con mi familia.
entonces	dann, damals	~, ¿quedamos después?
¡Qué va!	Ach was!, Ganz und gar nicht!	¿Laura aburrida? ¡~!
casi	fast, beinahe, quasi	**E/F/L** quasi
nunca	nie	≠ siempre
gracioso/-a	witzig, humorvoll	Roberto es mi mejor amigo. Es muy ~.
majo/-a	nett, sympathisch	Tu amigo Javier es ~.
la camiseta	das T-Shirt	**F** la chemise
la rana	der Frosch	Kermit es una ~.
feo/-a	hässlich	≠ bonito/-a **L** foedus/-a/-um
simpático/-a	sympathisch	
creer	glauben	**F** croire **L** credere
que *conj.*	dass	**F** que

1 echo de menos **2** compra **3** llamo **4** puedo **5** cumplo (15) años **6** vuelve **7** cuenta **8** cosas **9** va en bicicleta

3C ¡HOY ES MI CUMPLE!

por la mañana/tarde/noche	am Morgen/Nachmittag/Abend, in der Nacht	~ voy al insti, ~ quedo con mis amigos y ~ hay fiesta.
dormir (o → ue, yo duermo)	schlafen	Vega a veces ~[1] en clase. F dormir L dormire
despertarse (e → ie, yo me despierto)	aufwachen	Alba siempre ~[2] temprano.
el celular lat. am., (= el móvil)	das Handy	E cellular phone
¡Felicidades!	Herzlichen Glückwunsch!	¿Cumples años hoy? ¡~!
querer a alguien	jdn lieben, jdn gern haben	
TQM (= Te quiero mucho.)	SMS-Abkürzung, etwa: hdgdl	
levantarse	aufstehen	Hoy Roberto ~[3] a las once. F se lever
ducharse	sich duschen	Me levanto y voy al baño para ~[4].
ponerse algo (yo me pongo)	etw. anziehen, aufsetzen	Diego ~[5] una gorra.
el uniforme	die Uniform	
el colegio (= el cole fam.)	die Schule, in Spanien: die Grundschule	
el comedor	die Kantine, das Esszimmer	A la una y media voy al ~.
¡Feliz cumpleaños!	Alles Gute zum Geburtstag!	◆ ¡Felicidades!
la arepa	der Maisfladen	
el queso	der Käse	L caseus
la princesa	die Prinzessin	
la bruja	die Hexe	
irse (me voy)	weggehen	A las diez Ana ~[6] de la fiesta. ≠ llegar
nos vemos	wir sehen uns	
acordarse (de algo, o → ue, yo me acuerdo)	sich (an etw.) erinnern	– ¿Cúando es el cumple de Hassan? – No ~[7].
tarde adv.	spät	≠ temprano F tard
ponerse (+ adj.)	(Adj.) werden	Diego ~[8] un poco tímido.

⚠ Das Verb **ponerse** hat unterschiedliche Bedeutungen:

Sandra **se pone** el uniforme.   Carlitos **se pone** rojo.

rojo/-a	rot	F rouge
el tomate	die Tomate	

ponerse rojo/-a como un tomate	knallrot werden	Vega ~⁹ como un tomate.
el mediodía	der Mittag	
a mediodía	am Mittag, mittags	
estar en las nubes	geistesabwesend sein	En clase Sandra a veces ~¹⁰.
el grafiti, los grafitis *pl.*	das Graffiti	
la tarjeta	die Karte	Escribo una ~ a mis amigos.
lindo/-a *lat. am.*	schön	= bonito/-a
el beso	der Kuss	F un bisou
BSS (= Besos)	Abschiedsformel in Briefen/SMS	F Bisous.
la lista	die Liste	
faltar	fehlen	Creo que ~¹¹ algo en mi mochila.
acostarse (o → ue; yo me acuesto)	sich hinlegen	
soñar (con *algo/alguien*) (o → ue, yo sueño)	(von *etw./jdm*) träumen	Yo ~¹² con ser una estrella de rock.

1 duerme 2 se despierta 3 se levanta 4 ducharme 5 se pone 6 se va 7 me acuerdo 8 se pone 9 se pone roja
10 está en las nubes 11 falta 12 sueño

PARA COMUNICARSE   UNIDAD 3

nach der Uhrzeit fragen und sie angeben
¿Qué hora es?
Es la una. / Son las (diez) y cuarto / menos cuarto / menos (cinco).
Es mediodía / muy temprano / un poco tarde.
¿A qué hora (llega el bus)?
Llega a las (cinco en punto).
A la una y media. / A las dieciséis treinta.

Vorschläge machen und darauf reagieren
¿Por qué no (vamos al cine)?
¿Quién quiere (ir al centro cultural)?
¿Queréis (ir a la bolera)?
No, yo no voy. / No tengo ganas. / ¡Paso!
¡Qué (divertido)! / Voy con vosotras. Sí, claro.

einen Grund erfragen und angeben
¿Por qué (están los chicos todavía en la plaza)?
Porque (Roberto está muy bien allí).

sich mit jdm verabreden
¿Puedes a las seis?
¿Dónde quedamos? / ¿Quedamos en la plaza?
No puedo porque todavía tengo que (hacer los deberes).
Yo sí puedo, pero (vuelvo a casa a las cuatro).
Sí, claro. A las seis en (la plaza).

beschreiben, wie jemand ist
¿Cómo es tu amigo?
Es bastante tranquilo/-a / alegre / divertido/-a / majo/-a / curioso/-a / gracioso/-a …

fragen und sagen, wann jemand Geburtstag hat
¿Cuándo es el cumple de (Sandra)?
Es el (27 de enero).
Cumple (quince años en dos semanas).

jdm zum Geburtstag gratulieren
¡Feliz cumpleaños! / ¡Felicidades!

eine Vermutung anstellen
Creo que (vuelvo a casa a las cuatro).

seinen Tagesablauf beschreiben
Me despierto a las (seis) de la mañana.
Me levanto (cinco minutos después).
A las siete y media (voy al instituto).
A mediodía (como algo).
Por la tarde (vuelvo a casa).
(Veo la tele) a las ocho.
A las (once) de la noche me acuesto.
Sueño con (ser una estrella de rock).

4 MI VIDA DE CADA DÍA

¡ACÉRCATE!

la vida ▶ vivir	das Leben	Quiero vivir mi propia ~. **F** la vie **L** vita
cada + sust. (inv.)	jede/r, jedes + S.	Mi abuela se levanta ~ día a las siete.

> ⚠ **Cada** ist unveränderlich: cada día   cada semana   cada mes

el horario ▶ la hora	der Stundenplan	En el ~ escribes las horas de clase.

> La semana   **el lunes** (am) Montag   **el viernes** (am) Freitag
> **el martes** (am) Dienstag   **el sábado** (am) Samstag
> **el miércoles** (am) Mittwoch   **el domingo** (am) Sonntag
> **el jueves** (am) Donnerstag **el fin de semana** (am) Wochenende

Matemáticas pl. (= **Mates** fam.)	Mathematik Schulfach	**E** mathematics pl. **F** mathématiques f. pl.
Geografía e Historia	Erdkunde und Geschichte Schulfach	

> ⚠ Denk daran: Vor Wörtern, die mit **hi-** oder **i-** beginnen, wird die Konjunktion **y** zu **e**.
> Hablo español **e** inglés.   Hablo inglés **y** español.

Lengua Castellana y Literatura (= **Lengua** fam.)	etwa: Spanischunterricht Schulfach	
Educación para la Ciudadanía y Derechos	etwa: Sozialkunde Schulfach	
Educación Física	Sportunterricht Schulfach	**F** Éducation Physique f.
Ciencias Naturales pl. (= **Naturales** fam.)	Naturwissenschaften Schulfach	
Religión (= **Reli** fam.)	Religionsunterricht Schulfach	
Optativa	Wahlfach	**F** Option f.
Tutoría	Nachhilfe Schulfach	
Francés	Französisch Schulfach	
Alemán	Deutsch Schulfach	
¿Cuántas horas …?	Wie viele Stunden …?	¿~ pasas con tus amigos?
por	hier: pro	
sólo adv.	nur	No puedo ir al cine. ~ tengo tres euros.

> ⚠ Unterscheide: Laura quiere estar **sola**. Laura möchte **allein** sein.
> Hoy **sólo** tengo tres horas de clase. Heute habe ich **nur** drei Stunden Unterricht.

desde … hasta …	von … bis … Uhrzeit	Hoy leo ~ las dos ~ las tres.
la asignatura	das Schulfach	Mis ~[1] favoritas son Naturales e Inglés.

UNIDAD 4A

¿Cuál es tu asignatura favorita?	Was ist dein Lieblingsfach?	

Las asignaturas	Matemáticas (= Mates) *pl.* Ciencias Naturales (= Naturales) *pl.* Lengua Castellana y Literatura (= Lengua) Educación para la Ciudadanía y Derechos Educación Física	Música Religión (= Reli) Geografía e Historia Tutoría Optativa

el examen, los exámenes *pl.*	die Klassenarbeit, Prüfung	En el instituto tenemos ~². **E** exam **F** l'examen *m.* **L** examen
para ti	für dich	Tengo una sorpresa ~. ◆ para mí

⚠ *Achte auf die unterschiedliche Schreibung:* para **mí** für mich   para **ti** für dich

1 asignaturas **2** exámenes

4A ¿QUÉ TAL EN EL INSTITUTO?

segundo/-a	zweite/r, zweites	◆ primero/-a
¡No mola nada! *fam.*	Das mag ich überhaupt nicht!	Tengo que hacer los deberes. Y ¡~!
Mola mucho. *fam.*	Das mag ich!	
morirse (de *algo*)	(an *etw.*) sterben	
el hambre ⚠ *f.*	der Hunger	Tengo mucha ~.
comer *algo* ▶ el comedor	*etw.* essen	En el recreo los chicos ~¹ algo.
¡Qué horror!	Das ist ja schrecklich!	**F** Quelle horreur!
mucho/-a *adj.*	viel/e	~² alumnas comen en el comedor.
odiar *algo*	*etw.* hassen	El chico ~³ Geografía. **L** odisse
el fuerte	die Stärke	Mi ~ es contar historias.
la redacción	der Aufsatz	Escribo una ~ para la clase de Lengua.
dar *algo* a *alguien* (yo doy)	jdm *etw.* geben	Tú compras las entradas y yo te ~⁴ el dinero. ≠ tomar algo **L** dare
así	so	**F** ainsi **L** sic
después de + *sust.*	nach + Subst.	~ las clases Ana vuelve a casa.
P.D. (= posdata)	P.S. (Brief)	
estar nervioso/-a	nervös sein, aufgeregt sein	Laura está ~⁵ porque tiene un examen.
la nota	die (Schul-)Note, *auch:* Notiz	Él siempre tiene buenas ~⁶.
el sobresaliente	sehr gut *Schulnote*	Un ~ es una nota superbuena.
el comentario	*der Kommentar*	
un buen/mal profe	ein guter/schlechter Lehrer	
un montón (de) *fam.*	eine Menge (...)	Adrián tiene ~ de libros. = mucho/-a
sobre	über	El libro habla ~ la vida de la gente.
poner (yo pongo)	stellen, setzen, legen	Yo ~⁷ mis cedés en la estantería. **L** ponere

doscientos tres **203**

la ostra	die Auster	
aburrirse (como una ostra) ▸ aburrido/-a	sich (schrecklich) langweilen	¡Qué peli aburrida! ~[8] como una ostra.
estar harto/-a (de *algo/alguien*)	genug (von *etw./jdm*) haben, (*etw./jdn*) satt haben	Roberto siempre hace todo y está ~.
estricto/-a	streng	La profe es muy ~[9]. F strict/e
poco/-a *adj.*	wenig	◆ un poco (de)
entender *algo / a alguien* (e → ie, yo entiendo)	*etw./jdn* verstehen	Yo no te ~[10]. = comprender
No entiendo ni jota. *fam.*	Ich verstehe nur Bahnhof.	
sacar (buenas/malas) notas	(gute/schlechte) Noten bekommen	Melek estudia mucho y ~[11] buenas notas.
el suficiente	befriedigend *Schulnote*	
(aprender *algo*) de memoria	(*etw.*) auswendig (lernen)	Para sacar una buena nota en el examen, Vega ~[12] la redacción ~[13].
la idea	die Idee	E idea F l'idée *f.*
poner atención (a *algo*)	(auf *etw.*) aufpassen	Vega ~[14] en la clase de Inglés.

⚠ Das Verb poner hat viele unterschiedliche Verwendungen:

Roberto **pone** su mochila en la mesa. Roberto **legt** seinen Rucksack auf den Tisch.
El profe **pone** pocos deberes. Der Lehrer **gibt** wenige Hausaufgaben **auf**.
La alumna **pone** atención en la clase. Die Schülerin **passt** im Unterricht **auf**.
Sandra **se pone** el uniforme. Sandra **zieht** die Uniform **an**.
Carlitos **se pone** rojo. Carlitos **wird** rot.

la pregunta ▸ preguntar	die Frage	Los alumnos hacen muchas ~[15] al profe.
el empollón, la empollona *pl.*	der/die Streber/in	Un ~ siempre pone atención en clase y nunca habla con los vecinos.
estar feliz, felices *pl.*	glücklich sein	Estoy ~ porque tengo buenos amigos. ◆ ¡Feliz cumpleaños! L felix
el notable	gut *Schulnote*	Un ~ es una buena nota.
estar contento/-a	zufrieden sein	F content/e L contentus/-a/-um

1 comen 2 Muchas 3 odia 4 doy 5 nerviosa 6 notas 7 pongo 8 me aburro 9 estricta 10 entiendo 11 saca 12 aprende 13 de memoria 14 pone atención 15 preguntas

4B ¿QUÉ TE GUSTA HACER?

gustar a *alguien*	*jdm* gefallen, *etw.* mögen, *etw.* gerne t*un*	Me ~[1] los deportes.

⚠ Me/te/le/nos/os/les **gusta** (la música / jugar).   Me/te/le/nos/os/les **gustan** (los deportes).

apuntarse (a *algo*)	sich (für *etw.*) anmelden, (bei *etw.*) mitmachen	Jugamos al fútbol. Y tú, ¿ ~[2]?
la revista	die Zeitschrift	Diego lee un libro y Laura una ~. ◆ el libro

UNIDAD 4B

cantar	singen	**F** chanter **L** cantare
la prueba	die Prüfung, das Vorspielen	Hoy hay ~ para el grupo de teatro.
el coro	der Chor	Muchos alumnos cantan en el ~ del Lucía.
el teatro	das Theater	A veces vamos al ~ en la clase de Lengua.
el grupo de teatro	die Theatergruppe	En el ~ de mi instituto hay muchos chicos.
ensayar *algo*	*etw.* proben, üben	El grupo de teatro tiene que ~ mucho.
jugar a (u → ue, yo juego)	spielen *Sport*	Los miércoles las chicas ~³ al fútbol. **F** jouer à …

⚠ *Unterscheide:* **jugar** al fútbol/baloncesto/… Fußball/Basketball/… spielen
hacer teatro Theater spielen
tocar la guitarra Gitarre spielen

el baloncesto	Basketball	Ellos juegan bien al ~.
el ping-pong	Tischtennis	En el recreo los alumnos juegan al ~.
el voleibol	Volleyball	Me gusta el ~.
el entrenamiento	Training	Tienes que ir al ~ para jugar bien.
A mí me gusta …	Mir gefällt …	~ el ping-pong.
tampoco	auch nicht	– No quiero ver la peli. – Yo ~.

⚠ *Unterscheide:* Vega canta en el coro. Cristina **también**. … Cristina **auch**.
Diego no está en el equipo de fútbol. Laura **tampoco**. … Laura **auch nicht**.

¿Y a ti?	*hier:* Und dir?	A mí me gusta el baloncesto. ¿~?
además	außerdem	No quiero ir. ~, no tengo tiempo.
el partido	das Spiel, die Partie	Hoy hay un ~ de voleibol.
por eso	deswegen	Tengo examen mañana. ~ estudio.
el equipo	die Mannschaft	Mi instituto tiene un buen ~. **F** l'équipe *f.*
contra	gegen	≠ para **F** contre **L** contra

Los deportes	jugar al fútbol jugar al baloncesto jugar al ping-pong jugar al voleibol jugar en un equipo	ir al entrenamiento tener un partido contra *alguien*

No pasa nada.	Das macht nichts.	◆ ¿Qué pasa?
meter (un gol)	(ein Tor) schießen, werfen	En el minuto 14 Roberto ~⁴ un gol.
el tiro de esquina	*der Eckball*	
sacar el balón	*den Ball wegschlagen*	
el balón	*der Ball*	**F** le ballon
la portería	*das Tor*	Roberto mete gol en SU ~. ¡Qué rollo!
delante (de)	vor	≠ detrás (de)
la puerta	die Tür, das Tor	Vega cierra la ~. **F** la porte

doscientos cinco **205**

UNIDAD 4C

el aula ⚠ *f.*	der (Klassen)Raum	Los alumnos ya están en el ~ de Naturales.
entrar ▶ la entrada	hineingehen, eintreten	≠ salir **E** to enter **F** entrer **L** intrare
ponerse como un flan	zum Nervenbündel werden	Mañana tengo examen y ya ~⁵.
alguien *inv.*	jemand	**L** aliquem
abrir *algo*	*etw.* öffnen	Tomás ~⁶ la puerta. ≠ cerrar **F** ouvrir
explicar *algo* a *alguien*	*jdm etw.* erklären	¿Me puedes ~ los deberes? **E** to explain **F** expliquer **L** explicare

1 gustan 2 te apuntas 3 juegan 4 mete 5 me pongo como un flan 6 abre

4C SEMANA BLANCA

la Semana Blanca	*Skikurs, Skilager*	
blanco/-a	weiß	
subir (al bus)	(in den Bus) einsteigen, *etw.* besteigen, auf *etw.* klettern	Los chicos ~¹ al bus.
salir (yo salgo)	abfahren, (aus)gehen, hinausgehen	– ¿A qué hora ~² de clase? – A la una y media. ≠ llegar
Ven.	Komm!	Roberto, ¿dónde estás? ¡~! **F** Viens.
saber *algo* / + *inf.* (yo sé)	wissen, *auch:* können	Roberto ~³ tocar la guitarra muy bien. **F** savoir + *Inf.*
esquiar (yo esquío, nosotros esquiamos)	Ski fahren	En la Semana Blanca los chicos ~⁴.
el pueblo	das Dorf	Baqueira es un ~. ≠ la ciudad
los Pirineos *pl.*	die Pyrenäen	Los ~ están en España.
el invierno	der Winter	**F** l'hiver *m.*
la nieve	der Schnee	◆ esquiar **F** la neige
bajar (*algo;* por la pista)	*etw.* leiser stellen, senken; (die Piste) hinuntergehen, hinunterfahren	Los chicos ~⁵ por la pista. ≠ subir
bajarse (del bus)	(aus dem Bus) aussteigen	

⚠ Das Verb **bajar** hat unterschiedliche Bedeutungen:

bajar del bus	aus dem Bus aussteigen
bajar por la pista	die Piste hinunter fahren
bajar el volumen	die Lautstärke senken, leiser machen
bajar la mano	die Hand senken

cenar ▶ la cena	zu Abend essen	◆ comer
¡A dormir!	Geh/t schlafen!	Ya son las once de la noche. ¡~!
el desayuno	das Frühstück	Por la mañana no como mucho en el ~.
el chiste	der Witz	Diego sabe contar ~⁶ muy bien.
el caos	das Chaos	
el volumen	die Lautstärke	**E** volume **F** le volume
la pista	die Piste	Roberto baja por la ~ .

el/la principiante	der/die Anfänger/in	Yo todavía no sé esquiar. Soy ~.
el miedo	die Angst, Furcht	Alba tiene ~ por la noche.
tener miedo de *algo*	Angst vor *etw.* haben	Él ~⁷ de hablar delante de la clase.
el ojo	das Auge	¿Qué te pasa? Tienes los ~⁸ rojos.
caerse (me caigo)	fallen, hinfallen, stürzen	
despacio *adv.*	langsam	
la montaña	der Berg, das Gebirge	**E** mountain **F** la montagne
¡Ten cuidado!	Sei vorsichtig!	¡~! Hay alguien detrás de ti.
¿Estás bien?	Geht es dir gut?	
la mano ⚠ *f.*	die Hand	La profe da la ~ al alumno. **F** la main
doler (o → ue, duele/n)	schmerzen, weh tun	Ay, hoy me ~⁹ todo. **L** dolere

> ⚠ *Das Verb* **doler** *funktioniert genauso wie* **gustar**:
> Me **duele** la cabeza.   Me **duelen** las piernas.

la pierna	das Bein	◆ la mano
la espalda	der Rücken	
el dolor ▸ doler	der Schmerz	**F** la douleur
la cabeza	der Kopf	
el dolor de cabeza	die Kopfschmerzen	¡Baja el volumen! Tengo ~.

Las partes del cuerpo¹

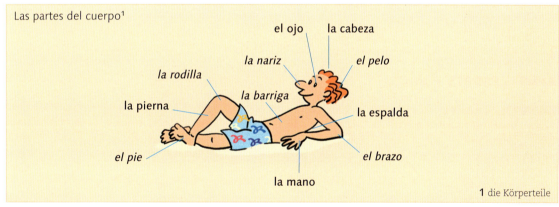

1 die Körperteile

estar enfermo/-a	krank sein	Roberto está ~. Le duele todo.
¡Levántate!	Steh auf!	
agotador/a	anstrengend	Esquiar es un deporte ~.
pasar	*hier:* vergehen	Las horas ~¹⁰ a veces muy despacio.

1 suben 2 sales 3 sabe 4 esquían 5 bajan 6 chistes 7 tiene miedo 8 ojos 9 duele 10 pasan

PARA COMUNICARSE UNIDAD 4

über deinen Stundenplan sprechen
¿Cuántas horas de (Mates) por semana tienes?
Tengo clases desde (las 8) hasta (las 4).
Una clase tiene (45) minutos.
El (lunes/martes/…) tenemos (7) horas de clase.
¿Cuál es tu asignatura favorita?
Mi asignatura favorita es (Naturales).

über Schule und Noten sprechen
Me gusta (Lengua) porque (la profe es maja).
Él/ella es bueno/-a / malo/-a / regular en (Inglés).
Su fuerte es (Mates).
Él/ella saca buenas/malas notas en (los exámenes de Geografía e Historia).
A veces me aburro como una ostra. / no entiendo ni jota.
Tienes que poner atención.
Aprendo las palabras de memoria.
En los exámenes de (Mates) siempre me pongo como un flan.

sagen, wie du gelaunt bist
Estoy contento/-a / feliz / nervioso/-a / harto/-a.

etw. gut/schlecht finden
Mola mucho. / No mola nada.
Odio (hacer muchos deberes).
Estoy harto/-a de (hacer muchas preguntas).
¡Qué horror!

fragen und sagen, was jdm gefällt
¿Qué te gusta?
Me gusta (ir en bici), ¿y a ti?
¿Te gustan (los deportes)? / ¿Te gusta (esquiar)?
Sí, me gusta(n) mucho/bastante. / No, no me gusta(n). Odio (esquiar).

über deine Hobbys sprechen
Él/ella juega al fútbol/baloncesto/ping-pong.
Se apunta a (un equipo/a un curso de fútbol).
Me gusta hacer teatro/cantar en un coro/escribir para una revista.

jdn zu etw. auffordern
¡Ten cuidado!
¡Levántate!
¡Ven!
¡Baja el volumen!

jdn fragen, ob es ihm gut geht
¿Estás bien?

sagen, dass dir etw. weh tut
Tengo (dolor de cabeza).
Me duele (la espalda). / Me duelen (las piernas).

5 PADRES E HIJOS

¡ACÉRCATE!

verde	grün	Rocío tiene los ojos ~[1]. F vert/e
alto/-a	groß, hoch, laut	
rubio/-a	blond	Julia es ~[2].
llevar *algo* / a *alguien*	*etw.* tragen Kleidung, Brille, Bart etc., *etw./jdn* mitnehmen	Hoy, Vega ~[3] sus vaqueros favoritos. ◆ ponerse algo
las gafas ⚠ *pl.*	die Brille	
ese/-a	der/die/das (da)	¿Qué camiseta quieres? Esta o ~[4]. ≠ este/-a
¿Cuál/es? *pron.*	Welche/r, welches?	Hay gafas verdes y rojas. ¿~[5] quieres?
que	der, die, das Relativpronomen	¿Ves al chico ~ habla con Diego? F qui/que
la cazadora	die (Wind)Jacke	Diego lleva una ~ roja.
negro/-a	schwarz	Laura tiene el pelo ~. ≠ blanco/-a F noir/e
los vaqueros ⚠ *pl.*	die Jeans	Los ~ de Diego son muy grandes.
el pelo	das Haar	Julia tiene el ~ rubio.
largo/-a	lang	Vega tiene el pelo castaño y ~.

moreno/-a	dunkel *Haut- und Haarfarbe*	Laura es ~⁶.
castaño	(kastanien)braun	

> ⚠ *Achte auf den Gebrauch der Artikel:*
> Vega **tiene el** pelo castaño y **los** ojos verdes.   Vega hat kastanienbraunes Haar und grüne Augen.

el jersey, ⚠ los jerséis *pl.*	der Pullover	A Diego le gustan los ~⁷ blancos. E jersey
la chica del jersey rojo	das Mädchen mit dem roten Pulli	
las zapatillas (de deporte) *pl.*	die Turnschuhe	Voy al fútbol, pero todavía busco mis ~.
el zapato	der Schuh	¿Llevas los ~⁸ negros para la fiesta?
la falda	der Rock	No me gustan los vestidos. Prefiero las ~⁹.
la camisa ▶ la camiseta	das Hemd	Él se pone una ~ blanca. F la chemise
la manga	der Ärmel	F la manche
de manga (larga)	(lang)ärmlig	Quiero la camisa ~. F à manches longues
el vestido	das Kleid	Alba lleva un ~ muy bonito. L vestis
amarillo/-a	gelb	El jersey ~ es un poco feo.
los pantalones ⚠ *pl.*	die Hose	◆ los vaqueros F le pantalon
rosa ⚠ *inv.*	rosa	Busco el vestido ~.
corto/-a	kurz	Roberto tiene el pelo ~. ≠ largo/-a F court/e
azul	blau	Jana tiene los ojos ~¹⁰.
la chaqueta	die Jacke	Oye, ¿tienes una ~ nueva?

La ropa¹ y los colores²

las gafas · la cazadora · los zapatos · la falda roja · la camiseta rosa · la gorra azul

los pantalones · el jersey verde · las zapatillas amarillas · la camisa blanca · los vaqueros · el vestido negro

1 la ropa die Kleidung   2 el color die Farbe

1 verdes 2 rubia 3 lleva 4 esa 5 cuáles 6 morena 7 jerséis 8 zapatos 9 faldas 10 azules

doscientos nueve **209**

5A VAQUEROS NUEVOS

llevarse bien/mal con *alguien*	sich mit *jdm* gut/schlecht verstehen	Laura ~¹ muy bien con sus padres.

> ⚠ Das Verb **llevar** hat unterschiedliche Bedeutungen:
> Roberto **lleva** el libro a su casa. — Roberto **nimmt** das Buch mit nach Hause.
> Laura **lleva** una cazadora azul. — Laura **trägt** eine blaue Jacke.
> Diego **se lleva bien con** su madre. — Diego **versteht sich gut mit** seiner Mutter.

discutir	diskutieren, streiten	Los alumnos ~² mucho sobre los deberes.
por	*hier:* wegen	◆ por eso
los jeans pl. lat. am.	die Jeans	= unos vaqueros
viejo/-a	alt	Mis vaqueros favoritos ya están muy ~³. ≠ nuevo/-a
roto/-a	kaputt	Mi mochila está ~⁴. Necesito una nueva.
la moda	die Mode	
cambiarse	sich umziehen	
¡Cámbiate (esas zapatillas)!	Zieh dir (andere Turnschuhe) an!	~ el jersey. Está roto.
ahora mismo	jetzt sofort	
de fiesta *adj.*	schick, festlich	En su fiesta de quince Sandra lleva un vestido ~.
este/-a	diese/r (hier), dieses (hier)	Me gustan ~⁵ vaqueros y ~⁶ camisetas.

> ⚠ Unterscheide:
>
> **esta** camiseta — dieses T-Shirt **(hier)**   **esa** camiseta — dieses T-Shirt **(da)**

unos/-as *pl.*	einige, ein paar, ungefähr + *Zahl*, *hier:* ohne deutsche Entsprechung	– ¿Cuántas personas vienen a tu fiesta? – No sé, ~⁷ diez.
ir de compras	einkaufen gehen	Diego no quiere ~ con su madre.
la plata lat. am.	das Geld, Silber	= el dinero
la tienda	der Laden	En mi calle abre una nueva ~.
caro/-a	teuer	F cher/chère L carus/-a/-um
el/la vendedor/a	der/die Verkäufer/in	
estrecho/-a	eng	Me gustan los pantalones ~⁸. F étroit/e
ancho/-a	weit	Él lleva pantalones ~⁹. ≠ estrecho/-a
la oferta	das Angebot	En esta tienda hay muchas ~¹⁰. E offer
estar de oferta	im Angebot sein	Hoy los vaqueros están ~ en esta tienda.
oscuro/-a	dunkel	Diego prefiere las camisetas ~¹¹.
claro/-a	hell	A Laura le gustan las faldas ~¹². ≠ oscuro/-a F clair/e
ahí	da	≠ aquí, allí

UNIDAD 5B

Seguro que *(+ Satz)*.	Sicherlich *(+ Satz)*.	– ¿Dónde está mi móvil? – ~ está en tu casa. ◆ Claro que *(+ Satz)*.
quedar (bien/mal) a *alguien*	*jdm* (gut/schlecht) stehen	¿Esta chaqueta me ~[13] bien?
la talla	die Größe *Kleidung*	F la taille
igual *(a algo/alguien, = igualito/-a fam.)*	gleich, genauso wie *(etw./jd)*	¿Ves a Diego? Yo quiero una gorra ~.
el probador	die Umkleidekabine	Me pongo la camisa, ¿Dónde está el ~?
costar (o → ue, cuesta/n)	kosten	¿Cuánto ~[14] las zapatillas? F coûter

⚠ Gleiche die Form von costar an das Subjekt an: ¿Cuánto **cuesta** este jersey? Wie viel **kostet** dieser Pulli?
 ¿Cuánto **cuestan** estos zapatos? Wie viel **kosten** diese Schuhe?

el euro	der Euro	– ¿Cuánto cuesta? – Once ~[15]. ◆ el dinero
¿Cuánto es?	Wie viel macht das?	

1 se lleva **2** discuten **3** viejos **4** rota **5** estos **6** estas **7** unas **8** estrechos **9** anchos **10** ofertas **11** oscuras **12** claras **13** queda **14** cuestan **15** euros

5B ESTOY HABLANDO POR TELÉFONO

hablar por teléfono	telefonieren	
¿Diga?	Ja, bitte? *Anrede beim Telefonieren*	– ¿~? – Hola, ¿está Laura?
dejar	lassen	
el recado	die Nachricht	
¿Le quieres dejar un recado?	Möchtest du ihm/ihr eine Nachricht hinterlassen?	No, Laura no está, ¿~?
más tarde	später	
a la hora de (comer/dormir ...)	zur (Essens-/Schlafens-)zeit	
la tortilla	die Tortilla *Kartoffelomelette*	
¡Pon la mesa!	Decke den Tisch!	
acabar de + *inf.*	*etw.* gerade getan haben	– ¿Tomamos algo? – No, ~[1] de comer.
la ensalada	der Salat	Comer ~ es bueno.
poner *algo* a *alguien*	hier: *jdm etw.* auftun, servieren	¿Me ~[2] un poco de tortilla?
el vaso	das Glas	
el plato	der Teller	E plate
el jamón	der Schinken	F le jambon
el cuchillo	das Messer	
la cuchara	der Löffel	
el tenedor	die Gabel	
la sal	das Salz	E salt F le sel
¿Qué te pasa?	Was ist mir dir los?	

doscientos once 211

pasar *algo* a *alguien*	*jdm etw.* reichen, geben	¿Me ~³ el queso, por favor?

⚠ Das Verb **pasar** hat viele Verwendungen:

Diego **pasa** mucho tiempo con Roberto. — ¿Vamos al cine? — ¡**Paso**! ¿Me **pasas** el pan, por favor?

el pan	das Brot	**F** le pain **L** panis
el agua ⚠ *f.*	das Wasser	¿Me pasas el ~, por favor? **L** aqua
el piercing	das Piercing	
la cara	das Gesicht	Laura, hija, ¿por qué pones esa ~?
la vez, las veces *pl.* ▶ a veces	das Mal	
decir (yo digo)	sagen	¿Me ~⁴ la verdad? **F** dire **L** dicere
la paz	der Frieden	
dejar a *alguien* en paz	*jdn* in Ruhe lassen	Mi hermano es curioso y nunca me ~⁵.
¿De parte de quién?	Wer ist am Apparat? *Telefonieren*	
ponerse (al teléfono)	(ans Telefon) gehen, kommen *Telefonieren*	¿Quieres hablar con Laura? Ahora ~⁶.

⚠ Das Verb **poner** hat viele Verwendungen:

Diego **se pone** un jersey. Laura **se pone** al teléfono. Roberto **pone** el libro en la mesa. Laura **pone** su música favorita. Manuel **pone** la mesa. Sergio **pone** ensalada a Manuel.

el postre	der Nachtisch, das Dessert	A Daniel le gustan los ~⁷.
¿Qué hay de postre?	Was gibt es zum Nachtisch?	
terminar *algo*	*etw.* (be-)enden, *hier*: mit *etw.* fertig werden	≠ empezar **F** terminer

1 acabo **2** pones **3** pasas **4** dices **5** deja en paz **6** se pone **7** postres

5C ¡YA SOY MAYOR!

(ser) mayor	*hier*: erwachsen, größer	Con 18 años tú eres ~.
el niño, la niña	das Kind	Alba todavía es una ~¹. ◆ el/la chico/-a
No sé qué hacer.	Ich weiß nicht, was ich tun soll.	
meterse en *algo*	sich in *etw.* einmischen	Mi familia ~² mucho en mi vida.
dejar de + *inf.*	aufhören, *etw.* zu tun	
estar triste	traurig sein	≠ feliz **F** triste
controlar *algo* / a *alguien*	*etw./jdn* kontrollieren, überwachen	
aguantar *algo* / a *alguien*	*etw./jdn* aushalten	Mi hermano siempre hace chistes conmigo. No lo ~³.

¡Qué corte!	Wie peinlich!	¿Leer mi redacción a la clase? ¡~!
a mi aire	nach Lust und Laune	Quiero estar ~.
el chivato, la chivata *fam.*	die Petze	Manuel es un ~. Siempre cuenta todo a su padre.
sin	ohne	≠ con F sans L sine
cuando + *ind., conj.*	immer wenn	~ llego a casa, él me espera. F quand

> ⚠ Unterscheide: ¿**Cuándo** tocas la guitarra? **Wann** spielst du Gitarre?
> Toco **cuando** tengo tiempo. Ich spiele, **(immer) wenn** ich Zeit habe.

estar a solas	allein sein	
pedir *algo* a *alguien* (e → i, yo pido)	*jdn* um *etw.* bitten, *etw.* bestellen	Diego ~⁴ a su madre un poco de dinero.
demasiado	zu, zu sehr, zu viel	Ana habla ~. ◆ bastante, muy
si	ob	Pregunta a Vega ~ quiere salir con nosotras.

> ⚠ Achte auf die unterschiedliche Schreibung:
> **Sí**, es verdad. **Ja**, das stimmt.
> Verena **sí** sabe esquiar. Verena kann **doch** Skifahren.
> Mis padres pregunta **si** quiero ir. Meine Eltern fragen, **ob** ich fahren will.

trabajar	arbeiten	Mi madre ~⁵ mucho. F travailler
el ejemplo	das Beispiel	E example F l'exemple *m.*
por ejemplo (= p. ej.)	zum Beispiel (z. B.)	E for example F par exemple
conocer *algo* / a *alguien* (c → zc, yo conozco)	*etw./jdn* kennen, kennenlernen	¿~⁶ a Pepe? Es un chico muy alegre. F connaître
enfadarse con *alguien*	auf *jdn* böse werden, sich über *jdn* ärgern	La profe ~⁷ conmigo porque estoy en las nubes.
la bronca	der Streit, Krach	
tener bronca	Streit haben	Con un suspenso tengo ~ en casa.
rebelde	rebellisch, aufmüpfig	Vega es una chica un poco ~.
el consejo	der Rat	F conseil L consilium
el lugar	der Ort, die Stelle	Este es mi ~ favorito en Salamanca.
ponerse en el lugar de *alguien*	sich in *jdn* hinein versetzen	
antes *adv.*	vorher, früher	≠ después
independiente	unabhängig	E independent F indépendant/e
el secreto	das Geheimnis	
normal	normal, gewöhnlich	¡Tranquilo! Es ~.
responsable (de *algo/alguien*)	(für *etw./jdn*) verantwortlich	Los padres son ~⁸ de sus hijos. E responsible F responsable
la paciencia	die Geduld	E patience F la patience L patientia
opinar *algo* (de *algo*)	*etw.* (über *etw.*) denken	Creo que es así. Y tú, ¿qué ~⁹?

1 niña **2** se mete **3** aguanto **4** pide **5** trabaja **6** Conoces **7** se enfada **8** responsables **9** opinas

PARA COMUNICARSE UNIDAD 5

das Aussehen von Personen beschreiben
(Mi prima) es bastante (alta).
Tiene el pelo (rubio) y los ojos (azules).
Siempre lleva (una cazadora verde y vaqueros).
A veces lleva (gafas).

über Kleidung sprechen
¿Te gusta este (jersey) o ese de ahí?
¿No es demasiado estrecho/ancho/claro/oscuro …?
Estos zapatos son (muy de fiesta).
Es la moda.
Necesito la talla (38).
¿(No) me queda bien?

nach dem Preis fragen
¿Cuánto es? / ¿Cuánto cuestan?
Son (28) euros, por favor.
No es caro/-a. / Es muy/demasiado caro/-a.

die Aussage von jdm wiedergeben
Dicen que … / Piensa que … / Me pregunta si …

dich am Telefon melden und reagieren
– ¿Diga? – Hola, ¿está (Laura)?
– ¿De parte de quién? / ¿Quién es? – Soy (Tomás).
Sí, ahora se pone. / Pues no, no está. ¿Le quieres dejar un recado?
Llamo más tarde.

sagen, was jd gerade macht
Estoy comiendo/leyendo/haciendo los deberes.

einen Rat geben
Tienes que (tener un poco de paciencia).
¿Por que no (te pones en el lugar de …)?
Habla con ella de tus problemas.
Creo que … / Pienso que …

jdn nach seiner Meinung fragen
¿Qué opinas?
¿Qué piensas?

6 COLOMBIA

¡ACÉRCATE!

la capital	die Hauptstadt	E capital F la capitale
el millón, los millones *pl.*	die Million	
el/la habitante	der/die Einwohner/in	Los ~¹ de Salamanca se llaman salmantinos. E inhabitant F l'habitant/e
el/la productor/a	der/die Produzent/in	F le/la producteur/-trice
el café	der Kaffee	–¿Qué tomas? –Un ~, por favor.
la flor	die Blume	La rosa es una ~.
la plantación, las plantaciones *pl.*	die Plantage	Un productor de café tiene grandes ~². E plantation F la plantation
cerca (de …) *adv./prep.*	in der Nähe (von …), nahe (bei …)	Toledo está ~³ Madrid.
el norte	der Norden	Bilbao es una ciudad en el ~ de España.
el país	das Land	Colombia es un ~ bonito. F le pays
la altura ▶ alto/-a	die Höhe	F l'altitude *f.*
el metro	der Meter	
tener una altura de … metros	… Meter hoch sein	
la fruta	das Obst	E fruit F le fruit
el zumo	der Saft	A muchos no les gusta el ~ de tomate.
la región, las regiones *pl.*	die Region	

UNIDAD 6A

estar situado en + Ort	liegen	F être situé/e à
América del Sur	Südamerika	Venezuela es un país de ~.
el sur	der Süden	Málaga está en el ~ de España. ≠ el norte
el este	der Osten	Valencia está en el ~ de España. F l'est *m*.
el oeste	der Westen	Salamanca está en el ~ de España. ≠ el este F l'ouest *m*.

dos veces más grande que …	zwei Mal so groß wie …	
limitar con *algo*	an *etw.* grenzen	España ~⁴ Portugal, Francia e Inglaterra.
Brasil	*Brasilien*	Río de Janeiro es una ciudad en ~.
Bolivia	*Bolivien*	La capital de ~ es Sucre.
Panamá	*Panama*	~ limita con Costa Rica y Colombia.
la Cordillera de los Andes	*die Andenkordillere*	La ~ está situada en América del Sur.
el canal	der Kanal	El ~ de Panamá está en América del Sur.
la lengua oficial	die Amtssprache	En España hay cuatro ~⁵. E official language F la langue officielle
el portugués	Portugiesisch *Sprache*	En Portugal la gente habla ~. E Portuguese F le portugais
el producto	das Produkt	
típico/-a	typisch	E typical F typique
el plátano	die Banane	◆ la fruta
el azúcar	der Zucker	Así no me gusta el café. Falta ~. E sugar F le sucre
la persona	die Person	En Bogotá viven siete millones de ~⁶.
famoso/-a	berühmt	Shakira es muy ~⁷ en Colombia.
el kilómetro	der Kilometer	

1 habitantes 2 plantaciones 3 cerca de 4 limita con 5 lenguas oficiales 6 personas 7 famosa

6A AYER EN BOGOTÁ

ayer	gestern	~ es el día antes de hoy. ◆ mañana, hoy F hier
el primo, la prima	der/die Cousin/e	La hija de mi tía es mi ~¹.
¡Disculpa!	Entschuldige.	~, ¿te puedo preguntar algo?
por el momento	momentan, im Moment	–¿Quieres comer algo? – ~ no, gracias.

doscientos quince **215**

UNIDAD 6A

pagar *algo*	etw. bezahlen	E to pay F payer
la cuenta ▶ contar	die Rechnung	
fuera	draußen	
cuando *conj.*	als *zeitlich*	~ llegué a casa, comí primero algo. F quand

> ⚠ **Unterscheide:**
> **Cuando** llego a casa escucho música. **Immer wenn** ich nach Hause komme, höre ich Musik.
> **Cuando** entré en el aula, todos se callaron. **Als** ich den Raum betrat, verstummten alle plötzlich.

¡Fíjate!	Stell dir vor!	◆ ¡Imagínate!
el festival	das Festival	
el verano	der Sommer	En ~ tengo seis semanas de vacaciones.
el festival de verano	das Sommerfestival	
el programa ⚠ *m.*	das Programm	
el concierto	das Konzert	Me gusta el rock. Voy a muchos ~².
más	*hier:* noch	
¡Cuéntame!	Erzähl!	¿Es un secreto? Anda, ~.
primero	zuerst	~ hago los deberes y después veo una peli.
el compañero, la compañera	der/die Klassenkamerad/in, Mitschüler/in	Cristina es una ~³ de clase de Laura y los chicos.
perderse (e → ie, yo me pierdo)	sich verlaufen, sich verirren	En Madrid yo ~⁴ a veces.
justo *adv.*	genau	Mi casa está ~ delante de la universidad.
antes de + *sust.*	vor (+ S.)	Prepara tu mochila para mañana ~ la peli.
pasar por (+ *sust.*)	bei (+ S.) vorbeikommen	F passer par
Es que (+ *Satz*). *fam.*	Es ist nämlich so, dass (+ *Satz*).	– ¿No vienes? – No. ~ no tengo dinero.
hace + *Zeitangabe*	vor + *Zeitangabe*	~ dos días me llamó.
último/-a	letzte/r, letztes	≠ primero/-a L ultimus/-a/-um
por última vez	zum letzten Mal	
desde entonces	seitdem	
nada	nichts	– ¿Qué te pasa? – ~. ≠ todo
quedarse	bleiben	– ¿~⁵ hoy en casa? – No, después salgo.

> ⚠ **Unterscheide:** Roberto **queda** con Diego a las seis. Roberto **trifft** Diego um sechs Uhr.
> Vega **se queda** en casa. Vega **bleibt** zu Hause.

llamar a la puerta	an der Tür klingeln	Escucha, creo que alguien ~⁶.
la playa	der Strand	F la plage
el lago	der See	Hay playas muy bonitas en este ~ . F le lac
el Caribe	die Karibik	
No hace falta.	Es ist nicht nötig.	– ¿Te ayudo? – No, gracias, ~. ◆ necesitar

UNIDAD 6B

encontrarse con *alguien* (o → ue, yo me encuentro) ▶ el encuentro	jdm begegnen, sich mit jdm treffen	Ayer Carlos ~⁷ con Ana en el cine.
¡No me digas!	Was du nicht sagst! / Sag bloß!	– Imagínate: ¡me encontré con Diego! – ¡~!
todo el tiempo	die ganze Zeit	~ pienso en él. F tout le temps
callarse	schweigen, verstummen	
¿Cómo que …?	Was soll das heißen, dass …?	¿Qué estás diciendo? ¿~ no vienes conmigo?
Ni idea.	Keine Ahnung!	– ¿Qué hacemos? – ~. E No idea!

1 prima 2 conciertos 3 compañera 4 me pierdo 5 Te quedas 6 llama a la puerta 7 se encontró

6B EL GOLOMBIAO

el Golombiao	Wortschöpfung aus gol und Colombia	
gritar	schreien	Eh, ¿me esperas? ~¹ el chico. ◆ llamar
(no) vale	hier: das gilt (nicht)	No es correcto y no ~. F valoir L valere
participar (en *algo*)	(an *etw.*) teilnehmen	Laura ~² en el grupo de teatro del Lucía. E to participate F participer
el campeonato	der Wettkampf, die Meisterschaft	E championship F le championnat
la regla	die Regel	F la règle
el juego ▶ jugar	das Spiel	¿Por qué discutís? Sólo es un ~. F le jeu
la regla de juego	die Spielregel	Antes de jugar tenemos que leer las ~³.
al menos	wenigstens, mindestens	Para aprenderlo de memoria leo el texto ~ cinco veces. F au moins
el árbitro	der Schiedsrichter	F l'arbitre *m.* L arbiter
antes de + *verbo*	(be)vor + Verb	Me cambio siempre ~ salir. F avant de
ganar *algo*	etw. gewinnen Spiel, verdienen Geld	Me gusta jugar, sobre todo cuando ~⁴. F gagner
sino	sondern	Diego no es de Venezuela ~ de Colombia.
no sólo … sino también	nicht nur …, sondern auch …	En Cuzco mucha gente ~ habla español ~ quechua.
el respeto	der Respekt	Más ~, por favor. Soy tu hermana.
el trabajo ▶ trabajar	die Arbeit	A las siete y media mi madre se va al ~. F le travail
el trabajo en equipo	das Teamwork	En el mundo de hoy el ~ es importante.
tener lugar	stattfinden	El campeonato ~⁵ en España.
el barrio	das Viertel	En una ciudad hay muchos ~⁶. ◆ la ciudad, el pueblo
pobre	arm	Ruben está muy enfermo. ¡~ tío! F pauvre L pauper

doscientos diecisiete **217**

la violencia	die Gewalt	**E** violence **F** la violence **L** violentia
ayudar a *alguien*	*jdm* helfen	¿Tienes problemas? Te puedo ~. **L** adiuvare
nacer (c → zc, yo nazco)	geboren werden, entstehen	Yo ~[7] hace quince años. **F** naître
la mezcla	die Mischung	
por primera vez	zum ersten Mal	≠ por última vez
organizar *algo*	*etw.* organisieren	La peña ~[8] una fiesta sorpresa.
mil	tausend	**F/L** mille
3000 (= tres mil)	3000	
el proyecto	das Projekt	
luchar	kämpfen	El equipo ~[9] mucho para ganar el juego. **F** lutter
el éxito	der Erfolg	Shakira tuvo mucho ~ en todo el mundo.
otro/-a	andere/r, anderes	¿Tienes la camiseta también en ~[10] tallas? **F** autre **L** alter/a/-um
en 2005 (dos mil cinco)	(im Jahre) 2005	
internacional	international	Este es un partido de fútbol ~.
Argentina	Argentinien	
Alemania	Deutschland	**F** l'Allemagne *f.*
el asesor, la asesora	der/die Berater/in	
después de + *verbo*	nach + *Verb*	~ comer hago los deberes.

> ⚠ Unterscheide:
> Voy contigo al cine, pero **antes** tengo que ducharme.   Primero te duchas y **después**, vamos al cine.
> **Antes de** la cena salgo con mis amigos.   **Después del** instituto vuelvo a casa.
> **Antes de** estudiar escucho música.   **Después de** ver la tele hago los deberes.

decidir *algo*	*etw.* entscheiden	Tenemos que ~: ¿vamos al cine o no? **E** to decide **F** décider
el punto	der Punkt	Mi equipo ganó cien ~[11]. **F** le point
el comportamiento	das Verhalten	Un buen ~ es importante para el trabajo en equipo. **F** le comportement
entre	zwischen	Panamá está situado ~ Costa Rica y Colombia. **F** entre **L** inter
estar de acuerdo	einverstanden sein	Él piensa otra cosa, no ~[12]. **F** être d'accord
al principio	am Anfang	≠ al final
pasado/-a ▶ pasar	vergangen/e, vergangenes	El mes ~ fui a Cartagena. **F** passé/e
el viaje	die Reise	Los alumnos hicieron un ~ a Baqueira.

1 grita 2 participa 3 reglas del juego 4 gano 5 tiene lugar 6 barrios 7 nací 8 organiza 9 lucha 10 otras 11 puntos
12 está de acuerdo

PARA COMUNICARSE UNIDAD 6

wichtige Daten eines Landes vorstellen
(España) está situada en (Europa).
Limita con (Portugal y Francia).
La capital de (España) es (Madrid).
España tiene (47) millones de habitantes.
(El español y el catalán) son lenguas oficiales de España.
El Río (Tormes) tiene (247) kilómetros. / es muy importante.
(El pico de Aneto) tiene una altura de (3400) metros.
Productos típicos españoles son (los tomates y el jamón).

Angaben zu den Himmelsrichtungen machen
(Los Pirineos) están en el norte de (España).
En el sur / en el este / en el oeste de (España) hay …

in einem Gespräch etw. besonders betonen und darauf reagieren
¡Fíjate! … / ¡Imagínate! …
¿Sabes qué pasó (luego)?
Cuéntame.
¡Vaya sorpresa/caos …!
¡No me digas! ¿Cómo que …?

erzählen, was jd erlebt hat
Primero …, después …, además … y al final …
Antes de …. / Después de ….
Hace dos días …. / Desde entonces …. /
Dos días más tarde …. / La semana pasada …
Por eso, …. / Es que …

sich entschuldigen
¡Disculpa! Es que (no tengo tiempo).

etw. bewerten
Al principio fue (difícil).
Claro, todavía hay problemas, pero ahora (hay más respeto).
Para (mi madre), (el fútbol es un deporte para chicos).

7 DE VIAJE POR ESPAÑA

¡ACÉRCATE!

(estar) de viaje	auf Reisen (sein)	Mi madre no está aquí. ~[1].
la farmacia	die Apotheke	E pharmacy F la pharmacie
por aquí	hier (in der Nähe, entlang)	
cruzar *algo*	*etw.* überqueren	El niño es muy pequeño para ~ la calle a solas. E to cross
todo recto	(immer) geradeaus	¿Para ir a la Plaza Mayor? Ve ~. F tout droit
girar	abbiegen	Tienes que ~ a la derecha.
¡Perdona!	Verzeihung!	~, ¿me puedes ayudar? ◆ ¡Disculpa!
la oficina	das Büro	E office F l'office *m.*
Correos	die Post *Amt*	

Die Ordnungszahlen findest du auf S. 179.

seguir *algo / a alguien* (e → i, yo sigo)	weitergehen, *etw./jdm* folgen	– ¿Cómo ~[2] la historia?
¿Cómo?	Wie bitte?	¿~? No entiendo ni jota.
repetir *algo* (e → i, yo repito)	*etw.* wiederholen	No entiendo, ¿~[3] la pregunta? E to repeat F répéter L repetere

coger *(yo cojo)*	nehmen	– ¿Qué bus ~⁴ para ir allí? **L** colligere

> ⚠ Achte darauf, dass das **-g-** von **coger** vor **-a** und **-o** zu **-j-** wird:
> Yo siempre cojo esta calle para ir al instituto.

lejos (de) *adv./prep.*	weit (weg), weit (entfernt)	– ¿Está por aquí? – No, está un poco ~. ≠ cerca
luego	dann, später, nachher	– Primero leo y ~ veo la tele. = después
el supermercado	der Supermarkt	
enfrente (de) *adv./prep.*	gegenüber	El puente está ~ de la catedral. **E** in front of
Más despacio.	Langsamer.	¿Puedes hablar ~?
otra vez	noch einmal, (schon) wieder	– Mañana, hay un examen. – ¿Qué? ¡~!

1 Está de viaje **2** sigue **3** repites **4** cojo

7A ¡POR FIN VACACIONES!

las vacaciones de verano *pl.*	die Sommerferien	Las ~ en España son desde junio hasta septiembre.
todo el + *sust.* / **toda la** + *sust.*	alle	Los chicos se ven ~¹ días. **F** tout le / toute la **L** totus/-a/-um

> **todos los** chicos — alle Jugendlichen **todo el** mundo — die ganze Welt **todo el** día — den ganzen Tag
> **toda la** gente — alle Leute **todo el** tiempo — die ganze Zeit **todos los** días — jeden Tag

el plan	der Plan	– ¿Qué haces hoy? – Todavía no tengo ~².
(tres semanas) más	(drei Wochen) noch	Dos días ~ y ya tenemos el examen.
¡Yuju!	Juhu!	– No hay examen. – ¡~!
a lo mejor	unter Umständen, womöglich	
dejar a *alguien* **a su aire**	jdm seinen Willen lassen	No los aguanto. ¿Por qué no me ~³?
cotilla *inv.*	klatschhaft	Este charla de todo. Es muy ~.
olvidar *algo*	etw. vergessen	En las vacaciones quiero ~ el instituto. ≠ pensar en algo/alguien
el chaval *fam.*	der Junge, der Bursche	
seguir igual	*hier:* immer noch genauso aussehen/sein	Ana ya tiene 16 años pero ~⁴.

> ⚠ Das Verb **seguir** hat viele unterschiedliche Verwendungen:
> Tienes que **seguir** este ejemplo. — Du musst diesem Beispiel **folgen**.
> ¿Cómo **sigue** la historia? — Wie **geht** die Geschichte **weiter**?
> Tienes que **seguir** todo recto. — Du musst geradeaus **weitergehen**.
> Pero, ¡**sigues** igual! — Aber du **siehst immer noch genauso aus**!

¡Cómo pasa el tiempo!	Wie die Zeit vergeht!	– Pronto voy a terminar la ESO. – ¡~!
de mi edad	in meinem Alter	Busco chicos ~ para hablar en el chat.
la marcha *fam.*	*hier:* die Stimmung, Atmosphäre	Ahí siempre hay mucha ~.
la verdad *fam.*	*hier:* aber echt	Fui a un concierto superbueno, ~.
secreto/-a ▶ el secreto	geheim	**E** secret **F** secret/-ète

UNIDAD 7B

lo mismo	dasselbe	La gente siempre cuenta ~.
estar lleno/-a	voll sein	El bus está ~. No podemos subir. **L** plenus/-a/-um
el campamento	das (Ferien-)Lager	En julio me fui a un ~ de deporte.
ser una pasada *fam.*	fantastisch sein	Tengo una nueva bici. ¡Es una ~!
el piragüismo	der Kanusport	En el Río Tormes, se puede hacer ~.
la caminata	der (lange) Fußmarsch	Odio las ~⁵ largas. Me duelen los pies.
la sierra	das Gebirge	En la ~ la gente hace caminatas largas.
¡Anda! *fam.*	Na, komm!	
el chalé, los chalés *pl.*	das Ferienhaus	Mi padre sueña con un ~. **F** le chalet
el tío, la tía	der Onkel, die Tante	La hermana de mi madre es mi ~⁶.
patinar	Rollschuh laufen, Inline skaten, eislaufen	En invierno, mucha gente va a ~. **F** patiner
el cíber *fam.* (= el ciber-café)	das Internetcafé	En un ~ puedes buscar cosas en Internet.

1 todos los **2** planes **3** dejan a mi aire **4** sigue igual **5** caminatas **6** tía

7B BESOS Y RECUERDOS A TODOS

el recuerdo	der Gruß, das Souvenir	Cuando estoy de viaje, compro ~¹.
Querido/-a …	Liebe/r … *Brief*	
el surf	das Surfen	
Hace (viento).	Es ist (windig).	
el viento	der Wind	En las montañas hace mucho ~. **F** le vent **L** ventus
el calor	die Hitze, Wärme	En Sevilla hace mucho ~.
estar nublado	bewölkt sein	Hoy está un poco ~.
el sol	die Sonne	En julio, hace mucho ~. **F** le soleil **L** sol
quemar	brennen, verbrennen	El sol puede ~. **L** cremare
Hace buen/mal tiempo.	Es ist gutes/schlechtes Wetter.	
Estamos a 34 grados.	Es sind 34°.	
visitar ▶ la visita	besuchen	**E** to visit **F** visiter **L** visitare
la montaña rusa	die Achterbahn	
estar dale que dale … *fam.*	etw. zum wiederholten Mal sagen	
Cataluña ▶ el catalán	Katalonien	~ es una región en el este de España.
no … nada	nichts, überhaupt nicht	A veces Vega ~ entiende ~ en la clase.
estar emocionado/-a	gerührt sein	
no … nadie	niemand	En Barcelona Vega ~ conoce a ~.
dar recuerdos a *alguien*	jdn grüßen	Y ~² a tu novia también.
el saludo	der Gruß, *hier:* Liebe Grüße *Brief*	~³ a tu amiga Sandra

doscientos veintiuno **221**

Galicia	Galicien	~ está en el noroeste de España.
Andalucía	Andalusien	~ está en el sur de España.
llover (o → ue, llueve)	regnen	En noviembre ~⁴ mucho en Alemania. ≠ hacer sol
el frío	die Kälte	En enero hace mucho ~ en Alemania. ≠ el calor

¿Hace buen tiempo?

Hace sol.   Hace calor.   Hace frío.   Llueve.   Está nublado.   Hace viento.

Nos quedamos aquí como sardinas.	Wir sitzen hier wie die Ölsardinen.	
no … nunca	nie	
perder *algo* (e → ie, yo pierdo) ▸ perderse	etw. verlieren	¡Cuidado con tu móvil! Ya ~⁵ el viejo. **F** perdre
más	mehr	
el abrazo	die Umarmung; *hier:* Herzliche Grüße *Brief*	
el clima	das Klima	
la cultura	die Kultur	
la tradición	die Tradition	

1 recuerdos **2** dale recuerdos **3** Saludos **4** llueve **5** perdiste

PARA COMUNICARSE UNIDAD 7

einen Weg beschreiben
Perdona, ¿dónde hay (una farmacia) por aquí?
¿Está por aquí (la oficina de Correos)?
¿Cómo llego a (la Plaza Mayor)?
¿Está cerca/lejos?
Cruza esta calle/plaza. / Ve todo recto y después gira a la (izquierda/derecha). / Sigue todo recto hasta (la plaza) y luego coge la (segunda) calle a la (derecha).

nachfragen, wenn du etw. nicht verstehst
¿Cómo? Más despacio, por favor.
No entiendo, ¿puedes repetir?
No tan rápido, otra vez por favor.

über Pläne und Vorhaben sprechen
¿Qué vais a hacer (este fin de semana/esta tarde)?
¿Vas a visitar (a tus abuelos)?
Pues, no sé. A lo mejor voy a …
Bueno, el sábado vamos a …

Vor- und Nachteile abwägen
No está mal porque …
Además hay …
Pero …, ¿no?
Por eso …

eine Postkarte und einen Brief schreiben
¡Hola (familia)! / Querido/-a …:
¿Qué tal? Por aquí todo bien.
¡Escríbeme pronto!
¡Mil besos y recuerdos a (todos)! / Un beso y dale recuerdos a (Rubén).

über das Wetter sprechen
Hace buen/mal tiempo.
Hace (mucho / un poco) sol/viento/calor/frío.
Está (un poco) nublado.
Llueve mucho.
Estamos a (29) grados.

Begeisterung ausdrücken
¡Es una pasada!

SUPLEMENTO CATALUÑA: A BARCELONA

haber	haben *Hilfsverb*	
⚠ Das Verb haben hat im Spanischen zwei Entsprechungen:	**tener** Vollverb Yo **tengo** hambre. Ellos no **tienen** tiempo.	**haber** Hilfsverb (pretérito perfecto) Yo **he** visitado Barcelona. Ellos no **han** estado en Madrid.
Es la primera vez que …	Es ist das erste Mal, dass …	No lo conozco, ~ lo veo.
enseñar algo a alguien	jdm etw. zeigen	No lo veo, ¿me lo puedes ~? **F** enseigner
¡Oiga! ▶ *¡Oye!*	Hören Sie. *hier:* Entschuldigen Sie.	
¿Qué vais a tomar?	Was wollt ihr essen/trinken?	
el bocadillo	das belegte Brötchen	Quiero un ~ con queso por favor.
la naranja	die Orange	¿Me pones un zumo de ~, por favor?
A ver. fam.	Mal sehen.	
el pincho	das Spießchen	En Bilbao la gente come muchos ~¹.
el pan con tomate (= el pà amb tomàquet cat.)	Brot mit Tomate (katalanische Spezialität)	El ~ es típico de Cataluña.
el/la camarero/-a	der/die Kellner/in	El ~ nos pregunta qué vamos a tomar.
beber algo	etw. trinken	En verano tienes que ~ mucha agua. ≠ comer ◆ cenar, la cena, el desayuno
¿Y de beber?	Und zu trinken?	
¿Qué te pongo?	Was kann ich dir bringen?	
el granizado	das Granizado (Erfrischungsgetränk)	

Comer y beber …

el pan — la tortilla — el bocadillo — el zumo de naranja — el agua *f.*

la ensalada — los pinchos de tortilla — el queso — el granizado

probar algo (o → ue, yo pruebo) ▶ *la prueba*	etw. probieren	¿Qué tal el granizado? ¿Puedo ~?
mejor que	besser als *Vergleich*	
el sitio ▶ *estar situado en*	der Ort	Ya conozco el ~. Estuve aquí hace un año. = el lugar **E** site **F** le site
más (fácil) que	(leicht)er als *Vergleich*	
tan (fácil) como	so (leicht) wie *Vergleich*	Esas gafas no son ~ caras ~ estas.
la lengua materna	die Muttersprache	Mi ~ es el alemán/ruso/turco. ◆ la lengua oficial **F** la langue maternelle
la vuelta ▶ *volver*	die Runde, der Spaziergang	
dar una vuelta (yo doy)	spazieren gehen	¡Qué buen tiempo! ¿~² al parque?
el músico, la música ▶ *la música*	der/die Musiker/in	Una persona que toca la guitarra es un ~.

la vista ▶ ver	die Aussicht	Desde la montaña tienes una ~ fenomenal.
guay inv., fam.	cool	= fenomenal, genial
la iglesia	die Kirche	F l'église f. L ecclesia
raro/-a	seltsam	
menos (famoso/-a) que	weniger (berühmt) als Vergleich	
Hay tantas cosas que (ver).	Es gibt so viele Dinge zu (sehen).	En este pueblo ~.
estar muerto/-a ▶ morirse	tod(müde) sein	Despues de patinar todo el día ¡estoy ~! F mort/e L mortuus/-a/-um
¿Ponemos fondo?	Legen wir zusammen?	¿Cómo pagamos? ¿~?
peor (que) adj./adv.	schlechter Vergleich	

1 pinchos 2 Damos una vuelta

SUPLEMENTO CATALUÑA: B MI LUGAR FAVORITO

el/la reportero/-a	der/die Reporter/in	El ~ hizo preguntas a la estrella de rock.
el periódico	die (Tages-)Zeitung	Mi madre lee cada mañana el ~. ◆ la revista, el/la reportero/-a
escolar	schulisch, Schul- (+ S.)	F scolaire
el periódico escolar	die Schülerzeitung	
el reportaje	die Reportage	Laura hace ~¹ para el periódico escolar.
el/la joven, los jóvenes pl.	der/die Jugendliche	En la ciudad faltan espacios para ~². ◆ el chico/la chica
la entrevista	das Interview	

Hacer un periódico escolar	el/la reportero/-a la revista	escribir un reportaje hacer una entrevista

cambiar algo ▶ cambiarse	etw. verändern	¿No te gusta el programa? Lo podemos ~. ≠ seguir igual
acostumbrarse a algo/ alguien	sich an etw./jdn gewöhnen	Es nuevo para él, pero se va a ~³.
a menudo	oft	Cuando haces algo ~, lo haces muchas veces. ≠ a veces
el/la mejor + sust.	der/die beste (+ S.) Vergleich	
el museo	das Museum	¿Vamos a ver la catedral o el ~?
sentarse (e → ie, yo me siento)	sich hinsetzen	Después de correr dos horas, tengo que ~⁴.
la escalera	die Treppe, Leiter	No subo la ~, tengo miedo de caerme. F l'escalier m.
pasarlo bomba fam.	sich köstlich amüsieren	
el malabarismo	das Jonglieren, die Gauklerei	
el tambor	die Trommel	◆ la guitarra F le tambour

enseñar a alguien a + Inf.	jdm beibringen, etw. zu tun	¿Me vas ~ a tocar la guitarra?
tocar el tambor	trommeln	El músico sabe ~.
el rato	die Weile	= un momento
la canción, las canciones ▶ cantar	das Lied	¿Por qué no cantas una ~ bonita?
marchoso/-a ▶ la marcha	belebt	Por la noche la plaza se pone muy ~⁵. = animado/-a
barato/-a	billig, günstig	Algo que no cuesta mucho es ~. ≠ caro/-a
de segunda mano	gebraucht, Second Hand- (+ S.)	No es nuevo sino ~.
encontrar algo (o → ue, yo encuentro) ▶ encontrarse, el encuentro	etw. finden	Vega nunca ~⁶ sus cosas, siempre está buscando algo. ≠ buscar algo

⚠ *Unterscheide:*

Vega no **encuentra** sus cosas.   Vega **findet** ihre Sachen nicht.
Vega **se encuentra** con Cristina en la Plaza Mayor.   Vega **begegnet** Cristina auf der Plaza Mayor.

el otro día	letztens, neulich	No sabes a quién vi ~. F l'autre jour
recorrer algo ▶ correr	etw. durchqueren	Para conocer una ciudad tienes que ~ sus barrios.
el puerto	der Hafen	En Barcelona puedes dar una vuelta en el ~. E port F le port L portus
animado/-a	belebt	= marchoso/-a

1 reportajes 2 jóvenes 3 acostumbrar 4 sentarme 5 marchosa 6 encuentra

PARA COMUNICARSE SUPLEMENTO CATALUÑA

erzählen, was jd heute gemacht hat
Ya (he estado allí).
Hoy (he visto por primera vez al novio de mi amiga).
Esta mañana/tarde (hemos dado una vuelta de la ciudad).
Esta vez (he ido a solas).
Nunca (lo he escuchado antes).
Hasta ahora (no hemos comido nada).

Dinge miteinander vergleichen
(El catalán) es más/menos (fácil) que (el español).
(No es) tan (difícil) como (el inglés).
Es el mejor (sitio) de (toda la ciudad).
El lugar que más me gusta es (la *Plaça dels Àngels*).

etw. zu Essen und Trinken bestellen
Oiga, por favor.
¿Que te/os pongo? / ¿Que vais a tomar? / ¿Y de beber?
Para mí (un bocadillo con queso y un zumo de naranja), por favor.
La cuenta, por favor.
¿Ponemos fondo?

ein Interview führen
Hola, ¿te puedo hacer unas preguntas?
¿Puedes decirme cuál es (tu lugar favorito en Barcelona)?
Es que quiero escribir un reportaje sobre (los lugares favoritos de los jóvenes).
Soy reportero/-a del periódico escolar del (Lucía de Medrano).
¿Qué (sitio) te gusta más (en Barcelona)?

seine Lieblingsplätze beschreiben
¿Mi lugar favorito? (El *Carrer dels Tallers*), por ejemplo.
Para mí, (el *Port Olímpic*) es el sitio más importante.
Es una de (las calles más marchosas de Barcelona).
Allí encuentras de todo. Son las mejores (tiendas de la ciudad).
Es que (aquí/allí siempre pasa algo).
Hay gente que (hace malabarismos).
Está muy bien para (pasar un rato aquí/allí).

LISTA ALFABÉTICA

Die Zahl hinter dem Pfeil zeigt die Fundstelle an.
Verben mit Besonderheiten sind *blau* gedruckt, siehe **Los verbos** ab S. 181.
Grundschrift = obligatorischer Wortschatz
kursiv = fakultativer Wortschatz

A

a nach + *Stadt/Land*, zu/in ▶3/A
a casa nach Hause ▶2/A
¡A dormir! Geht schlafen! ▶4/C
a la/s … um … Uhr *Uhrzeit* ▶3/Ac
a la derecha (de) rechts (von) ▶2/B
a la hora de (comer) zur (Essens-)zeit ▶5/B
a la izquierda (de) links (von) ▶2/B
a lo mejor unter Umständen, womöglich ▶7/A
a menudo oft ▶Supl./B
a mi aire nach Lust und Laune ▶5/C
a solas (estar) allein sein ▶5/C
a veces manchmal ▶2/B
el **abrazo** die Umarmung ▶7/B; **Un ~** Herzliche Grüße *Brief* ▶7/B
abrir *algo* etw. öffnen ▶4/B
el/la **abuelo/-a** der Großvater, die Großmutter ▶2/A
los **abuelos** *pl.* die Großeltern ▶2/A
aburrido/-a langweilig ▶2/B
aburrirse (como una ostra) sich (schrecklich) langweilen ▶4/A
acabar de + *inf.* etw. gerade getan haben ▶5/B
acordarse (de *algo*, o → ue) sich (an *etw.*) erinnern ▶3/C
acostarse (o → ue) sich hinlegen ▶3/C
acostumbrarse a algo/alguien sich an etw./jdn gewöhnen ▶Supl./B
además außerdem ▶4/B
¡Adiós! Auf Wiedersehen! ▶1/C
¿Adónde? Wohin? ▶3/A
agotador/-a anstrengend ▶4/C
el **agua** *f.* das Wasser ▶5/B
aguantar algo/a alguien etw./jdn aushalten ▶5/C
ahí da ▶5/A
ahora jetzt, gleich ▶1/B; **~ mismo** jetzt sofort ▶5/A
al final am Ende, schließlich ▶3/B
al lado (de) neben ▶2/B
al menos wenigstens ▶6/B
al principio am Anfang ▶6/B
alegre fröhlich, lustig ▶3/B

Alemán Deutsch *Schulfach* ▶4/Ac
Alemania Deutschland ▶6/B
algo etwas ▶1/B
alguien *inv.* jemand ▶4/B
allí dort (drüben) ▶1/A
alto/-a groß, hoch, laut ▶5/Ac
la **altura** die Höhe ▶6/Ac; **tener una ~ de … metros** … m hoch sein ▶6/Ac
el/la **alumno/-a** der/die Schüler/in ▶1/B
amarillo/-a gelb ▶5/Ac
América del Sur Südamerika ▶6/Ac
el/la **amigo/-a** der/die Freund/in ▶1/Ac
ancho/-a weit ▶5/A
¡Anda! *fam.* Na, komm! ▶7/A
Andalucía Andalusien ▶7/B
animado/-a belebt ▶Supl./B
el **año** das Jahr ▶2/Ac
antes *adv.* vorher, früher ▶5/C
antes de vor *zeitlich* ▶6/A; **~ +** *verbo* (be)vor … ▶6/B
el **apellido** der Nachname ▶2/Ac
aprender a + *inf.* lernen, etw. zu tun ▶1/C; **~ *algo* de memoria** *etw.* auswendig lernen ▶4/A
apuntarse (a *algo*) sich (für *etw.*) anmelden, (bei *etw.*) mitmachen ▶4/B
aquí hier ▶1/A
el **árbitro** der Schiedsrichter ▶6/B
la **arepa** *der Maisfladen* ▶3/C
el **armario** der Schrank ▶2/B
el/la **asesor/a** der/die Berater/in ▶6/B
así so ▶4/A
la **asignatura** das Schulfach ▶4/Ac
el **aula, las aulas** *f., pl.* der (Klassen)Raum ▶4/B
la **avenida** die Allee, der Boulevard ▶2/Ac
ayer gestern ▶6/A
ayudar a *alguien jdm* helfen ▶6/B
el **azúcar** der Zucker ▶6/Ac
azul blau ▶5/Ac

B

¡Bah! Naja … ▶1/A
bailar tanzen ▶3/A
bajar *algo* etw. leiser stellen, senken ▶4/C; **bajarse (del bus)** (aus dem Bus) aussteigen ▶4/C; **~ por (la pista)** (die Piste) hinunterfahren, hinuntergehen ▶4/C
el **balcón** der Balkon ▶2/B
el **balón** der Ball ▶4/B
el **baloncesto** Basketball ▶4/B

barato/-a billig, günstig ▶Supl./B
el **barrio** das Viertel *Stadt* ▶6/B
bastante ziemlich, genug ▶2/B
beber algo etw. trinken ▶Supl./A
el **beso** der Kuss ▶3/C
la **bici** *fam.* (= la bicicleta) das Fahrrad ▶3/B
bien gut ▶1/A
bienvenido/-a a … willkommen in … ▶1/Ac
blanco/-a weiß ▶4/C
el *bocadillo* das belegte Brötchen ▶Supl./A
la **bolera** die Kegelbahn ▶3/A
el **boli** *fam.* (= el bolígrafo) der Kuli (=Kugelschreiber) ▶1/B
bonito/-a schön, hübsch ▶2/C
la **bronca** der Streit, Krach ▶5/C
la **bruja** die Hexe ▶3/C
bueno na gut, o.k. ▶¡Hola!;
bueno/-a gut ▶2/C; **Buenos días.** Guten Tag! ▶1/B
el **bus** der Bus ▶3/Ac
buscar *algo* etw. suchen ▶1/B

C

la **cabeza** der Kopf ▶4/C
cada *adj.* jede/r, jedes ▶4/Ac
caerse (me caigo) fallen, hinfallen, stürzen ▶4/C
el **café** der Kaffee ▶6/Ac
la **cafetería** die Cafeteria ▶1/B
callarse schweigen, verstummen ▶6/A
la **calle** die Straße ▶2/Ac
el **calor** die Hitze, Wärme ▶7/B
la **cama** das Bett ▶2/B
el/la **camarero/-a** der/die Kellner/in ▶Supl./A
cambiar algo etw. verändern ▶Supl./B
cambiarse sich umziehen ▶5/A
la **caminata** der (lange) Fußmarsch ▶7/A
la **camisa** das Hemd ▶5/Ac
la **camiseta** das T-Shirt ▶3/B
el **campamento** das (Ferien-)Lager ▶7/A
el **campeonato** der Wettkampf, die Meisterschaft ▶6/B
el **canal** der Kanal ▶6/Ac
Canarias *pl.* die Kanaren ▶3/Ac
la **canción** das Lied ▶Supl./C
cantar *algo* etw. singen ▶4/B
el **caos** das Chaos ▶4/C
la **capital** die Hauptstadt ▶6/Ac
la **cara** das Gesicht ▶5/B
el **Caribe** die Karibik ▶6/A
caro/-a teuer ▶5/A
la **casa** das Haus, die Wohnung ▶1/C

226 doscientos veintiséis

casi fast, beinahe, quasi ▶3/B
castaño (kastanien-)braun ▶5/Ac
el catalán Katalanisch (Sprache) ▶¡Hola!
Cataluña Katalonien ▶7/B
la catedral die Kathedrale ▶1/Ac
la cazadora die (Wind-)Jacke ▶5/Ac
el cedé die CD ▶3/A
la cena das Abendessen ▶2/A
cenar zu Abend essen ▶4/C
el centro das Zentrum ▶1/Ac; el ~ comercial das Einkaufszentrum ▶3/A; el ~ cultural das Kulturzentrum ▶3/A; el ~ de la ciudad das Stadtzentrum ▶1/Ac
cerca (de …) in der Nähe (von …), nahe (bei …) ▶6/Ac
cerrar (e → ie) schließen ▶3/Ac
el chalé das Ferienhaus ▶7/A
la chaqueta die Jacke ▶5/Ac
charlar plaudern, sich unterhalten ▶1/B
el chat der Chat ▶1/C
el chaval fam. der Junge ▶7/A
el/la chico/-a der Junge, das Mädchen ▶1/A
el chiste der Witz ▶4/C
el/la chivato/-a m./f., fam. die Petze ▶5/C
el/la cíber fam. (= el cibercafé) das Internetcafé ▶7/A
Ciencias Naturales pl. Naturwissenschaften Schulfach ▶4/Ac
el cine das Kino ▶3/A
la ciudad die Stadt ▶1/Ac
claro adv. (na) klar ▶1/Ac; ~ que … Natürlich (+ Satz). ▶2/A
claro/-a adj. hell ▶5/A
la clase der Unterricht, die Klasse, das Klassenzimmer ▶1/B
el clima das Klima ▶7/B
la cocina die Küche ▶2/A
coger nehmen ▶7/Ac
la cola die Schlange ▶3/A
el colegio (= el cole fam.) die Schule, in Spanien: die Grundschule ▶3/C
Colombia Kolumbien ▶1/A
el comedor die Kantine, das Esszimmer ▶3/C
el comentario der Kommentar ▶4/A
comer algo etw. essen ▶4/A
como wie ▶1/A
¿Cómo? Wie? ▶¡Hola!; Wie bitte? ▶7/Ac; ¿~ pasa el tiempo! Wie die Zeit vergeht! ▶7/A; ¿~ se dice (en español)? Wie sagt man (auf Spanisch)? ▶1/B; ¿~ se escribe? Wie schreibt man das? ▶1/B
el/la compañero/-a der/die Klassenkamerad/in ▶6/A

compartido/-a gemeinsam ▶2/B
compartir algo etw. (miteinander) teilen ▶1/C
el comportamiento das Verhalten ▶6/B
comprar algo etw. kaufen ▶3/B
comprender algo etw. verstehen ▶1/C
con mit ▶1/A
el concierto das Konzert ▶6/A
conmigo mit mir ▶2/C
conocer algo/a alguien (c → zc) etw./jdn kennen, kennenlernen ▶5/C
el consejo der Rat ▶5/C
contar algo (o → ue) etw. erzählen, zählen ▶3/B
contento/-a (estar) zufrieden sein ▶4/A
contestar algo etw. (be)antworten ▶1/C
contigo mit dir ▶2/C
contra gegen ▶4/B
controlar algo/a alguien etw./jdn kontrollieren, überwachen, überprüfen ▶5/C
la Cordillera de los Andes die Andenkordillere ▶6/Ac
el coro der Chor ▶4/B
Correos die Post Amt ▶7/Ac
correr rennen, laufen ▶3/Ac; ¡Corre! Beeil dich! ▶3/Ac
corto/-a kurz ▶5/Ac
la cosa die Sache, das Ding ▶3/B
costar (o → ue) kosten ▶5/A
cotilla inv. klatschhaft ▶7/A
creer algo etw. glauben ▶3/B
cruzar algo etw. überqueren ▶7/Ac
¿Cuál/es? pron. welche/r, welches? ▶5/Ac
¿~ es tu asignatura favorita? Was ist dein Lieblingsfach? ▶4/Ac
¿~ es tu número de teléfono? Wie ist deine Telefonnummer? ▶2/Ac
cuando + ind., conj. immer wenn ▶5/C; (zeitlich) als ▶6/A
¿Cuándo? Wann? ▶3/B
¿Cuánto es? Wie viel macht das? ▶5/A
¿Cuántas horas …? Wie viele Stunden…? ▶4/Ac
¿Cuántos años tienes? Wie alt bist du? ▶2/Ac
el cuarto de baño das Badezimmer ▶2/A
la cuchara der Löffel ▶5/B
el cuchillo das Messer ▶5/B
la cuenta die Rechnung ▶6/A
la cultura die Kultur ▶7/B

el cumpleaños (= el cumple fam.) der Geburtstag ▶2/C
cumplir … años … Jahre alt werden ▶3/B
curioso/-a neugierig ▶2/B

D

dar algo a alguien jdm etw. geben ▶4/A; ~ recuerdos a alguien jdn grüßen ▶7/B; ~ una vuelta spazieren gehen ▶Supl./A
de von, aus, über ▶¡Hola!
de acuerdo (estar) einverstanden sein ▶6/B
¿De dónde? Woher? ▶¡Hola!
de memoria auswendig ▶4/A
¿De quién? Wer ist am Apparat? Telefonieren ▶5/C
de repente plötzlich, auf einmal ▶1/C
debajo (de) (dar)unter ▶2/B
los deberes pl. die Hausaufgaben ▶1/C
decidir algo etw. entscheiden ▶6/B
decir sagen ▶5/B
dejar lassen ▶5/B; ~ a alguien en paz jdn in Ruhe lassen ▶5/B; a alguien ~ a su aire jdm seinen Willen lassen ▶7/A; ~ de + inf. aufhören, etw. zu tun ▶5/C
delante (de) vor ▶4/B
demasiado zu, zu sehr/viel ▶5/C
el deporte der Sport ▶2/C
deportista inv. sportlich ▶3/B
el desayuno das Frühstück ▶4/C
desde von, ab, seit Zeit ▶4/Ac; ~ entonces seitdem ▶6/A
despacio adv. langsam ▶4/C
despertarse (e → ie) aufwachen ▶3/C
después danach, später ▶2/C
después de + sust. nach + S. ▶4/A; ~ + verbo nach + Verb ▶6/B
detrás (de) (da-)hinter ▶2/B
el día der Tag ▶1/B; el otro ~ letztens, neulich ▶Supl./B
el diario das Tagebuch ▶2/B
diferente unterschiedlich ▶2/B
difícil schwierig ▶2/B
¿Diga? Ja, bitte? Telefonieren ▶5/B
el dinero das Geld ▶3/A
la dirección die Adresse, die Richtung ▶2/Ac
¡Disculpa! Entschuldige! ▶6/A
discutir diskutieren, streiten ▶5/A
divertido/-a lustig ▶2/B
doler (o → ue) schmerzen, weh tun ▶4/C

doscientos veintisiete 227

el **dolor** der Schmerz ▶4/C; **el ~ de cabeza** die Kopfschmerzen ▶4/C
¿Dónde? Wo? ▶1/C
dormir (o → ue) schlafen ▶3/C
ducharse sich duschen ▶3/C
el **DVD** die DVD ▶2/B

E
e und *y* (vor hi- und i-) ▶4/Ac
echar de menos algo/a alguien etw./jdn vermissen ▶3/B
la **edad** das Alter ▶2/Ac; **de mi ~** in meinem Alter ▶7/A
Educación Física Sportunterricht ▶4/Ac
Educación para la Ciudadanía y Derechos Sozialkunde *Schulfach* ▶4/Ac
egoísta *inv.* egoistisch ▶2/C
el **ejemplo** das Beispiel ▶5/C; **por ~** zum Beispiel ▶5/C
empezar (*algo*, e → ie) *etw.* anfangen ▶3/Ac
emocionado/-a (*estar*) gerührt sein ▶7/B
el **empollón** / la **empollona** der/die Streber/in ▶4/A
en in, an, auf ▶1/A
en casa (**de** *alguien*) (bei *jdm*) zu Hause ▶1/C
encima (de) auf ▶2/B
encontrar algo / **a** *alguien* (o → ue) *etw./jdn* finden ▶Supl./B
encontrarse **con** *alguien* (o → ue) *jdm* begegnen, sich mit *jdm* treffen ▶6/A
el **encuentro** das Treffen, die Begegnung ▶1/Ac
enfadarse **con** *alguien* auf *jdn* böse werden, sich über *jdn* ärgern ▶5/C
enfermo/-a (*estar*) krank sein ▶4/C
enfrente (de) gegenüber ▶7/Ac
la **ensalada** der Salat ▶5/B
ensayar algo etw. proben, üben ▶4/B
enseñar algo **a** *alguien jdm etw.* zeigen ▶Supl./A; *enseñar* **a** + *inf.* (**a** *alguien*) *jdm etw.* beibringen ▶Supl./B
entender algo / **a** *alguien* (e → ie) *etw./jdn* verstehen ▶4/A
entonces dann, damals ▶3/B
la **entrada** die Eintrittskarte, der Eingang ▶3/A
entrar hineingehen, eintreten ▶4/B
entre zwischen ▶6/B
el **entrenamiento** das Training ▶4/B
la **entrevista** das *Interview* ▶Supl./B
el **equipo** die Mannschaft ▶4/B

Es la una. Es ist ein Uhr. ▶3/Ac; **~ y cuarto.** Es ist Viertel nach eins. ▶3/Ac; **~ y medio.** Es ist halb zwei. ▶3/Ac; **~ menos cuarto.** Es ist Viertel vor eins. ▶3/Ac
Es que ... Es ist nämlich so, dass ... ▶6/A
la **escalera** die Treppe, Leiter ▶Supl./B
escolar schulisch, Schul... ▶Supl./B
esconder algo etw. verstecken ▶2/B
escribir algo etw. schreiben ▶1/C
escuchar algo etw. hören, zuhören ▶1/B
ese, esa, esos, esas diese/r (da) ▶5/Ac
el **espacio** der Raum, Platz ▶2/B
la **espalda** der Rücken ▶4/C
España Spanien ▶1/B
el **español** Spanisch *Sprache* ▶¡Hola!
esperar algo / **a** *alguien* auf *etw./jdn* warten ▶2/A
esquiar Ski fahren ▶4/C
el **estadio** das Stadion ▶1/Ac, **el ~ de fútbol** das Fußballstadion ▶1/Ac
la **estantería** das Regal ▶2/B
estar (da) sein, sich befinden ▶2/A; **~ en las nubes** geistesabwesend sein ▶3/C; **~ situado en** liegen *Ort* ▶6/Ac; **Estamos a (34°).** Es sind (34°). ▶7/B; **¿Estás bien?** Geht es dir gut? ▶4/C
el **este** der Osten ▶6/Ac
este, esta, estos, estas diese/r (hier) ▶5/A
estrecho/-a eng ▶5/A
la **estrella** der Stern ▶1/B; **ser la ~** sehr gut/begabt sein ▶1/B
estricto/-a streng ▶4/A
el/la **estudiante** *m./f.* der/die Student/in ▶1/C
estudiar lernen, studieren ▶1/B
estupendo *adv.* hervorragend, super ▶1/A
el **euro** der Euro ▶5/A
el **examen** die Klassenarbeit, Prüfung ▶4/Ac
el **éxito** der Erfolg ▶6/B
explicar algo **a** *alguien jdm etw.* erklären ▶4/B

F
fácil einfach ▶1/C
la **falda** der Rock ▶5/Ac
faltar fehlen ▶3/C
la **familia** die Familie ▶2/A
famoso/-a berühmt ▶6/Ac
la **farmacia** die Apotheke ▶7/Ac

fatal mies, furchtbar ▶1/A
favorito/-a Lieblings... ▶2/Ac
¡Felicidades! Herzlichen Glückwunsch! ▶3/C
feliz glücklich ▶4/A; **¡~ cumpleaños!** Alles Gute zum Geburtstag! ▶3/C
fenomenal fabelhaft, großartig ▶1/A
feo/-a hässlich ▶3/B
el **festival** das Festival ▶6/Ac; **el ~ de verano** das Sommerfestival ▶6/A
la **fiesta** das Fest, die Party ▶1/Ac; **la ~ sorpresa** die Überraschungsparty ▶2/C; **de ~** schick, festlich ▶5/A
¡Fíjate! Stell dir vor! ▶6/A
el **fin de semana** das Wochenende ▶3/B
el **final** das Ende ▶3/B; **al ~** am Ende, schließlich ▶3/B
el **flamenco** Flamenco *Musik* ▶2/Ac
la **flor** die Blume ▶6/Ac
la **foto** *fam.* (= la fotografía) das Foto ▶1/C
el **francés** Französisch (*Sprache*) ▶1/B
el **frío** die Kälte ▶7/B
la **fruta** das Obst, die Frucht ▶6/Ac
fuera draußen ▶6/A
el **fuerte** die Stärke ▶4/A
el **fútbol** der Fußball *Sport* ▶1/Ac

G
las **gafas** *pl.* die Brille ▶5/Ac
Galicia Galicien ▶7/B
ganar algo etw. gewinnen, verdienen ▶5/B
genial genial ▶1/A
la **gente** *sg.* die Leute ▶1/Ac
Geografía e Historia Erdkunde und Geschichte *Schulfach* ▶4/Ac
girar abbiegen ▶7/Ac
el **gol** das Tor *Sport* ▶1/Ac
la **gorra** die Mütze ▶2/B
gracias danke ▶1/B
gracioso/-a witzig ▶3/B
el **grafiti** das *Graffiti* ▶3/C
grande groß ▶2/B
el **granizado** Erfrischungsgetränk ▶Supl./A
gratis gratis ▶3/A
gritar schreien ▶6/B
el **grupo** die Band, die Gruppe ▶2/Ac; **el ~ de teatro** die Theatergruppe ▶4/B
guay cool ▶Supl./A
la **guitarra** die Gitarre ▶1/C
gustar gefallen, mögen, *etw.* gerne tun ▶4/B

228 doscientos veintiocho

H

haber haben *Hilfsverb* ▶Supl./A
la habitación das Zimmer ▶2/A
el/la habitante *m./f.* der/die Einwohner/in ▶6/Ac
hablar (de *algo*) (von *etw.*) sprechen ▶1/B
~ por teléfono telefonieren ▶5/B
hacer *algo etw.* tun ▶2/C; ~ + Zeitangabe vor + Zeitangabe ▶6/A; Hace buen/mal tiempo. Es ist gutes/schlechtes Wetter. ▶7/B; ~ calor/frío. Es ist heiß/kalt. ▶7/B; ~ sol/viento. Es ist sonnig/windig. ▶7/B
el hambre *f.* der Hunger ▶4/A
harto/-a (de *algo/alguien*) (estar) genug (von *etw./jdm*) haben, (*etw./jdn*) satt haben ▶4/A
hasta bis ▶4/Ac; ¡~ pronto! Bis bald! ▶1/C
hay es gibt ▶2/B
el/la hermano/-a der Bruder, die Schwester ▶2/A
los hermanos *pl.* die Geschwister ▶2/A
el/la hijo/-a der Sohn, die Tochter ▶2/A
la historia die Geschichte ▶1/B
¡Hola! Hallo! ▶¡Hola!
la hora die Uhrzeit, die Stunde ▶3/Ac; ¿A qué ~? Um wieviel Uhr? ▶3/Ac
el horario der Stundenplan ▶4/Ac
hoy heute ▶1/B

I

la idea die Idee ▶4/A
la iglesia die Kirche ▶Supl./A
igual (a *algo/alguien*) gleich, genauso wie (*etw./jd*) ▶5/A
¡Imagínate! Stell dir vor! ▶1/A
importante wichtig ▶2/C
independiente unabhängig ▶5/C
la información die Information ▶1/C
el inglés Englisch ▶¡Hola!
el instituto das Gymnasium ▶1/B
interesante interessant ▶2/B
internacional international ▶6/B
el/la Internet das Internet ▶1/C
el invierno der Winter ▶4/C
ir gehen, fahren ▶3/A; ~ de compras einkaufen gehen ▶5/A; ~ en bici(cleta) (mit dem) Fahrrad fahren ▶3/B
irse weggehen ▶3/C

J

el jersey der Pullover ▶5/Ac
el/la joven der/die Jugendliche ▶Supl./B
el juego das Spiel ▶6/B
jugar a (u → ue) spielen ▶4/B
juntos/-as zusammen ▶3/B
justo *adv.* genau ▶6/A

K

el kilómetro der Kilometer ▶6/Ac

L

el lado die Seite ▶2/B
el lago der See ▶6/A
la lámpara die Lampe ▶2/B
largo/-a lang ▶5/Ac
leer *algo etw.* lesen ▶1/C
lejos weit (weg), weit (entfernt) ▶7/Ac
la lengua die Sprache ▶¡Hola!; ~ Castellana y Literatura Spanischunterricht *Schulfach* ▶4/Ac; *la ~ materna* die Muttersprache ▶Supl./A; la ~ oficial die Amtssprache ▶6/Ac
levantarse aufstehen ▶3/C
la librería die Buchhandlung ▶3/Ac
el libro das Buch ▶1/B
limitar con *algo* an *etw.* grenzen ▶6/Ac
lindo/-a (*lat. am.*) schön ▶3/C
la lista die Liste ▶3/C
llamar a *alguien* (por teléfono) *jdn* (an-)rufen ▶3/B; ~ a la puerta an der Tür klingeln ▶6/A
llamarse heißen ▶¡Hola!/
llegar kommen, ankommen, hinkommen ▶2/A
lleno/-a (estar) voll sein ▶7/A
llevar *algo/a alguien etw.* tragen *Kleidung, Brille, Bart etc.*, *etw./jdn* mitnehmen ▶5/Ac
llevarse bien/mal con *alguien* sich mit *jdm* gut/schlecht verstehen ▶5/A
llover (o → ue) regnen ▶7/B
lo mismo dasselbe ▶7/A
luchar kämpfen ▶6/B
luego dann, später, nachher ▶7/Ac
el lugar der Ort, die Stelle ▶5/Ac

M

la madre die Mutter ▶2/A
majo/-a nett, sympathisch ▶3/B
mal *adv.* schlecht ▶1/A
el *malabarismo das Jonglieren* ▶Supl./B
malo/-a schlecht ▶2/C
la mamá *fam.* die Mama ▶2/A
mañana *adv.* morgen ▶1/C; la mañana der Morgen ▶3/Ac
mandar *algo etw.* schicken ▶2/C

la manga der Ärmel ▶5/Ac; de ~ larga/corta lang-/kurzärmelig ▶5/Ac
la mano *f.* die Hand ▶4/C; *de segunda ~* gebraucht, Second Hand ▶Supl./A
la marcha *fam.* die Stimmung, Atmosphäre ▶7/A
marchoso/-a belebt ▶Supl./B
más hier: noch ▶6/A; mehr ▶7/B; ~ o menos hier: naja ▶1/A; ~ ... que (*Vergleich*) ▶Supl./A; ~ despacio langsamer ▶7/Ac; ~ tarde später ▶5/B
Matemáticas *pl.* (= Mates *fam.*) Mathematik *Schulfach* ▶4/Ac
mayor (ser) erwachsen, größer ▶5/C
la mayoría (de *algo*) die Mehrzahl (von *etw.*), die meisten ▶2/C
el mediodía der Mittag ▶3/C
a ~ mittags ▶3/C
el/la mejor + *sust.* der/die beste + S. ▶Supl./B; el/la ~ amigo/-a der/die (beste) Freund/in ▶2/C
mejor que besser als (*Vergleich*) ▶Supl./A
menos ... que weniger ... als (*Vergleich*) ▶Supl./A
menos mal (para *alguien*) zum Glück, umso besser (für *jdn*) ▶1/B
el mensaje die Nachricht ▶1/C; el ~ de chat die Chatnachricht ▶1/C
el mes der Monat ▶3/B
la mesa der Tisch ▶2/B
meter (un gol) (ein Tor) schießen, werfen *Sport* ▶4/B
el metro der Meter ▶6/Ac
meterse en *algo* sich in *etw.* einmischen ▶5/C
la mezcla die Mischung ▶6/Ac
el miedo die Angst, Furcht ▶4/C
mil tausend ▶6/B
el millón die Million ▶6/Ac
el minuto die Minute ▶3/Ac
mirar *algo etw.* ansehen ▶1/B
¡Mira! Schau mal! ▶1/A
la mochila der Rucksack ▶1/B
la moda die Mode ▶5/B
¡Mola mucho! Das mag ich! ▶4/A; ¡No mola nada! *fam.* Das mag ich überhaupt nicht! ▶4/A
el momento der Moment, der Augenblick ▶2/C
la montaña der Berg, das Gebirge ▶4/C; la ~ rusa die Achterbahn ▶7/B
un montón de ... *fam.* eine Menge ... ▶4/A
el monumento das Denkmal, die Sehenswürdigkeit ▶1/Ac

doscientos veintinueve **229**

moreno/-a dunkel *Haut- und Haarfarbe* ▶5/Ac
morirse (de hambre) *(vor Hunger) sterben* ▶4/A
el móvil *das Handy* ▶2/C
mucho *adv. viel* ▶1/C; mucho/-a *adj. viel/e* ▶4/A
muerto/-a (estar) *tod(müde) sein* ▶Supl./A
el mundo *die Welt* ▶2/C
el museo *das Museum* ▶Supl./B
la música *die Musik* ▶2/Ac; la ~ favorita *die Lieblingsmusik* ▶2/Ac
el/la músico/-a *der/die Musiker/in* ▶Supl./A
muy *sehr* ▶1/A

N
nacer (c → zc) *geboren werden, entstehen* ▶6/B
nada *nichts* ▶6/A
la naranja *die Orange* ▶Supl./A
necesitar *algo etw. brauchen* ▶2/B
negro/-a *schwarz* ▶5/Ac
nervioso/-a (estar) *nervös sein, aufgeregt sein* ▶4/A
Ni idea. *Keine Ahnung!* ▶6/A
la nieve *der Schnee* ▶4/C
el/la niño/-a *das Kind* ▶5/C
no *nein, nicht* ▶1/B; ~ ... nada *nichts* ▶7/B; ~ ... nadie *niemand* ▶7/B; ~ ... nunca *nie ...* ▶7/B; ~ hace falta. *Es ist nicht nötig.* ▶6/A; ¡~ me digas! *Sag bloß!* ▶6/A; ~ pasa nada. *Das macht nichts.* ▶4/B; ~ sé qué hacer. *Ich weiß nicht, was ich tun soll.* ▶5/C
la noche *die Nacht* ▶3/Ac
el nombre *der Vorname, der Name* ▶2/Ac
normal *normal* ▶5/C
el norte *der Norden* ▶6/Ac
la nota *die (Schul-)Note* ▶4/A
el notable *gut Schulnote* ▶4/A
el/la novio/-a *der/die (feste) Freund/in* ▶2/A
nublado/-a (estar) *bewölkt* ▶7/B
nuevo/-a *neu* ▶1/A
el número *die (An-) Zahl, die Nummer* ▶2/Ac; el ~ de teléfono *die Telefonnummer* ▶2/Ac
nunca *nie* ▶3/B

O
o *oder* ▶1/B
odiar *algo etw. hassen* ▶4/A
el oeste *der Westen* ▶6/Ac
la oferta *das Angebot* ▶5/A; de ~ (estar) *im Angebot sein* ▶5/A
la oficina *das Büro* ▶7/Ac
¡Oiga! *Hören Sie. hier: Entschuldigen Sie.* ▶Supl./A

el ojo *das Auge* ▶4/C
olvidar *algo etw. vergessen* ▶7/A
opinar *algo (de algo) etw. (über etw.) denken* ▶5/C
Optativa *Wahlfach* ▶4/Ac
el ordenador *der Computer* ▶2/B
organizar *algo etw. organisieren* ▶6/B
oscuro/-a *dunkel* ▶5/A
la ostra *die Auster* ▶4/A
otra vez *noch einmal* ▶7/Ac
otro/-a *andere/r, anderes* ▶6/B
¡Oye! *fam. Hey!, Hör mal.* ▶1/A

P
la paciencia *die Geduld* ▶5/C
el padre *der Vater* ▶2/A
los padres *pl. die Eltern* ▶2/A
pagar *bezahlen* ▶6/A
la página *die Seite* ▶1/C
el país *das Land* ▶6/Ac
el pan *das Brot* ▶5/B
los pantalones *pl. die Hose* ▶5/Ac
el papá *fam. der Papa* ▶2/A
para *für* ▶1/Ac; ~ + *inf.* um zu + *Inf.* ▶2/B; ~ mí *für mich, meiner Ansicht nach* ▶1/Ac; ~ ti *für dich* ▶4/Ac
la pared *die Wand* ▶2/B
el parque *der Park* ▶1/Ac
participar (en *algo*) *(an etw.) teilnehmen* ▶6/B
el partido *das Spiel, die Partie* ▶4/B
pasada: ser una ~ *fam. fantastisch sein* ▶7/A
pasado/-a *vergangen* ▶6/B
pasar (mucho tiempo) *(viel Zeit) verbringen* ▶1/C; *vergehen Zeit* ▶4/C; ~ *algo a alguien jdm etw. reichen, geben* ▶5/B; ~ de *algo keine Lust (auf etw.) haben* ▶3/A; ~ por *bei etw. vorbeikommen* ▶6/A; ¡Pasa! *Komm rein!* ▶2/A; No pasa nada. *Das macht nichts.* ▶4/B
patinar *Rollschuh laufen, Inline skaten, eislaufen* ▶7/A
el patio *der Hof* ▶1/B
la paz *der Frieden* ▶5/B
pedir *algo a alguien (e → i) jdn um etw. bitten, etw. bestellen* ▶5/C
la peli *fam. (= la película) der Film* ▶2/A
el pelo *das Haar* ▶5/Ac
la peña *fam. die Clique* ▶2/C
pensar *algo (e → ie) etw. denken* ▶2/C; ~ en *algo/alguien an etw./jdn denken* 2/C
pequeño/-a *klein* ▶2/B
perder *algo (e → ie) etw. verlieren* ▶7/B
perderse (e → ie) *sich verlaufen* ▶6/A
¡Perdona! *Verzeihung!* ▶7/Ac

el periódico *die (Tages-)Zeitung* ▶Supl./B; el ~ escolar *die Schülerzeitung* ▶Supl./B
pero *aber* ▶1/A
la persona *die Person* ▶6/Ac
la pierna *das Bein* ▶4/C
el pincho *das Spießchen* ▶Supl./A
el ping-pong *Tischtennis* ▶4/B
el piragüismo *der Kanusport* ▶7/A
los Pirineos *pl. die Pyrenäen* ▶4/C
el piso *die Wohnung, das Stockwerk* ▶2/A
la pista *die Piste* ▶4/C
el plan *der Plan* ▶7/A
la plantación *die Plantage* ▶6/Ac
la plata *lat. am. das Geld, Silber* ▶5/A
el plátano *die Banane* ▶6/Ac
el plato *der Teller* ▶5/B
la playa *der Strand* ▶6/A
la plaza *der Platz* ▶1/Ac
pobre *arm* ▶6/B
un poco (de) *ein bisschen* ▶¡Hola!
poco/-a *adj. wenig* ▶4/A
poder (o → ue) *können* ▶3/B
poner *algo etw. stellen, setzen, legen* ▶4/A; ~ *algo a alguien jdm etw. auftun, servieren* ▶5/B; ~ atención (a *algo*) *auf etw. achten* ▶4/A; ~ fondo *zusammenlegen* ▶Supl./A; ¡Pon la mesa! *Decke den Tisch!* ▶5/B
ponerse (+ *adj.*) *werden (Adj.)* ▶3/C; ~ (al teléfono) *(ans Telefon) gehen, kommen* ▶5/B; ~ *algo etw. anziehen, aufsetzen* ▶3/C; ~ como un flan *zum Nervenbündel werden* ▶4/B; ~ en el lugar de alguien *sich in jdn hineinversetzen* ▶5/C; ~ rojo/-a como un tomate *knallrot werden* ▶3/C
el pop *Pop Musik* ▶2/Ac
por *pro* ▶4/Ac; *wegen* ▶5/A; ~ aquí *hier (in der Nähe, entlang)* ▶7/Ac; ~ el momento *momentan, im Moment* ▶6/A; ~ eso *deswegen* ▶4/B; ~ favor *bitte* ▶3/A; ~ fin *endlich* ▶3/B; ~ la mañana/tarde/noche *am Morgen/Nachmittag/Abend, in der Nacht* ▶3/C; ~ primera vez *zum ersten Mal* ▶6/B
¿Por qué? *Warum?* ▶3/A
porque *weil, da* ▶3/A
la portería *das Tor (Spielfeld)* ▶4/B
el portugués *Portugiesisch Sprache* ▶6/Ac
posible *möglich* ▶2/B
el póster *das Poster* ▶2/B
el postre *der Nachtisch* ▶5/B
preferir *algo (e → ie) etw. lieber wollen, etw. (einer Sache) vorziehen* ▶2/C

230 doscientos treinta

la **pregunta** die Frage ▶4/A
   preguntar *algo etw.* fragen ▶1/C
   preparar *algo etw.* vorbereiten ▶1/C
   primero zuerst ▶6/A
el/la **primo/-a** der/die Cousin/e ▶6/A
la **princesa** die Prinzessin ▶3/C
el/la **principiante** *m./f.* der/die Anfänger/in ▶4/C
el **probador** die Umkleidekabine ▶5/A
   probar *algo* (o → ue) *etw.* probieren ▶Supl./A
el **problema** *m.* das Problem ▶2/B
el **producto** das Produkt ▶6/Ac
el/la **productor/a** der/die Produzent/in ▶6/Ac
el/la **profesor/-a** (= el/la **profe** *fam.*) der/die Lehrer/in ▶1/Ac
el **programa** *m.* das Programm ▶6/A
   pronto bald, gleich ▶1/C
   propio/-a eigener, eigene/s ▶2/B
el **proyecto** das Projekt ▶6/B
la **prueba** die Prüfung, das Vorspielen ▶4/B
el **pueblo** das Dorf ▶4/C
el **puente** die Brücke ▶1/Ac
la **puerta** die Tür, das Tor ▶4/B
el *puerto* der Hafen ▶Supl./B
   pues also ▶1/A
el **punto** der Punkt ▶6/B; (la/s …) **en ~** (um) Punkt (… Uhr) ▶3/Ac

Q

   que dass ▶3/B; der, die, das *Relativpronomen* ▶5/Ac
   ¿Qué? Was? ▶1/B; Welche/r, Welches ▶¡Hola!; **~** + *adj./adv.*! Das ist ja + *Adj./Adv.*! ▶2/C; ¡**~ casualidad!** Was für ein Zufall! ▶1/A; ¡**~ corte!** Wie peinlich! ▶5/C; **¿~ hora es?** Wie viel Uhr ist es? ▶3/Ac; ¡**~ horror!** Das ist ja schrecklich! ▶4/A; **¿~ (te) pasa?** Was ist (mit dir) los? ▶3/B; ¡**~ rollo!** *fam.* Wie ärgerlich!, Was für ein Theater! ▶2/A; **¿~ significa … ?** Was bedeutet…? ▶1/B; **¿~ tal?** Wie geht's? ▶¡Hola!; ¡**~ va!** Ach was!, Ganz und gar nicht! ▶3/B
el **quechua** Quechua (indigene Sprache) ▶¡Hola!
   quedar (con *alguien***)** sich (mit *jdm*) treffen ▶2/C; **~ (bien/mal) a** *alguien* *jdm* (gut/schlecht) stehen ▶5/A
   quedarse bleiben ▶6/A
   quemar (ver)brennen ▶7/B
   querer *algo* (e → ie) *etw.* + wollen ▶2/C
   ~ a *alguien* *jdn* lieben, gern haben ▶3/C
   Querido/-a … Liebe/r … *Brief* ▶7/B
el **queso** der Käse ▶3/C
   ¿Quién? Wer? *Sg.* ▶1/A; **¿Quiénes?** *pl.* Wer? Pl. ▶1/B

R

la **rana** der Frosch ▶3/B
el *rato* die Weile ▶Supl./B
el **rap** Rap *Musik* ▶2/Ac
   raro/-a seltsam ▶Supl./A
   rebelde rebellisch, aufmüpfig ▶5/C
el **recado** die Nachricht ▶5/B
   recibir *algo etw.* bekommen, erhalten ▶1/C
   recorrer durchqueren ▶Supl./B
el **recreo** die Pause ▶1/B
el **recuerdo** der Gruß ▶7/B
la **redacción** der Aufsatz ▶4/A
el **regalo** das Geschenk ▶2/C
la **región** die Region ▶6/Ac
la **regla** die Regel ▶6/B; **la ~ de juego** die Spielregel ▶6/B
   regular es geht so ▶1/A
   Religión (= **Reli** *fam.*) Religionsunterricht ▶4/Ac
   repetir *algo* (e → i) *etw.* wiederholen ▶7/Ac
el **reportaje** die Reportage ▶Supl./B
el/la *reportero/-a* der/die Reporter/in ▶Supl./B
el **respeto** der Respekt ▶6/B
   responsable (de *algo/alguien***)** (für *etw./jdn*) verantwortlich ▶5/C
el **resultado** das Ergebnis ▶2/C
la **revista** die Zeitschrift ▶4/B
el **río** der Fluss ▶1/Ac
el **rock** Rock *Musik* ▶2/Ac
   rojo/-a rot ▶3/C
   rosa rosa ▶5/Ac
   roto/-a (estar) kaputt ▶5/A
   rubio/-a blond ▶5/Ac

S

   saber *algo etw.* wissen können ▶4/C
   sacar (buenas/malas) notas (gute/schlechte) Noten bekommen ▶4/A; **sacar el balón** den Ball wegschlagen ▶4/B
la **sal** das Salz ▶5/B
   salir abfahren, (aus-)gehen, hinausgehen ▶4/C
el/la **salmantino/-a** der/die Salmantiner/in ▶1/Ac
el **salón** das Wohnzimmer ▶2/A
el **saludo** der Gruß ▶7/B
la **sardina** die (Öl-)Sardine ▶7/B
   Se dice … Man sagt (dazu) … / Das heißt … ▶1/B
el **secreto** das Geheimnis ▶5/C
   secreto/-a geheim ▶7/A

   seguir (e → i) *etw./jdm* folgen; weitergehen ▶7/Ac; **~ igual** immer noch genauso aussehen ▶7/A
   segundo/-a zweite/r/-s ▶4/A; **el segundo de ESO** die achte Klasse ▶1/B
   Seguro que Sicherlich + *Satz.* ▶5/A
la **semana** die Woche ▶2/C; **la ~ Blanca** Skikurs, Skilager ▶4/C
   sentarse (e → ie) sich hinsetzen ▶Supl./B
   ser sein ▶1/A; **~ de …** aus … kommen ▶1/A
   si ob ▶5/C
   sí ja, doch ▶1/A
   siempre immer ▶1/A
la **sierra** das Gebirge ▶7/A
la **silla** der Stuhl ▶2/B
   simpático/-a sympathisch ▶3/B
   sin ohne ▶5/C
   sino sondern ▶6/B
el *sitio* der Ort ▶Supl./A
el **SMS** die SMS ▶2/C
   sobre über ▶4/A
   sobre todo vor allem ▶3/B
el **sobresaliente** sehr gut *Schulnote* ▶4/A
el **sol** die Sonne ▶7/B
   sólo nur ▶4/Ac
   solo/-a (estar) allein (sein) ▶2/B
   Son las (…). Es ist (…) Uhr. ▶3/Ac
   soñar (con *algo/alguien*, o → ue) (von *etw./jdm*) träumen ▶3/C
la **sorpresa** die Überraschung ▶2/C
   subir (al bus) (in den Bus) einsteigen ▶4/C
la **suerte** das Glück ▶2/C
el **suficiente** befriedigend *Schulnote* ▶4/A
   super(bien) super(gut) ▶1/A
el **supermercado** der Supermarkt ▶7/Ac
el **sur** der Süden ▶6/Ac
el **surf** das Surfen ▶7/B

T

la **talla** die Größe *Kleidung* ▶5/A
   también auch ▶¡Hola!
el *tambor* die Trommel ▶Supl./B
   tampoco auch nicht ▶4/B
   tan … como so … wie *Vergleich* ▶Supl./A
la **tarde** der Nachmittag ▶3/A; **esta ~** heute Nachmittag ▶3/A
   tarde *adv.* spät ▶3/C
la **tarjeta** die Karte ▶3/C
el **teatro** das Theater ▶4/B
la **tele** *fam.* (= **la televisión**) der Fernseher ▶2/A

doscientos treinta y uno **231**

el **teléfono** das Telefon ▶2/Ac
temprano früh ▶3/Ac
el **tenedor** die Gabel ▶5/B
tener *algo* etw. haben ▶2/A; ~ ... **años** ... Jahre alt sein ▶2/Ac; ~ **bronca** Streit haben ▶5/C; ~ **cuidado** vorsichtig sein ▶4/C; ~ **ganas de** *algo* Lust auf etw. haben ▶2/A; ~ **lugar** stattfinden ▶6/B; ~ **miedo de** *algo* Angst vor etw. haben ▶4/C; ~ **que** müssen ▶3/A
terminar (*algo*, **de** + *inf.*) (etw.) (be-)enden ▶5/B
el **tiempo** die Zeit, das Wetter ▶1/C
la **tienda** der Laden ▶5/A
tímido/-a schüchtern ▶3/B
el/la **tío/-a** der Onkel, die Tante ▶7/A
típico/-a typisch ▶5/A
el *tiro de esquina* der Eckball ▶4/B
tocar spielen *Instrument* ▶1/C; ~ *el tambor* trommeln ▶Supl./B
todavía noch (immer) ▶1/B
todo *adv.* alles ▶2/C
todo el mundo alle ▶7/A
todo el tiempo die ganze Zeit ▶6/A
todo recto (immer) geradeaus ▶7/Ac
todos/-as alle *m./f.* ▶1/A
tomar *algo* etw. nehmen, essen, trinken ▶1/B
el **tomate** die Tomate ▶3/C
la **tortilla** Kartoffelomelette ▶5/B
¡Tortura segura! Der Ärger ist vorprogrammiert! ▶2/B
trabajar arbeiten ▶5/C
el **trabajo** die Arbeit ▶6/B; **el ~ en equipo** das Teamwork ▶6/B

la **tradición** die Tradition ▶7/B
tranquilo/-a ruhig, gelassen ▶3/B
triste (estar) traurig sein ▶5/C
el/la **turista** der/die Tourist/in ▶1/Ac
Tutoría Nachhilfe *Schulfach* ▶4/Ac

U
último/-a letzte/r, letztes ▶6/A
el **uniforme** die Uniform ▶3/C
la **universidad** die Universität ▶1/Ac
unos/-as *pl.* einige, ein paar, ungefähr (+ *Zahl*) ▶5/A
usted/es Sie *Anrede, im Plural in Lateinamerika:* ihr ▶1/A

V
las **vacaciones** *pl.* die Ferien ▶1/A; **las ~ de verano** *pl.* die Sommerferien ▶7/A
vale o.k., in Ordnung ▶2/A; **(No) vale.** Das gilt (nicht). ▶6/B
los **vaqueros** *pl.* die Jeans ▶5/Ac
el *vasco* Baskisch ▶¡Hola!
el **vaso** das Glas ▶5/B
¡Vaya ...! *fam.* Was für ein/e ...! ▶3/Ac
el/la **vecino/-a** der/die Nachbar/in ▶1/A
el/la **vendedor/a** der/die Verkäufer/in ▶5/A
venir (e → ie) kommen ▶3/A
ver *algo* etw. (an-)sehen ▶2/A
el **verano** der Sommer ▶6/A
la **verdad** die Wahrheit ▶1/A; ¿~? Nicht wahr? ▶1/A; **Es ~.** Das stimmt. ▶1/C
verde grün ▶5/Ac

el **vestido** das Kleid ▶5/Ac
la **vez** das Mal ▶5/B
el **viaje** die Reise ▶6/B; **de ~** (estar) auf Reisen sein
la **vida** das Leben ▶4/Ac
el **vídeo** das Video ▶1/C
viejo/-a alt ▶5/A
el **viento** der Wind ▶7/B
el **viernes** Freitag ▶4/Ac
la **violencia** die Gewalt ▶6/B
la **visita** der Besuch ▶2/A
visitar besuchen ▶7/B
la *vista* die Aussicht ▶Supl./A
vivir (en ...) (in ...) leben, wohnen ▶1/C
el **voleibol** Volleyball ▶4/B
el **volumen** die Lautstärke ▶4/C; **a todo ~** in voller Lautstärke ▶2/B
volver (o → ue) zurückkehren ▶3/B; ~ **a casa** nach Hause kommen
la *vuelta* die Runde, der Spaziergang ▶Supl./A

Y
y und ▶¡Hola!
¿Y qué? *fam.* Na und? ▶3/Ac
ya schon, bereits, jetzt sofort ▶3/B
ya no nicht mehr ▶2/C

Z
las **zapatillas (de deporte)** *pl.* die Turnschuhe ▶5/Ac
el **zapato** der Schuh ▶5/Ac
el **zumo** der Saft ▶6/Ac

DEUTSCH-SPANISCHES WÖRTERBUCH

Die Zahl hinter dem Pfeil zeigt die Fundstelle an.
Verben mit Besonderheiten sind blau gedruckt, siehe **Los verbos** ab S. 181.
Grundschrift = obligatorischer Wortschatz
kursiv = fakultativer Wortschatz

A
ab + *Zeitangabe* desde ▶4/Ac
abbiegen girar ▶7/Ac
Abend la noche ▶3/Ac; **am ~** por la noche ▶3/C; **Abendessen** la cena ▶2/A; **zu ~ essen** cenar ▶4/C
aber pero ▶1/A
abfahren (*Bus, Zug*) salir ▶4/C

Ach was! ¡Qué va! ▶3/B
Achterbahn la montaña rusa ▶7/B
Adresse la dirección ▶2/Ac
alle todo/-a ▶1/A; todo el mundo ▶7/A; todos los / todas las + *sust.* ▶7/A
Allee la avenida ▶2/Ac
allein (sein) (estar) solo/-a ▶2/B; estar a solas ▶5/C
alles todo *adv.* ▶2/C
als (*zeitlich*) cuando + *ind., conj.* ▶6/A
also pues ▶1/A
alt viejo/-a ▶5/A
Alter la edad ▶2/Ac; **in meinem ~** de mi edad ▶7/A
Amtssprache la lengua oficial ▶6/Ac

an (+ *S.*) en (+ *sust.*) ▶1/A
Andalusien Andalucía ▶7/B
andere/r/-s otro/-a ▶6/B
Anfang (am) principio ▶U6/A
anfangen (etw.) empezar *algo* ▶3/Ac; **anfangen, etw. zu tun** empezar a + *inf.* (e → ie) ▶3/Ac
Anfänger/in el/la principiante ▶4/C
Angebot la oferta ▶5/A; **im ~ sein** estar de oferta ▶5/A
Angst el miedo ▶4/C; ~ **vor etw. haben** tener miedo de *algo* ▶4/C
anhören (etw.) escuchar *algo* ▶1/B
ankommen llegar ▶2/A
anmelden (sich für etw.) apuntarse (a *algo*) ▶4/B

anrufen (jdn) llamar (a *alguien*) por teléfono ▶3/B
ansehen (etw.) mirar *algo* ▶1/B; ver *algo* ▶2/A
anstrengend agotador/a ▶4/C
antworten (etw.) contestar *algo* ▶1/C
Anzahl el número ▶2/Ac
anziehen (etw.) ponerse *algo* ▶3/C
Apotheke la farmacia ▶7/Ac
Arbeit el trabajo ▶6/B
arbeiten trabajar ▶5/C
Argentinien Argentina ▶6/B
ärgern (sich über jdn) enfadarse con *alguien* ▶5/C
arm pobre ▶6/B
Ärmel la manga ▶5/Ac
Atmosphäre la marcha *fam.* ▶7/A
auch también ▶¡Hola!; ~ **nicht** tampoco ▶4/B
auf encima (de) ▶2/B; en ▶1/A
auf einmal de repente ▶1/C
Auf Wiedersehen! ¡Adiós! ▶1/C
aufgeregt estar nervioso/-a ▶4/A
aufhören, etw. zu tun dejar de + *inf.* ▶5/C
aufmüpfig rebelde ▶5/C
aufpassen (auf etw.) poner atención (a *algo*) ▶4/A
Aufsatz la redacción ▶4/A
aufsetzen (etw.) ponerse *algo*
aufstehen levantarse ▶3/C
aufwachen despertarse (e→ie) ▶3/C
Auge el ojo ▶4/C
Augenblick el momento ▶2/C
aus de ▶¡Hola!
ausgehen salir (yo salgo) ▶4/C
aushalten (etw./jdn) aguantar *algo* / a *alguien* ▶5/C
außerdem además ▶4/B
Aussicht la vista ▶Supl./A
aussteigen (aus dem Bus) bajarse (del bus) ▶4/C
Auster la ostra ▶4/A
auswendig de memoria ▶4/A

B
Badezimmer el cuarto de baño ▶2/A
bald pronto ▶1/C
Balkon el balcón ▶2/B
Ball el balón ▶4/B
Banane el plátano ▶6/Ac
Band *Musikgruppe* el grupo ▶2/Ac
Basketball el baloncesto ▶4/B
Baskisch el vasco ▶¡Hola!
bevor + *Verb* antes + *verbo* ▶6/B
beantworten (etw.) contestar *algo* ▶1/C
beenden (etw.) terminar *algo* ▶5/B
befinden (sich) estar ▶2/A
Befriedigend Schulnote el suficiente ▶4/A
begabt (sein) ser la estrella ▶1/B
begegnen (jdm) encontrarse con *alguien* (o → ue) ▶6/B
Begegnung el encuentro ▶1/Ac

Bein la pierna ▶4/C
beinahe casi ▶3/B
Beispiel el ejemplo ▶5/C; **zum ~** por ejemplo ▶5/C
bekommen (etw.) recibir *algo* ▶1/C
belebt animado/-a ▶Supl./B; marchoso/-a ▶Supl./B
Berater/in el/la asesor/a ▶6/B
Berg la montaña ▶4/C
berühmt famoso/-a ▶6/Ac
besser als mejor que ▶Supl./A
beste/r/-s + S. el/la mejor + *sust.* ▶Supl./B; **(beste) Freund/in** el mejor amigo, la mejor amiga ▶2/C
besteigen (etw.) subir *algo* ▶4/C
bestellen (etw.) pedir *algo* (e → i) ▶5/C
Besuch la visita ▶2/A
besuchen visitar ▶7/B
Bett la cama ▶2/B
bewölkt estar nublado/-a ▶7/B
bezahlen (etw.) pagar *algo* ▶6/A
billig barato/-a ▶Supl./B
bis hasta ▶4/Ac; **~ bald!** ¡Hasta pronto! ▶1/C
bisschen (+ S.) un poco (de + *sust.*) ▶¡Hola!
bitte por favor ▶3/A
bitten (jdn um etw.) pedir *algo* a *alguien* (e → i) ▶5/C
blau azul ▶5/Ac
bleiben quedarse ▶6/A
blond rubio/-a ▶5/Ac
Blume la flor ▶6/Ac
böse (auf jdn) werden enfadarse con *alguien* ▶5/C
Boulevard la avenida ▶2/Ac
Bowlingbahn la bolera ▶3/A
brauchen (etw.) necesitar *algo* ▶2/B
brennen quemar ▶7/B
Brille las gafas *pl.* ▶5/Ac
Brot el pan ▶5/B
Brötchen (belegtes) el bocadillo ▶Supl./A
Brücke el puente ▶1/Ac
Bruder el hermano ▶2/A
Buch el libro ▶1/B
Buchhandlung la librería ▶3/Ac
Büro la oficina ▶7/B
Bursche el chaval *fam.* ▶7/A
Bus el bus ▶3/Ac

C
Café el café ▶6/Ac
Cafeteria la cafetería ▶1/B
CD el cedé ▶3/A
Chaos el caos ▶4/C
Chat el chat ▶1/C; **Chatnachricht** el mensaje de chat ▶1/C
Chor el coro ▶4/B
Clique la peña *fam.* ▶2/C
Computer el ordenador ▶2/B
cool guay ▶Supl./A
Cousin/e el/la primo/-a ▶6/A

D
da ahí ▶5/A
dahinter detrás ▶2/B
damals entonces ▶3/B
danach después ▶2/C
danke gracias ▶1/B
dann entonces ▶3/B; luego ▶7/Ac
darunter debajo ▶2/B
das ist … este/-a es… ▶1/A
dass que ▶3/B
dasselbe lo mismo ▶7/A
denken (an etw.) pensar (en *algo*) (e → ie) ▶2/C; **(etw. über etw. ~)** opinar *algo* (de *algo*) ▶5/C
Denkmal el monumento ▶1/Ac
Dessert el postre ▶5/B
deswegen por eso ▶4/B
Deutsch *Schulfach* Alemán ▶4/Ac
Deutschland Alemania ▶6/B
diese/r/-s (da) ese, esa, esos, esas *adj.* ▶5/Ac; **diese/r/-s (hier)** este, esta, estos, estas *adj.* ▶5/Ac
Ding la cosa ▶3/B
diskutieren discutir ▶5/A
doch sí ▶1/A
Dorf el pueblo ▶4/C
dort (drüben) allí ▶1/A
draußen fuera ▶6/B
dunkel oscuro/-a ▶5/A; *Haut- und Haarfarbe* moreno/-a ▶5/Ac
durchqueren recorrer ▶Supl./B
duschen (sich) ducharse ▶3/C
DVD el DVD ▶2/B

E
Eckball el tiro de esquina ▶4/B
egoistisch egoísta *inv.* ▶2/C
eigene/r/-s propio/-a ▶2/B
einfach fácil ▶1/C
Eingang la entrada ▶3/A
einige unos/-as *pl.* ▶5/A
einkaufen gehen ir de compras ▶5/A
Einkaufszentrum el centro comercial ▶3/A
einmischen (sich in etw.) meterse en *algo* ▶5/C
einsteigen (in den Bus) subir (al bus) ▶4/C
eintragen (sich für etw.) apuntarse (a *algo*) ▶4/B
eintreten entrar ▶4/B
Eintrittskarte la entrada ▶3/A
einverstanden estar de acuerdo ▶6/B
Einwohner/in el/la habitante ▶6/Ac
Eltern los padres *pl.* ▶2/A
Ende el final ▶3/B; **am ~ al final** ▶3/B
endlich por fin ▶3/B
eng estrecho/-a ▶5/A
Englisch el inglés ▶¡Hola!
entscheiden (etw.) decidir *algo* ▶6/B
Entschuldige. ¡Disculpa! ▶6/A
entstehen nacer (c → zc) ▶6/B
Erdkunde und Geschichte *Schulfach* Geografía e Historia ▶4/Ac
Erfolg el éxito ▶6/B

doscientos treinta y tres **233**

Ergebnis el resultado ▶2/C
erhalten (*etw.*) recibir *algo* ▶1/C
erinnern (sich an *etw.***)** acordarse (de *algo*, o → ue) ▶3/C
erklären (*jdm etw.*) explicar *algo* a *alguien* ▶4/B
erwachsen mayor ▶5/C
erzählen (*etw.*) contar *algo* (o → ue) ▶3/B; **Erzähl!** ¡Cuéntame! ▶6/A
Es ist … Uhr. Es la una. / Son las … ▶3/Ac
Es ist nämlich so, dass + *Satz*. Es que + *Satz*. ▶6/A
essen (*etw.*) tomar *algo* ▶1/B; comer *algo* ▶4/A; **zu Abend ~** cenar ▶4/C; *Was wollt ihr ~?* ¿Qué vais a tomar? ▶Supl./A
Esszimmer el comedor ▶3/C
etwas algo ▶1/B
Euro el euro ▶5/A

F
fabelhaft fenomenal ▶1/A
fahren (nach …) ir (a) ▶3/A
Fahrrad la bici *fam.* (= la bicicleta) ▶3/B; **(mit dem) ~ fahren** ir en bicicleta ▶3/B
fallen caerse ▶4/C
Familie la familia ▶2/A
fantastisch (sein) ser una pasada *fam.* ▶7/A
fast casi ▶3/B
fehlen faltar ▶3/C
Ferien las vacaciones *pl.* ▶1/A
Ferienlager el campamento ▶7/A
Ferienhaus el chalé ▶7/A
Fernseher la tele *fam.* (= la televisión) ▶2/A
Fest la fiesta ▶1/Ac
Festival el festival ▶6/A
Film la peli *fam.* (= la película) ▶2/A
finden (*etw./jdn*) encontrar *algo* / a *alguien* (o → ue) ▶Supl./B
Flamenco Musik el flamenco ▶2/Ac
Fluss el río ▶1/Ac
folgen (*etw./jdn*) seguir *algo* / a *alguien* (e → i) ▶7/Ac
Foto la foto *fam.* ▶1/C
Frage la pregunta ▶4/A
fragen (*etw.*) preguntar *algo* ▶1/C
Französisch Sprache el francés ▶1/B
Freund/in el/la amigo/-a ▶1/Ac; **(feste/r) ~** el/la novio/-a ▶2/A
Frieden la paz ▶5/B
fröhlich alegre ▶3/B
Frosch la rana ▶3/B
Frucht la fruta ▶6/Ac
früh temprano ▶3/Ac
früher antes *adv.* ▶5/C
Frühstück el desayuno ▶4/C
für para ▶1/Ac; **~ mich/dich** para mí/ti ▶1/Ac
furchtbar fatal ▶1/A

Fußball *Sportart* el fútbol ▶1/Ac;
Fußballstadion el estadio de fútbol ▶1/Ac
Fußmarsch (langer) la caminata ▶7/A

G
Gabel el tenedor ▶5/B
Galicien Galicia ▶7/B
Ganz und gar nicht! ¡Qué va! ▶3/B
geben (*jdm etw.*) dar *algo* a *alguien* ▶4/A; pasar *algo* a *alguien* ▶5/B; **es gibt** hay ▶2/B
Gebirge la montaña ▶4/C; la sierra ▶7/A
geboren werden nacer (c → zc) ▶6/B
gebraucht de segunda mano ▶Supl./B
Geburtstag el cumpleaños (= el cumple *fam.*) ▶2/C; **~ haben** cumplir … años ▶3/B
Geduld la paciencia ▶5/C
gefallen gustar ▶4/B
gegen contra ▶4/B
gegenüber enfrente (de) *adv./prep.* ▶7/Ac
geheim secreto/-a ▶7/A
Geheimnis el secreto ▶5/C
gehen (zu) ir (a) ▶3/A; **in die achte Klasse ~** estudiar segundo de ESO ▶1/B; **(weg)~** salir ▶4/C; **(ans Telefon) ~** ponerse (al teléfono) ▶5/B; **Geht es dir gut?** ¿Estás bien? ▶4/C; **Geht schlafen!** ¡A dormir! ▶4/C
geistesabwesend sein estar en las nubes ▶3/C
gelb amarillo/-a ▶5/Ac
Geld el dinero ▶3/A
gemeinsam juntos/-as ▶3/B; **~ Zimmer/Wohnung** compartido/-a ▶2/B
genau justo *adv.* ▶6/A
genial genial *adv./adj.* ▶1/A
genug bastante ▶2/B
gerade *getan* **haben** (*etw.*) acabar de + *inf.* ▶5/B
(immer) geradeaus todo recto ▶7/Ac
gern haben (*jdn*) querer a *alguien* ▶3/C
gern tun (*etw.*) gustar ▶4/B
gerührt (sein) estar emocionado/-a ▶7/B
Geschenk el regalo ▶2/C
Geschichte la historia ▶1/B
Geschwister los hermanos *pl.* ▶2/A
Gesicht la cara ▶5/B
gestern ayer ▶6/A
Gewalt la violencia ▶6/B
gewinnen (*etw.*) ganar *algo* ▶6/B
gewöhnen (sich an *etw./jdn*) acostumbrarse a *algo/alguien* ▶Supl./B
gewöhnlich normal ▶5/C
Gitarre la guitarra ▶1/C
Glas el vaso ▶5/B
glauben creer ▶3/B

gleich ahora ▶1/B; pronto ▶1/C; **~** *identisch* igual ▶5/A
Glück la suerte ▶2/C
glücklich feliz ▶4/A
Graffiti el grafiti ▶3/C
gratis gratis ▶3/A
grenzen (an *etw.***)** limitar con *algo* ▶6/Ac
groß grande ▶2/B; *Körpergröße* alto/-a ▶5/Ac; **größer** mayor ▶5/C
großartig fenomenal ▶1/A
Größe *Kleidung* la talla ▶5/A
Großeltern los abuelos *pl.* ▶2/A
Großmutter la abuela ▶2/A
Großvater el/la abuelo ▶2/A
grün verde ▶5/Ac
Gruppe el grupo ▶2/Ac
Gruß el recuerdo *Brief* ▶7/B; el saludo ▶7/B
grüßen (*jdn*) dar recuerdos a *alguien* ▶7/B
gut bien *adv.* ▶1/A; bueno/-a *adj.* ▶2/C; *Schulnote* el notable ▶4/A; **~ Tag!** Buenos días. ▶1/B; **~ Wetter sein** hacer buen tiempo ▶7/B
Gymnasium el instituto ▶1/B

H
Haar el pelo ▶5/Ac
haben (*etw.*) tener *algo* (yo tengo) ▶2/A; **keine Lust (auf** *etw.***) ~** pasar de *algo* ▶3/A;
Hafen el puerto ▶Supl./B
Hallo! ¡Hola! ▶¡Hola!
Hand la mano *f.* ▶4/C
Handy el móvil ▶2/C
hassen (*etw./jdn*) odiar *algo/a alguien* ▶4/A
hässlich feo/-a ▶3/B
Hauptstadt la capital ▶6/Ac
Haus la casa ▶1/C
Hausaufgaben los deberes *pl.* ▶1/C
heiß sein hacer calor
heißen llamarse ▶¡Hola!/
helfen (*jdm*) ayudar a *alguien* ▶6/B
hell claro/-a ▶5/A
Hemd la camisa ▶5/Ac
hervorragend estupendo ▶1/A
Herzliche Grüße *Brief* Un abrazo ▶7/B
Herzlichen Glückwunsch! ¡Felicidades! ▶3/C; **~ zum Geburtstag!** ¡Feliz cumpleaños! ▶3/C
heute hoy ▶1/B; **~ Nachmittag** esta tarde ▶3/A
Hexe la bruja ▶3/C
Hey! ¡Oye! *fam.* ▶1/A
hier aquí ▶1/A; **~ in der Nähe** por aquí ▶7/Ac
hinausgehen salir ▶4/C
hineingehen entrar ▶4/B
hinfallen caerse ▶4/C
hinkommen llegar ▶2/A

hinlegen (sich) acostarse (o → ue) ▶3/C
hinsetzen (sich) *sentarse* (e → ie) ▶Supl./B
hinter detrás de ▶2/B
hinunterfahren (die Piste) bajar por (la pista) ▶4/C
Hitze el calor ▶7/B
hoch alto/-a ▶5/Ac; ... **Meter ~ sein** tener una altura de ... metros ▶6/Ac
Höhe la altura ▶6/Ac
Hof el patio ▶1/B
hören (etw.) escuchar *algo* ▶1/B; **Hör mal.** ¡Oye! *fam.* ▶1/A; **Hören Sie. ¡Oiga!** ▶Supl./A
Hose los pantalones *pl.* ▶5/Ac
hübsch bonito/-a ▶2/C
humorvoll gracioso/-a ▶3/B
Hunger el hambre *f.* ▶4/A

I
Idee la idea ▶4/A
immer siempre ▶1/A; **~ mit der Ruhe!** ¡Tranquilo/-a! ▶3/B **~ wenn** quando + *ind.* ▶5/C
in en ▶1/A; **~ der Nähe (von ...)** cerca (de...) ▶6/Ac; **~ Ordnung** vale ▶2/A
Information la información ▶1/C
Inline skaten patinar ▶7/A
interessant interesante ▶2/B
international internacional ▶6/B
Internet el/la Internet ▶1/C; **Internetcafé** el cíber *fam.* (= el cibercafé) ▶7/A
Interview la entrevista ▶Supl./B

J
ja sí ▶1/A
Ja, bitte? *Telefonieren* ¿Diga? ▶5/B
Jacke la chaqueta ▶5/Ac; **Windjacke** la cazadora ▶5/Ac
Jahr el año ▶2/Ac; **Ich bin ... Jahre alt.** Tengo ... años. ▶2/Ac
Jeans los vaqueros *pl.* ▶5/Ac
jede/r, jedes + S. cada + *sust. (inv.)* ▶4/Ac
jemand alguien *inv.* ▶4/B
jetzt ahora ▶1/B; **~ sofort** ¡Ya! ▶3/B ahora mismo ▶5/A
Jugendliche el/la joven ▶Supl./B
Juhu! ¡Yuju! ▶7/A
Junge el chico ▶1/A; el chaval *fam.* ▶7/A

K
Kaffee el café ▶6/Ac
kalt sein hacer frío ▶7/B
Kälte el frío ▶7/B
kämpfen luchar ▶6/B
Kanal el canal ▶6/Ac
Kanaren Canarias *pl.* ▶3/Ac
Kantine el comedor ▶3/C
Kanusport el piragüismo ▶7/A
kaputt roto/-a ▶5/A

Karibik el Caribe ▶6/A
Karte la tarjeta ▶3/C
Käse el queso ▶3/C
kastanienbraun castaño ▶5/Ac
Katalanisch Sprache el catalán ▶¡Hola!
Katalonien Cataluña ▶7/B
Kathedrale la catedral ▶1/Ac
kaufen (etw.) comprar *algo* ▶3/B
Keine Ahnung! Ni idea. ▶6/A
Kellner/in el/la camarero/-a ▶Supl./A
kennen (lernen) (etw./jdn) conocer *algo*/a alguien (c → zc) ▶5/C
Kilometer el kilómetro ▶6/Ac
Kind el/la niño/-a ▶5/C
Kino el cine ▶3/A
Kirche la iglesia ▶Supl./A
Klar! ¡Claro! *adv.* ▶1/Ac
Klasse la clase ▶1/B; el aula *f.* ▶4/B;
Klassenarbeit el examen ▶4/Ac;
Klassenkamerad/in el/la compañero/-a ▶6/A
klatschhaft cotilla *inv.* ▶7/B
Kleid el vestido ▶5/Ac
klein pequeño/-a ▶2/B
Klima el clima ▶7/B
klingeln (an der Tür) llamar a la puerta ▶6/A
Kolumbien Colombia ▶1/A
kommen venir (e → ie) ▶3/A; llegar **ankommen** ▶2/A; **nach Hause ~** volver a casa ▶3/B; **ans Telefon ~** ponerse (al teléfono) ▶5/B
Kommentar el comentario ▶4/A
können poder (o → ue) ▶3/B; **etw. tun ~** poder + *inf.* ▶2/C; saber + *inf.* ▶4/C
kontrollieren (etw./jdn) controlar *algo* / a alguien ▶5/C
Konzert el concierto ▶6/A
Kopf la cabeza ▶4/C; **Kopfschmerzen** el dolor de cabeza ▶4/C
kosten costar (o → ue) ▶5/A
Krach la bronca ▶5/C
krank sein estar enfermo/-a ▶4/C
Küche la cocina ▶2/A
Kuli (= Kugelschreiber) el boli *fam.* (= el bolígrafo) ▶1/B
Kultur la cultura ▶7/B
Kulturzentrum el centro cultural ▶3/A
kurz corto/-a ▶5/Ac
kurzärmlig de manga corta ▶5/Ac
Kuss el beso ▶3/C

L
Laden la tienda ▶5/A
Lampe la lámpara ▶2/B
Land el país ▶6/Ac
lang largo/-a ▶5/Ac; **langärmlig** de manga larga ▶5/Ac
langsam despacio *adv.* ▶4/C
langweilen (sich) aburrirse ▶4/A
langweilig aburrido/-a ▶2/B

lassen dejar ▶5/B; **jdn in Ruhe ~** dejar a *alguien* en paz ▶5/B; **jdm seinen Willen ~** dejar a *alguien* a su aire ▶7/A
laufen correr ▶3/Ac
laut alto/-a ▶5/Ac
Lautstärke el volumen ▶4/C; **in voller ~** a todo volumen ▶2/B
leben (in) vivir (en) ▶1/C
Leben la vida ▶4/Ac
legen (etw.) poner *algo* ▶4/A
Lehrer/in el/la profesor/-a (= el/la profe *fam.*) ▶1/Ac
leiser stellen (etw.) bajar *algo* ▶4/C
lernen (etw.) aprender *algo* ▶1/C estudiar ▶1/B
lesen (etw.) leer *algo* ▶1/C
letzte/r, letztes último/-a ▶6/A
letztens el otro día ▶Supl./B
Leute la gente *sg.* ▶1/Ac
Liebe/r ... *Brief* Querido/-a ... ▶7/B
lieben (etw./jdn) querer *algo*/a alguien (e → ie) ▶3/C
lieber wollen (etw.) preferir *algo* ▶2/C
Lieblings-(+ S.) favorito/-a ▶2/Ac; **Lieblingsmusik** la música favorita ▶2/Ac
Lied la canción ▶Supl./B
liegen estar situado en ▶6/Ac
links (von) a la izquierda (de) ▶2/B
Liste la lista ▶3/C
Löffel la cuchara ▶5/B
Lust auf etw. haben ~ ganas de *algo* ▶2/A; **Lust haben, etw. zu tun ~** ganas de + *inf.* ▶2/A
lustig divertido/-a ▶2/B; *Person* alegre ▶3/B

M
machen (etw.) hacer *algo* ▶2/C; **Das macht nichts.** No pasa nada. ▶4/B
Mädchen la chica ▶1/A
Maisfladen la arepa ▶3/C
Mal la vez ▶5/B; **zum ersten ~** por primera vez ▶6/B
Mama la mamá *fam.* ▶2/A
manchmal a veces ▶2/B
Mannschaft el equipo ▶4/B
Mathematik *Schulfach* Matemáticas *pl.* (= Mates *fam.*) ▶4/Ac
mehr más ▶7/B; **~ oder weniger** más o menos ▶1/A
Mehrzahl (von etw.) la mayoría (de *algo*) ▶2/C
Meisterschaft el campeonato ▶6/B
Menge (eine) (...) un montón (de *algo*) *fam.* ▶4/A
merkwürdig curioso/-a ▶2/B
Meter el metro ▶6/Ac
Messer el cuchillo ▶5/B
mies fatal *adv./adj.* ▶1/A
Million el millón ▶6/Ac
Minute el minuto ▶3/Ac
Mischung la mezcla ▶6/B

doscientos treinta y cinco **235**

mit con ▶1/A; **~ dir** contigo ▶2/C; **~ mir** conmigo ▶2/C
mitmachen (bei *etw.***)** apuntarse (a algo) ▶4/B
mitnehmen (*etw./jdn***)** llevar *algo/*a *alguien* ▶5/Ac
Mittag el mediodía ▶3/C
mittags a mediodía ▶3/C
Mode la moda ▶5/A
mögen (*etw.***)** gustar ▶4/B
möglich posible ▶2/B
Moment el momento ▶2/C; **im ~** por el momento ▶6/A
Monat el mes ▶3/B
morgen mañana *adv.* ▶1/C; **Morgen** la mañana ▶3/Ac; **am Morgen** por la mañana ▶3/C
Museum el museo ▶Supl./B
Musik la música ▶2/Ac
Musiker/in el/la músico/-a ▶Supl./A
müssen necesitar *algo* ▶2/B; *tener que* + *inf.* ▶3/A
Mutter la madre ▶2/A
Muttersprache la lengua materna ▶Supl./A
Mütze la gorra ▶2/B

N
na gut bueno ▶¡Hola!
Na und? ¿Y qué? *fam.* ▶3/Ac
Na, komm! ¡Anda! *fam.* ▶7/A
nach a *Richtung* ▶3/A; *zeitlich* después de + *sust.* ▶4/A; *zeitlich* después de + *verbo* ▶6/B; **~ Hause** a casa ▶2/A; **~ Lust und Laune** a mi aire ▶5/C
Nachbar/in el/la vecino/-a ▶1/A
nachher luego ▶7/Ac
Nachhilfe *Schulfach* Tutoría ▶4/Ac
Nachmittag la tarde ▶3/A; **heute ~** esta tarde ▶3/A; **am ~** por la tarde ▶3/C
Nachname el apellido ▶2/Ac
Nachricht el mensaje ▶1/C; el recado ▶5/B
Nacht la noche ▶3/Ac; **nachts** por la noche ▶3/C
Nachtisch el postre ▶5/B
nahe (…) cerca (de …) *adv./prep.* ▶6/Ac
Name el nombre ▶2/Ac
natürlich claro *adv.* ▶1/Ac; **Natürlich (+ Satz).** Claro que (+ Satz). ▶2/A
Naturwissenschaften *Schulfach* Ciencias Naturales *pl.* ▶4/Ac
neben al lado (de) ▶2/B
nehmen (*etw.***)** tomar *algo* ▶1/B; *coger* ▶7/Ac
nein no ▶1/B
nervös sein *estar* nervioso/-a ▶4/A
nett majo/-a ▶3/B
neu nuevo/-a ▶1/A
neugierig curioso/-a ▶2/B
neulich el otro día ▶Supl./B

nicht no ▶1/B; **~ mehr** ya no ▶2/C; **~ nötig sein** No hace falta. ▶6/A; **~ wahr?** ¿Verdad? ▶1/A
nichts nada ▶6/A; no … nada ▶7/B
nie nunca ▶3/B; no … nunca ▶7/B
niemand no … nadie ▶7/B
noch (immer) todavía ▶1/B; **~ einmal** otra vez ▶7/Ac
Norden el norte ▶6/Ac
normal normal ▶5/C
Note la nota ▶4/A; **(gute/schlechte) ~ bekommen** sacar (buenas/malas) notas ▶4/A
Nummer el número ▶2/Ac
nur sólo ▶4/Ac

O
o.k. bueno ▶¡Hola!; vale ▶2/A
ob si ▶5/C
Obst la fruta ▶6/Ac
oder o ▶1/B
öffnen (*etw.***)** abrir *algo* ▶4/B
Öffnungszeiten el horario ▶4/Ac
oft a menudo ▶Supl./B
ohne sin + *sust.* / + *verbo* ▶5/C
Onkel el tío ▶7/A
Orange la naranja ▶Supl./A
organisieren (*etw.***)** organizar *algo* ▶6/B
Ort el lugar ▶5/C; el sitio ▶Supl./B
Osten el este ▶6/Ac

P
P.S. P.D. (= posdata) ▶4/A
(ein) paar unos/-as *pl.* ▶5/A
Papa el papá *fam.* ▶2/A
Park el parque ▶1/Ac
Party la fiesta ▶1/Ac
Pause el recreo ▶1/B
Person la persona ▶6/Ac
Petze el chivato, la chivata *fam.* ▶5/C
Piste la pista ▶4/C
Plan el plan ▶7/A
Plantage la plantación ▶6/Ac
Platz la plaza ▶1/Ac
plaudern charlar ▶1/B
plötzlich de repente ▶1/C
Pop *Musik* el pop ▶2/Ac
Portugiesisch *Sprache* el portugués ▶6/Ac
Post *Amt* Correos ▶7/Ac
Poster el póster ▶2/B
Prinzessin la princesa ▶3/C
pro por ▶4/Ac
proben (*etw.***)** ensayar *algo* ▶4/B
probieren (*etw.***)** *probar* algo (o → ue) ▶Supl./A
Problem el problema *m.* ▶2/B
Produkt el producto ▶6/Ac
Produzent/in el/la productor/a ▶6/Ac
Programm el programa *m.* ▶6/A
Projekt el proyecto ▶6/B
Prüfung el examen ▶4/Ac; la prueba ▶4/B

Pullover el jersey ▶5/Ac
Punkt el punto ▶6/B; **(um) Punkt (… Uhr)** (la/s …) en punto ▶3/Ac
Pyrenäen los Pirineos *pl.* ▶4/C

R
Rap el rap ▶2/Ac
Rat el consejo ▶5/C
Raum *Platz* el espacio ▶2/B
rebellisch rebelde ▶5/C
Rechnung la cuenta ▶6/A
rechts (von) a la derecha (de) ▶2/B
Regal la estantería ▶2/B
Regel la regla ▶6/B
Region la región ▶6/Ac
regnen *llover* (o → ue) ▶7/B
reichen (*jdm etw.***)** pasar *algo a alguien* ▶5/B
Reise el viaje ▶6/B; **auf ~ sein** *estar de viaje* ▶7/C
Religionsunterricht Religión (= Reli *fam.*) ▶4/Ac
rennen correr ▶3/Ac
Reportage el reportaje ▶Supl./B
Reporter/in el/la reportero/-a ▶Supl./B
Respekt el respeto ▶6/B
Resultat el resultado ▶2/C
Richtung la dirección ▶2/Ac
Rock *Kleidung* la falda ▶5/Ac; *Musik* el rock ▶2/Ac
Rollschuh laufen patinar ▶7/A
rosa rosa ▶5/Ac
rot rojo/-a ▶3/C
Rücken la espalda ▶4/C
Rucksack la mochila ▶1/B
ruhig tranquilo/-a ▶3/B

S
Sache la cosa ▶3/B
Saft el zumo ▶6/Ac
sagen (*etw.***)** *decir algo* ▶5/B, **Sag bloß!** ¡No me digas! ▶6/A
Salat la ensalada ▶5/B
Salz la sal *f.* ▶5/B
satt haben (*etw./jdn***)** *estar* harto/-a (de *algo/alguien*) ▶4/A
Schau mal! ¡Mira! ▶1/A
schick de fiesta ▶5/A
schicken (*etw.***)** mandar *algo* ▶2/C
Schiedsrichter el árbitro ▶6/B
Schinken el jamón ▶5/B
schießen (ein Tor) *Sport* meter (un gol) ▶4/B
schlafen *dormir* (o → ue) ▶3/C
Schlange *Personen* la cola ▶3/A
schlecht mal *adv.* ▶1/A; malo/-a *adj.* ▶2/C
schlechtes Wetter sein *hacer* mal tiempo ▶7/B
schließen *cerrar* (e → ie) ▶3/Ac
schließlich al final ▶3/B
Schmerz el dolor ▶4/C
schmerzen *doler* (o → ue) ▶4/C
Schnee la nieve ▶4/C

236 doscientos treinta y seis

schon *doch* sí ▶1/A; *bereits* ya ▶3/B
schön bonito/-a ▶2/C
Schrank el armario ▶2/B
schreiben (etw.) escribir *algo* ▶1/C;
schreien gritar ▶6/B
schüchtern tímido/-a ▶3/B
Schuh el zapato ▶5/Ac
Schule el colegio (= el cole *fam.*) ▶3/C
Schüler/in el/la alumno/-a ▶1/B
Schülerzeitung el periódico escolar ▶Supl./B
Schulfach la asignatura ▶4/Ac
schulisch, Schul-... escolar ▶Supl./B
schwarz negro/-a ▶5/Ac
schweigen callarse ▶6/A
Schwester la hermana ▶2/A
schwierig difícil ▶2/B
Second Hand- (+ S.) de segunda mano ▶Supl./B
See el lago ▶6/A
sehen (etw.) ver *algo* ▶2/A
Sehenswürdigkeit el monumento ▶1/Ac
sehr muy ▶1/A; ~ **gut** *Schulnote* el sobresaliente ▶4/A
sein ser ▶1/A; *sich befinden* estar ▶2/A; **Es sind (34°).** Estamos a (34°). ▶7/B
seit + *Zeitangabe* desde ▶4/Ac; **seitdem** desde entonces ▶6/A
Seite la página ▶1/C; *räumlich* el lado ▶2/B
seltsam raro/-a ▶Supl./A
servieren (jdm etw.) poner *algo* a *alguien* ▶5/B
Sicherlich Seguro que (+ Satz). ▶5/A
Sie *Anrede* usted/es ▶1/A
singen (etw.) cantar *algo* ▶4/B
Ski fahren esquiar ▶4/C
SMS el SMS ▶2/C
so así ▶4/A; **so ... wie** *Vergleich* tan ... como ▶Supl./A
Sohn el/la hijo ▶2/A
Sommer el verano ▶6/A; **Sommerferien** las vacaciones de verano *pl.* ▶7/A; **Sommerfestival** el festival de verano ▶6/A
sondern sino ▶6/B
Sonne el sol ▶7/B; **sonnig sein** hacer sol ▶7/B
Sozialkunde *Schulfach* Educación para la Ciudadanía y Derechos ▶4/Ac
Spanien España ▶1/B
Spanisch *Sprache* el español ▶¡Hola!
spät tarde *adv.* ▶3/C; **später** más tarde ▶5/B
spazieren gehen dar una vuelta ▶Supl./A
Spiel el juego ▶6/B; *Wettkampf* el partido ▶4/B
Spielregel la regla de juego ▶6/B
spielen *Instrument* tocar ▶1/C; *Sport, Spiel* jugar a (+ *sust.*, u → ue) ▶4/B

Spießchen el pincho ▶Supl./A
Sport el deporte ▶2/C; *Schulfach* Educación Física ▶4/Ac
sportlich deportista *inv.* ▶3/B
Sprache la lengua ▶¡Hola!
sprechen (von) hablar (de) ▶1/B
Stadion el estadio ▶1/Ac
Stadt la ciudad ▶1/Ac; **Stadtzentrum** el centro de la ciudad ▶1/Ac
Stärke el fuerte ▶4/A
stattfinden tener lugar ▶6/B
stehen (jdm gut/schlecht) quedar (bien/mal) a *alguien* ▶5/A
Stell dir vor! *Ausruf* ¡Imagínate! ▶1/A; ¡Fíjate! ▶6/A
stellen (etw.) poner *algo* ▶4/A
sterben (vor Hunger) morirse (de hambre) ▶4/A
Stimmung la marcha *fam.* ▶7/A
Stockwerk el piso ▶2/A
Strand la playa ▶6/A
Straße la calle ▶2/Ac
Streber/in el empollón / la empollona ▶4/A
Streit la bronca ▶5/C; ~ **haben** tener bronca ▶5/C
streiten discutir ▶5/A
streng estricto/-a ▶4/A
Student/in el/la estudiante ▶1/Ac
studieren estudiar ▶1/B
Stuhl la silla ▶2/B
Stunde la hora ▶3/Ac
Stundenplan el horario ▶4/Ac
stürzen caerse ▶4/C
suchen (etw./jdn) buscar *algo/a alguien* ▶1/B
Südamerika América del Sur ▶6/Ac
Süden el sur ▶6/Ac
super(gut) super(bien) ▶1/A
Supermarkt el supermercado ▶7/Ac
Surfen el surf ▶7/B
sympathisch simpático/-a ▶3/B

T
Tag el día ▶1/B
Tagebuch el diario ▶2/B
Tante la tía ▶7/A
tanzen bailar ▶3/A
tausend mil ▶6/B
Teamwork el trabajo en equipo ▶6/B
teilen (etw. miteinander) compartir *algo* ▶1/C
teilnehmen (an etw.) participar (en *algo*) ▶6/B
Telefon el teléfono ▶2/Ac; **ans ~ gehen** ponerse al teléfono U▶5/B
telefonieren hablar por teléfono ▶5/B
Telefonnummer el número de teléfono ▶2/Ac; **Wie ist deine ~?** ¿Cuál es tu número de teléfono? ▶2/Ac
Teller el plato ▶5/B
teuer caro/-a ▶5/A
Theater el teatro ▶4/B; **Theatergruppe** el grupo de teatro ▶4/B

Tisch la mesa ▶2/B
Tischtennis el ping-pong ▶4/B
Tochter la hija ▶2/A
Tomate el tomate ▶3/C
Tor *Sport* el gol ▶1/Ac; *Spielfeld* la portería ▶4/B; *Eingang* la puerta ▶4/B
tod(müde) sein estar muerto/-a ▶Supl./A
Tourist/in el/la turista *m./f.* ▶1/Ac
Tradition la tradición ▶7/B
tragen *Kleidung* llevar *algo* ▶5/Ac
Training el entrenamiento ▶4/B
träumen (von etw.) soñar (con *algo*, o → ue) ▶3/C
traurig sein estar triste ▶5/C
Treffen el encuentro ▶1/Ac
treffen (sich mit jdm) quedar (con *alguien*) ▶2/C; encontrarse con *alguien* ▶6/A
Treppe la escalera ▶Supl./B
trinken (etw.) tomar *algo* (*Getränk*) ▶1/B; beber *algo* ▶Supl./A
Trommel el tambor ▶Supl./B
trommeln tocar el tambor ▶Supl./B
T-Shirt la camiseta ▶3/B
Tür la puerta ▶4/B
Turnschuhe las zapatillas (de deporte) *pl.* ▶5/Ac
typisch típico/-a ▶6/Ac

U
üben (etw.) ensayar *algo* ▶4/B
über de ▶¡Hola!; sobre ▶4/A
überqueren (etw.) cruzar *algo* ▶7/Ac
Überraschung la sorpresa ▶2/C; **Überraschungsparty** la fiesta sorpresa ▶2/C
überwachen (etw./jdn) controlar *algo/a alguien* ▶5/C
Uhrzeit la hora ▶3/Ac
Um wie viel Uhr? ¿A qué hora? ▶3/Ac
um ... Uhr *Uhrzeit* a la/s ... ▶3/Ac
um zu + *Inf.* para + *inf.* ▶2/B
Umarmung el abrazo ▶7/B
Umkleidekabine el probador ▶5/A
umso besser (für jdn) menos mal (para *alguien*) ▶1/B
umziehen (sich) cambiarse ▶5/A
unabhängig independiente ▶5/C
und y ▶¡Hola!; e *vor hi- und i-* ▶4/Ac
ungefähr (+ *Zahl*) unos/-as *pl.* ▶5/A
Uniform el uniforme ▶3/C
Universität la universidad ▶1/Ac
unter debajo (de) ▶2/B
unterhalten (sich) charlar ▶1/B
Unterricht la clase ▶1/B
unterschiedlich diferente ▶2/B

doscientos treinta y siete **237**

V

Vater el padre ▶2/A
verändern (etw.) cambiar algo ▶Supl./B
verantwortlich (für etw./jdn) responsable (de *algo/alguien*) ▶5/C
verbrennen quemar ▶7/B
verbringen (viel Zeit in ...) pasar (mucho tiempo en ...) ▶1/C
verdienen (etw.) ganar algo ▶6/B
vergangen/e/s pasado/-a ▶6/B
vergehen Zeit pasar ▶4/C
vergessen (etw.) olvidar algo ▶7/A
Verhalten el comportamiento ▶6/B
Verkäufer/in el/la vendedor/-a ▶5/A
verlaufen (sich) perderse (e → ie) ▶6/A
verlieren (etw.) perder algo (e → ie) ▶7/B
vermissen (etw./jdn) echar de menos algo / a alguien ▶3/B
versetzen (sich in jdn hinein) ponerse en el lugar de *alguien* ▶5/C
verstecken (etw.) esconder algo ▶2/B
verstehen (etw./jdn) comprender algo / a alguien ▶1/C; entender algo / a alguien (e → ie) ▶4/A; *sich mit jdm gut/schlecht ~* llevarse bien/mal con alguien ▶5/A
verstummen callarse ▶6/A
Verzeihung! ¡Perdona! ▶7/Ac
verzichten können (auf etw.) pasar de algo ▶3/A
Video el vídeo ▶1/C
viel mucho adv. ▶1/C; mucho/-a adj. ▶4/A
Viertel Stadt el barrio ▶6/B
voll estar lleno/-a ▶7/A
Volleyball el voleibol ▶4/B
von de ▶¡Hola!; *~ ... bis ...* desde ... hasta ... ▶4/Ac
vor räumlich delante (de) ▶4/B; *Es ist ... vor (... Uhr).* Son las (...) menos ... ▶3/Ac; *vor + S.* zeitlich antes de + *sust.* ▶6/A; *vor + Verb* zeitlich antes + *verbo* ▶6/B; *vor + Zeitangabe* hace + *Zeitangabe* ▶6/A
vor allem sobre todo ▶3/B
vorbeikommen an (etw.) pasar por algo ▶6/A
vorbereiten (etw.) preparar algo ▶1/C
vorher antes adv. ▶5/C
Vorname el nombre ▶2/Ac
Vorspielen la prueba ▶4/B
vorziehen + Inf. preferir algo (a algo) ▶2/C

W

Wahlfach Optativa ▶4/Ac
Wahrheit la verdad ▶1/A
Wand la pared ▶2/B
Wann? ¿Cuándo? ▶3/B
Wärme el calor ▶7/B
warten (auf etw./jdn) esperar algo / a alguien ▶2/A
Warum? ¿Por qué? ▶3/A
Was (für)? ¿Qué? ▶1/B; *~ bedeutet ...?* ¿Qué significa... ? ▶1/B; *~ du nicht sagst!* ¡No me digas! ▶6/A; *~ für ein/e ...!* ¡Vaya...! fam. ▶3/Ac; *~ für ein Zufall!* ¡Qué casualidad! ▶1/A; *~ ist (mit dir) los?* ¿Qué (te) pasa? ▶3/B; *~ ist dein Lieblingsfach?* ¿Cuál es tu asignatura favorita? ▶4/Ac
Wasser el agua f. ▶5/B
wegen por ▶5/A
weggehen irse ▶3/C
wegschlagen (den Ball) sacar el balón ▶4/B
weh tun doler (o→ ue) ▶4/C
weil porque ▶3/A
Weile el rato ▶Supl./B
weiß blanco/-a ▶4/A
weit Kleidung ancho/-a adj. ▶5/A; *~ (weg)* lejos (de) prep./adv. ▶7/Ac
weitergehen seguir (e → i) ▶7/Ac
Welche/r, Welches + S.? ¿Qué (+ sust.)? ▶¡Hola!; ¿Cuál/es? ▶5/Ac
Welt el mundo ▶2/Ac
wenig poco/-a adj. ▶4/A
weniger ... als (Vergleich) menos ... que ▶Supl./A
wenigstens al menos ▶6/B
(immer) wenn cuando + ind., conj. ▶5/C
Wer? ¿Quién? sg. ▶1/A; ¿Quiénes? pl. ▶1/B; *~ ist am Apparat?* Telefonieren ¿De parte de quién? ▶5/B
werden (... Jahre alt) cumplir ... años ▶3/B; *knallrot ~* ponerse rojo/-a como un tomate ▶3/C; *zum Nervenbündel ~* ponerse como un flan ▶4/B
werfen (ein Tor) Sport meter (un gol) ▶4/B
Westen el oeste ▶6/Ac
Wetter el tiempo ▶1/C
wichtig importante ▶2/C
wie como ▶1/A
Wie? ¿Cómo? ▶¡Hola!; *~ alt bist du?* ¿Cuántos años tienes? ▶2/Ac; *~ ärgerlich!* ¡Qué rollo! fam. ▶2/A; *~ bitte?* ¿Cómo? ▶7/Ac; *~ geht's?* ¿Qué tal? ▶¡Hola!; *~ ist dein Nachname?* ¿Cuál es tu apellido? ▶2/Ac; *~ ist deine Telefonnummer?* ¿Cuál es tu número de teléfono? ▶2/Ac; *~ peinlich!* ¡Qué corte! ▶5/C; *~ sagt man ... auf Spanisch?* ¿Cómo se dice... en español? ▶1/B; *~ schreibt man das?* ¿Cómo se escribe? ▶1/B

Wie viel macht das? ¿Cuánto es? ▶5/A; **Wie viel Uhr ist es?** ¿Qué hora es? ▶3/Ac; **Wie viele Stunden ...?** ¿Cuántas horas...? ▶4/Ac
wieder (schon) otra vez ▶7/Ac
wiederholen (etw.) repetir algo (e → i) ▶7/Ac
willkommen in ... bienvenido/-a a ... ▶1/Ac
Wind el viento ▶7/B
windig sein hacer viento ▶7/B
Windjacke la cazadora ▶5/Ac
Winter el invierno ▶4/C
wissen (etw.) saber algo (yo sé) ▶4/C
Witz el chiste ▶4/C
witzig gracioso/-a ▶3/B
Wo? ¿Dónde? ▶1/C
Woche la semana ▶2/C
Wochenende el fin de semana ▶3/B
Woher? ¿De dónde? ▶¡Hola!
Wohin? ¿Adónde? ▶3/A
wohnen (in S.) vivir (en + sust.) ▶1/C
Wohnung la casa ▶1/C; el piso ▶2/A
Wohnzimmer el salón ▶2/A
wollen (etw.) querer algo (e → ie) ▶2/C
womöglich a lo mejor ▶7/A

Z

Zahl el número ▶2/Ac
zählen (etw.) contar algo (o → ue) ▶3/B
zeigen (jdm etw.) enseñar algo a alguien ▶Supl./A
Zeit el tiempo ▶1/C; *die ganze ~* todo el tiempo ▶6/A
Zeitschrift la revista ▶4/B
Zeitung (Tageszeitung) el periódico ▶Supl./B
Zentrum el centro ▶1/Ac
ziemlich bastante ▶2/B
Zimmer la habitación ▶2/A
zu (viel/sehr) demasiado ▶5/C
zu Hause (bei jdm) en casa (de alguien) ▶1/C
Zucker el azúcar ▶6/Ac
zuerst primero ▶3/C
zufrieden estar contento/-a ▶4/A
zuhören (jdm) escuchar a alguien ▶1/B
zum Beispiel por ejemplo ▶Supl./B
zum Glück menos mal (que) ▶1/B
zurückkehren volver (o → ue) ▶3/B
zusammen juntos/-as ▶3/B
zweite/r, zweites segundo/-a ▶4/A
zwischen entre ▶6/B

Bildquellen:
© 123RF: S. 134 (oben links), S. 134 (Mitte), S. 104 (oben rechts), S. 127 (unten), S. 118 (links) – andalucia imagen: © Blanes, S. 122 (oben); © Blasco, S. 134 (unten rechts); © F.Pizarro, S. 123 (oben rechts); © Sitjas, S. 142 (2.v.oben) – © Comstock RF, S. 27 (salchicha), S. 27 (frutas) – © Corbis/Reuters/ALBEIRO LOPERA, S. 176 (oben) – Corbis RF: © Hollingsworth, S. 9 (unten) – © Cornelsen, Alonso, S. 90 (oben links), S. 90 (unten links) – © Cornelsen, Amann, S. 26, S. 55, S. 56, S. 117, S. 118 (oben), S. 137 (oben), S. 176 (rechts) – © Cornelsen, Delgado, S. 46, S. 139 (oben), S. 142 (unten) – © Cornelsen, Grimm, S. 27 (bomboneria), S. 63 (links) – © Cornelsen, Hantschel, S. 94 (links) – © Cornelsen, Miller, S. 133 (unten) – © Cornelsen, Moehring, S. 104 (unten) – © Cornelsen, Petter, S. 27 (panaderia), S. 147 (4.v.links) – © Cornelsen, Rathsam, S. 27 (charcuteria), S. 94 (rechts), S. 123 (oben links), S. 173 (rechts), S. 174 (unten rechts), S. 175 – © Cornelsen, Reifenstein, S. 27 (correos), S. 27 (restaurante), S. 27 (supermercados), S. 27 (farmacia), S. 64 oben – © Cornelsen, Revenga Folch, S. 142 2.v.unten – © Cornelsen, Sierra Puparelli, S. 8 (links), S. 10 (5), S. 10 (7), S. 11 (8), S. 11 (9), S. 13, S. 14, S. 15, S. 28, S. 29 (oben), S. 34, S. 35 (rechts), S. 51, S. 54, S. 66, S. 67, S. 69 (unten), S. 70, S. 73, S. 77, S. 86, S. 87, S. 88, S. 92, S. 98, S. 102 (oben), S. 120, S. 121, S. 122 (unten), S. 123 (unten), S. 129, S. 138 (links) – © digitalstock, S. 27 (bocadillo) – © flickr/creative commons Lizenz: kontour-travel.com, S. 105 (links) – © flickr/creative commons Lizenz: nati_fg, S. 114 – © Fotolia.com, S. 27 (pan), S. 27 (curitas), S. 69 (oben), S. 69 (2. v. oben), S. 104 (Banane), S. 90 (oben rechts), S. 102 (unten), S. 75 (links), S. 147 (2.v.rechts), S. 133 (B rechts), S. 156 (B rechts), S. 75 (rechts), S. 135 (Mitte), S. 104 (Pitaya), S. 90 (unten Mitte links), S. 104 (Ananas) – © Fremdenverkehrsamt Spanien, S. 138 (unten rechts) – © iStockphoto, S. 27 (caramelos), S. 35 (links), S. 69 (2.v.unten), S. 154, S. 135 (oben), S. 174 (oben), S. 147 (2.v.links), S. 104 (Guanabana), S. 104 (Papaya), S. 102 (Mitte 2.v.links), S. 147 (3.v.links) – © iStockphoto/Alphotographic, S. 138 (oben) - © iStockphoto/digitalimagination, S. 147 (links) – © Jesús Mariano Pérez, S. 11 (3) – © shutterstock S. 133 (B rechts), S. 156 (B rechts), S. 126, S.174 (links), S. 90 (unten Mitte rechts), S. 133 (B links), S. 156 (B links), S. 90 (unten rechts), S. 102 (Mitte links), S. 102 (Mitte 2. v. rechts), S. 103, S. 90 (oben Mitte), S. 102 (Mitte rechts), S. 118 (unten), S. 147 (rechts), S. 64 unten, S. 133 (A links), S. 156 (A links), S. 104 (oben links), S. 133 (A oben), S. 156 (A oben) – © Shutterstock/AndrusV , S. 173 (links) – © Staatliches Fremdenverkehrsamt Spanien, S. 139 (rechts) – © Unión Deportiva Salamanca S.A.D., S. 11 (4) – wikimedia commons/Creative Commons Lizenz 1.0: © Mediavilla Ezquibela, S. 85 – wikimedia commons/Creative Commons Lizenz: © Gòmez, S. 118 Mitte – © wikimedia commons/GNU Lizenz für freie Dokumentation/Rikouman, S. 10 (1) – wikimedia commons/GNU Lizenz für freie Dokumentation: © Cityzen, S. 63 (rechts) – wikimedia commons/GNU Lizenz für freie Dokumentation: © Piola, S. 127 (oben rechts) – wikimedia commons/GNU Lizenz für freie Dokumentation: © Tequendama, S. 107 – © wikimedia commons: gemeinfrei, S. 139 (unten).

© Alamy/Paul Lindsay, S. 142 (oben) – © Alamy/speedpix, S. 27 (fruteria) – © Avenue Images, S. 9 (oben), S. 29 (unten) – © Barbara Mürdter, S. 45 (unten) – © Collection Christophel, S. 47 (links), S. 53 (rechts) – Corbis: © Jon Hicks, S. 127 (oben links) – Corbis: © Peter Adams, S. 10 (6) – Corbis: © Ward, S. 134 (oben) – Marka: © Fabio Braibanti, S. 105 (rechts) – © Mauritius Images/AGE, S. 8 (rechts), S. 10 (2), S. 47 (rechts), S. 134 (unten links) –Mauritius Images: © Pöhlmann, S. 8 (Mitte) – © picture alliance/dpa, S. 135 (unten) – © Sipa Press/Newscom, S. 45 (oben) – ullstein bild: © Engelke, S. 45 (2.v.oben) – Zeitenspiegel: © Ullrich Reinhardt, S. 111.

Cover:
© Editorial Planeta / Fondo F. Català-Roca / Archivo Fotográfico AHCO-AC / Compañia, S. 53 (Mitte) – © Wrasse Records Ltd., 2005 Via Lactea / La marmita, S. 53 (links).

Liedtext:
© Tronco Records S. L. ED Musicales, Neue Welt Musikverlag GmbH, Hamburg, S. 85.